ISBN 7-5037-1988-5

9 787503 719882 >

珠海统计年鉴

ZHU HAI TONG JI NIAN JIAN

1995

珠海市统计局编

中国统计出版社

（京）新登字041号

图书在版编目（CIP）数据

珠海统计年鉴　1995/珠海市统计局编.-北京：中国统计出版社，1995.7
ISBN　7-5037-1988-5

Ⅰ.珠…
Ⅱ.珠…
Ⅲ.统计资料-珠海-年鉴-1995
Ⅳ.C832.65

中国统计出版社出版
（北京复外里三里河月坛南街38号）
珠海市统计局计算中心电脑排版
珠海经济特区怡达印务有限公司印刷
※
787×1092毫米　16开本　26印张　8彩页　125万字
1995年7月第一版　　1995年7月珠海第一次印刷
印数：1-1200册
※
ISBN　7-5037-1988-5/C.1160

编者说明

一、《珠海统计年鉴—1995》收集汇编了全市及各县区1994年的全部统计资料。为方便读者对本市历史发展概况的了解，本书在编辑1994年资料的同时，仍编入了建市以来全市及特区的历史资料，并对历史数据重新进行校勘，读者在使用本书时发现与过去资料有异者，当以本书资料为准。

二、由于1994年统计年报改革步幅较大，其中尤以工业报表制度的变动为长，同时，由于国家财税制度改革，财政部分指标也作相应调整，本书部分指标因此而对比失据，祈请读者留意。

三、根据珠海行政区域设置的实际情况，本书资料的地区口径按以下原则编排：

特区：包括市属、香洲区、万山管理区、淇澳管理区、横琴经济开发区、三灶管理区、珠海港管理区；

市区：包括特区、红旗管理区、平沙管理区；

全市：包括市区、斗门县。

由于各种原因，本书资料在进行县区分组时，未能将淇澳管理区的统计数字分出列示。

四、本书部分数字使用了四舍五入的进位方法，因此，可能令统计表内个别项目相加起来与总数略有出入。

五、本书资料凡数字为零和由于各种原因造成数字空缺，或资料中出现不可比情况等，一律以“—”表示。

一九九五年七月

《珠海统计年鉴》编纂委员会

目　录

一、综　　合

二、平衡统计

三、人口、社会劳动者

四、农　　业

五、工　　业

六、交通运输、邮电业

七、商　业

八、外经、外贸、旅游

九、财政、金融、保险

十、固定资产投资

十一、物资能源

十二、劳动工资

十三、教育、科技

十四、文化、卫生、体育

十五、市政建设、环境保护

十六、物价指数

十七、城市居民住户调查资料

附录

统 计 图

国内生产总值(现价，亿元)
发展速度(%)

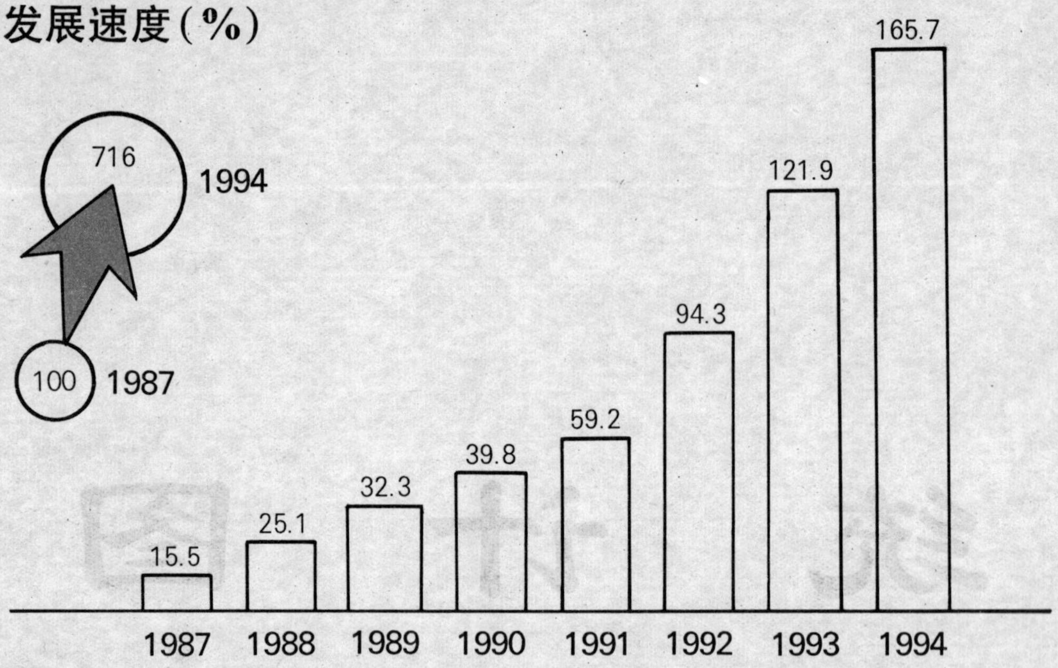

国民收入(现价，亿元)
发展速度(%)

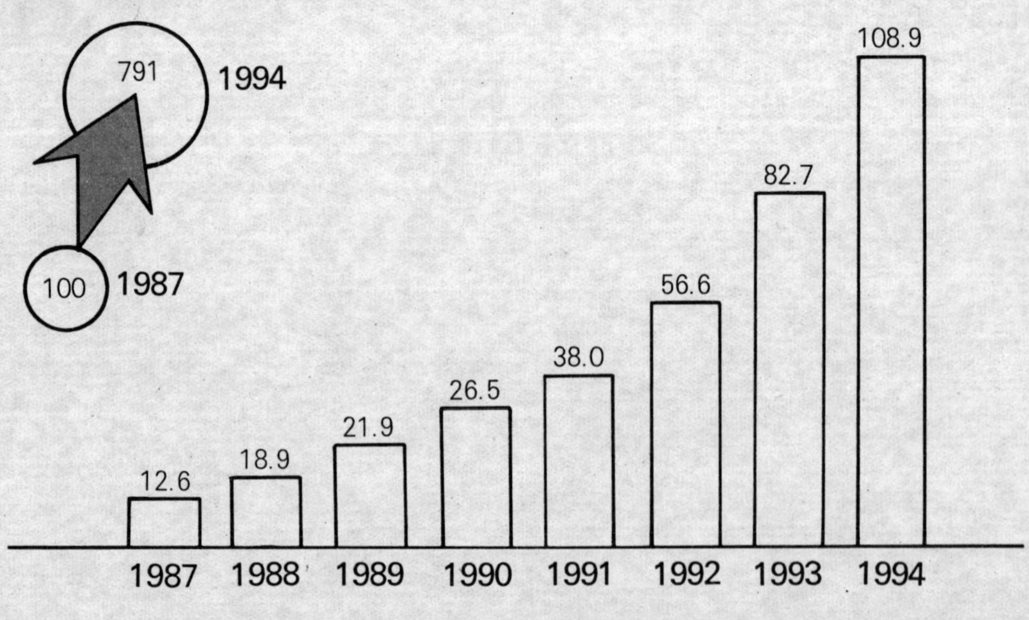

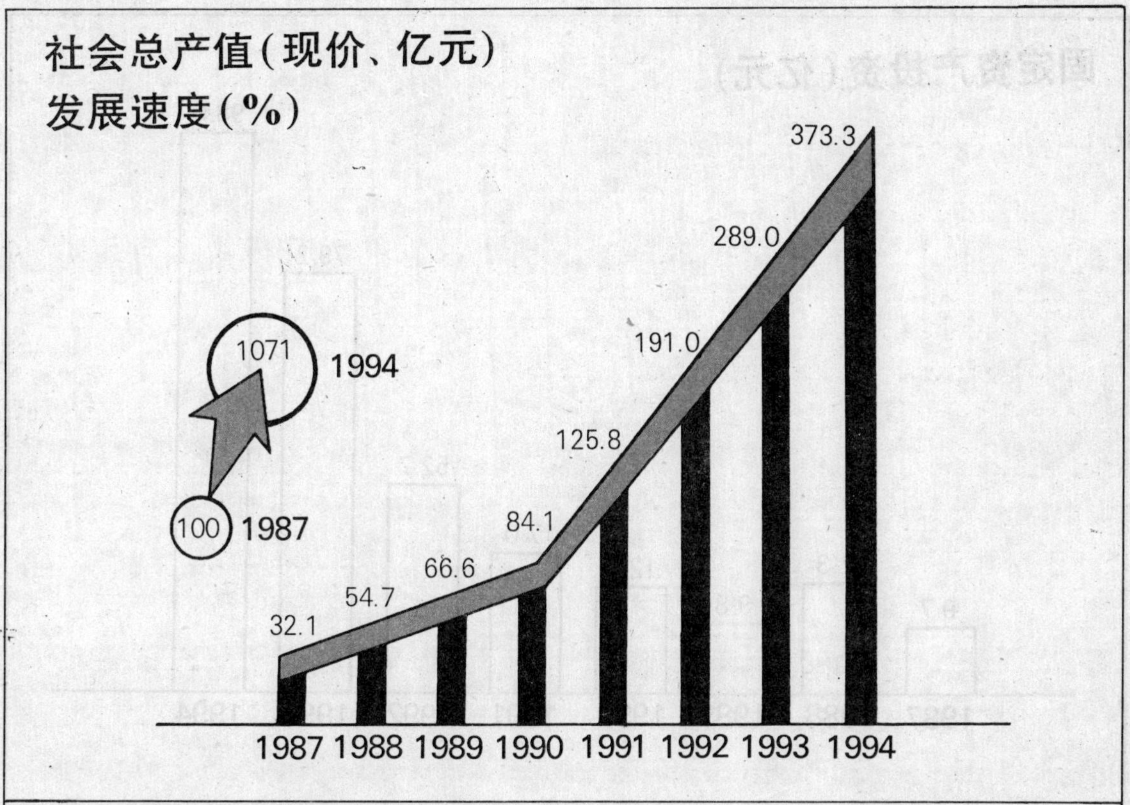
社会总产值(现价、亿元)
发展速度(%)
1071
1994
100
1987
32.1
54.7
66.6
84.1
125.8
191.0
289.0
373.3
1987 1988 1989 1990 1991 1992 1993 1994

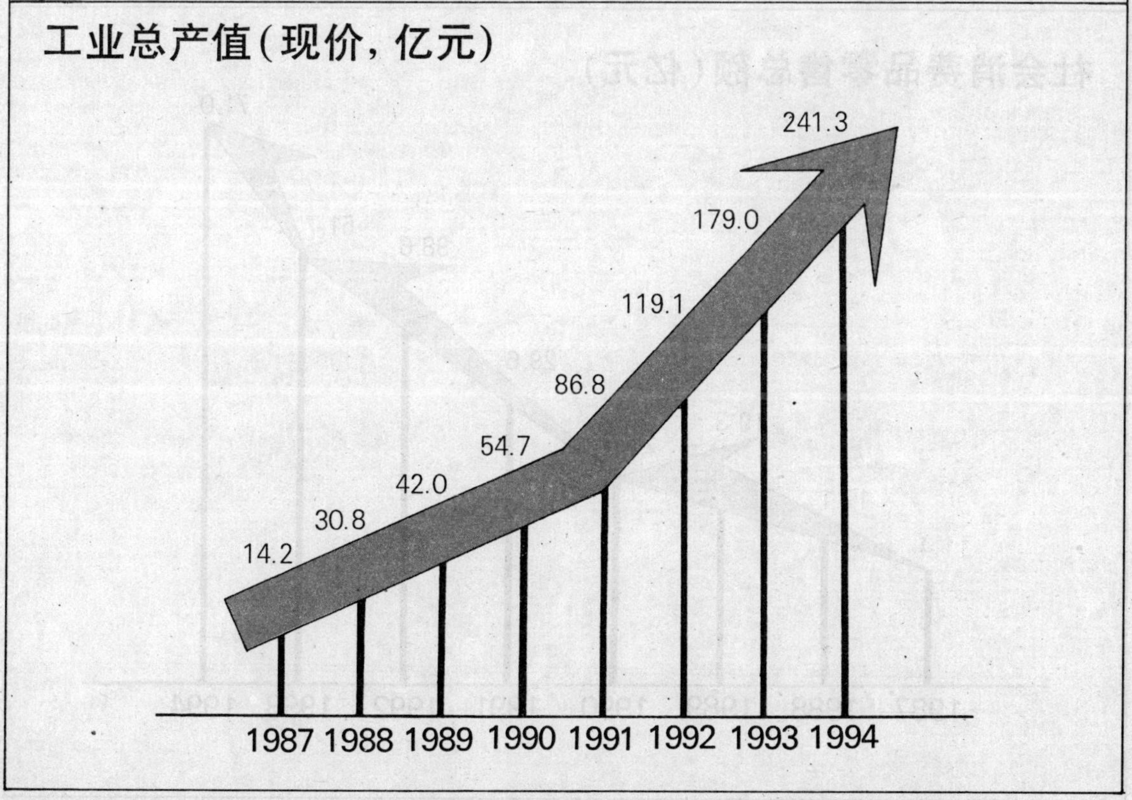
工业总产值(现价,亿元)
14.2
30.8
42.0
54.7
86.8
119.1
179.0
241.3
1987 1988 1989 1990 1991 1992 1993 1994

固定资产投资（亿元）

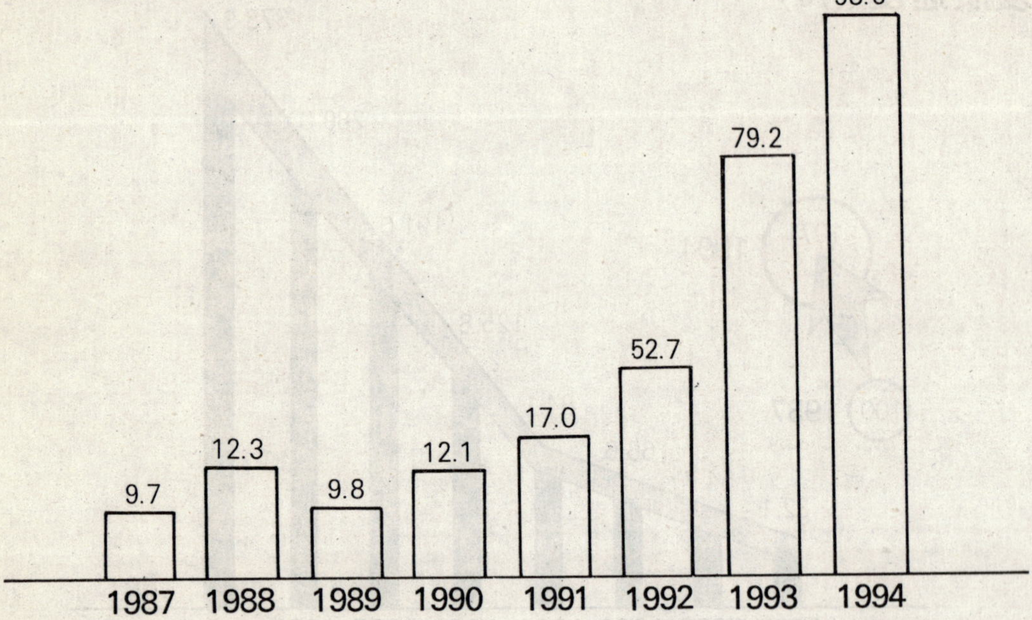

社会消费品零售总额（亿元）

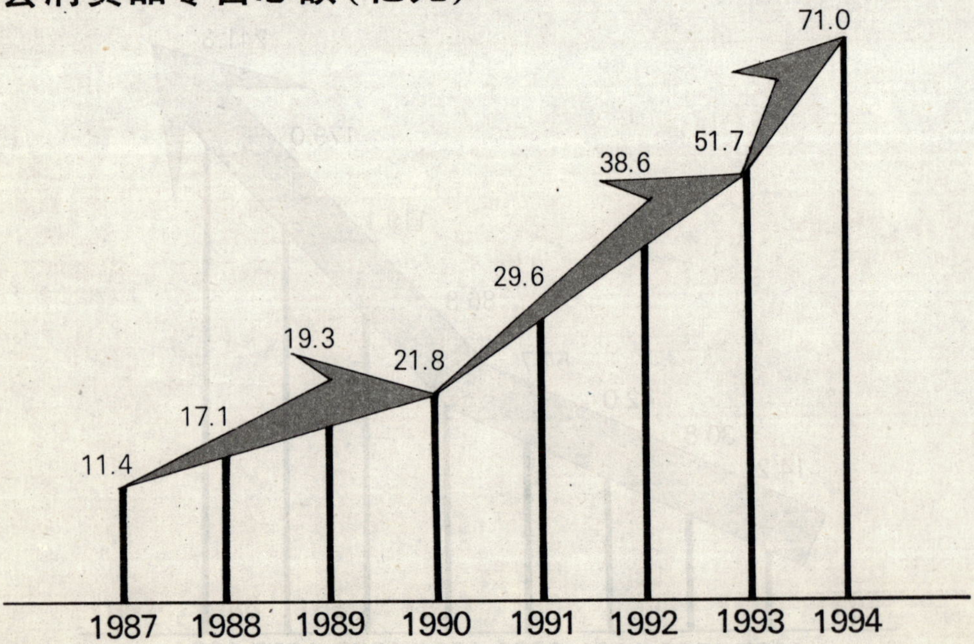

邮电业务总量(不变价，万元)

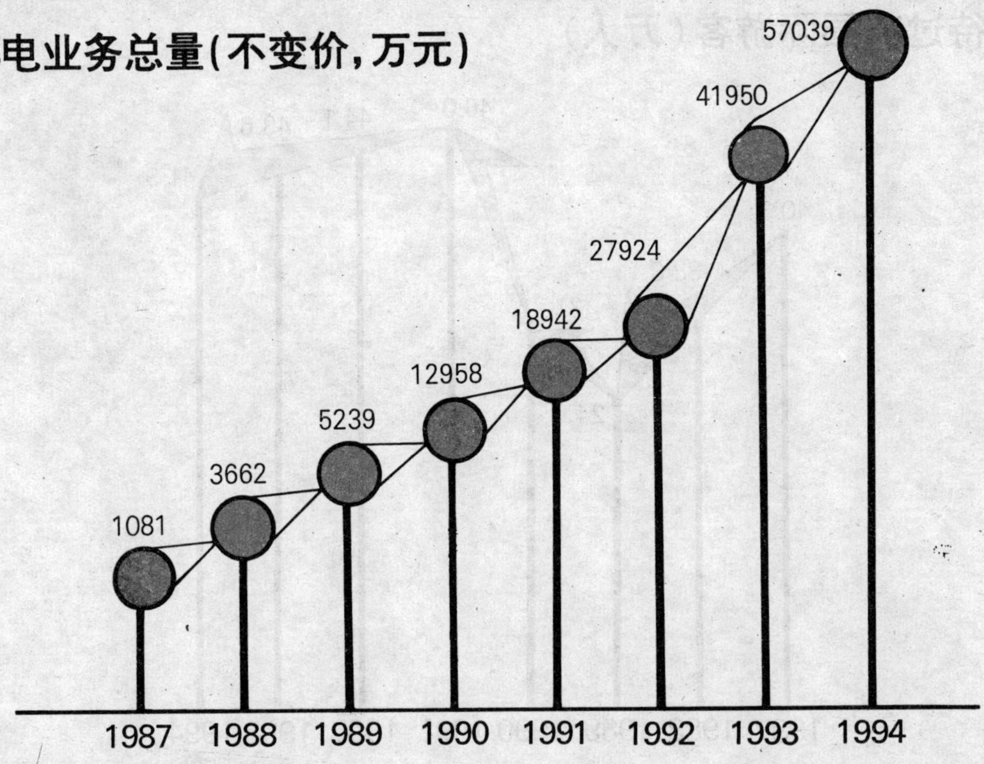

实际利用外资(亿美元)

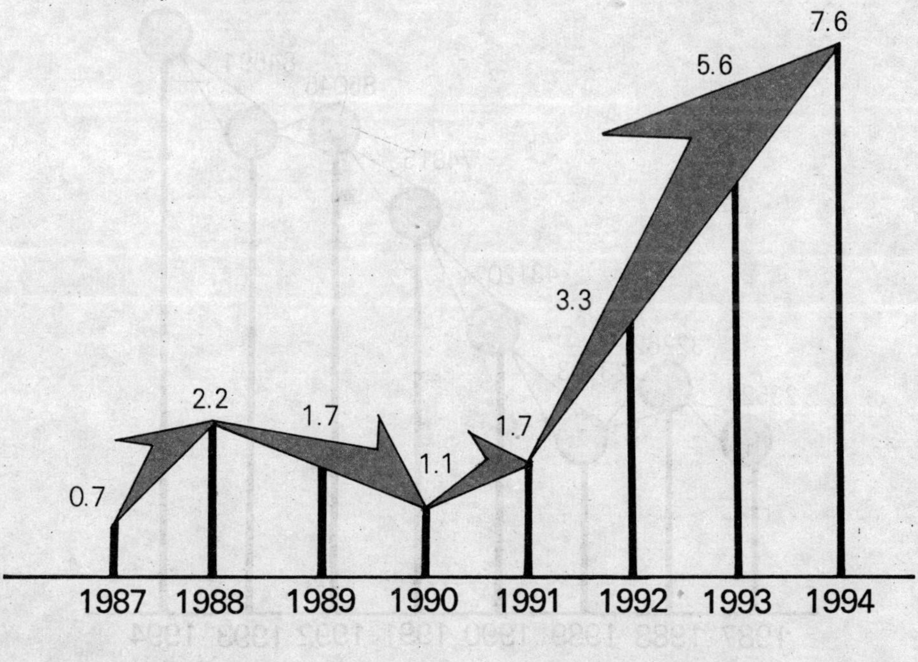

接待过夜国际游客(万人)

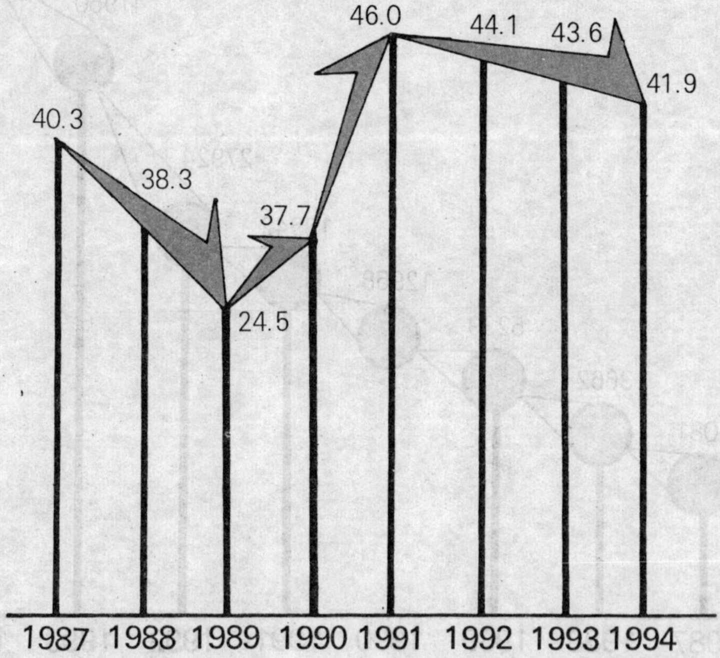

旅游外汇收入(万元兑换券)

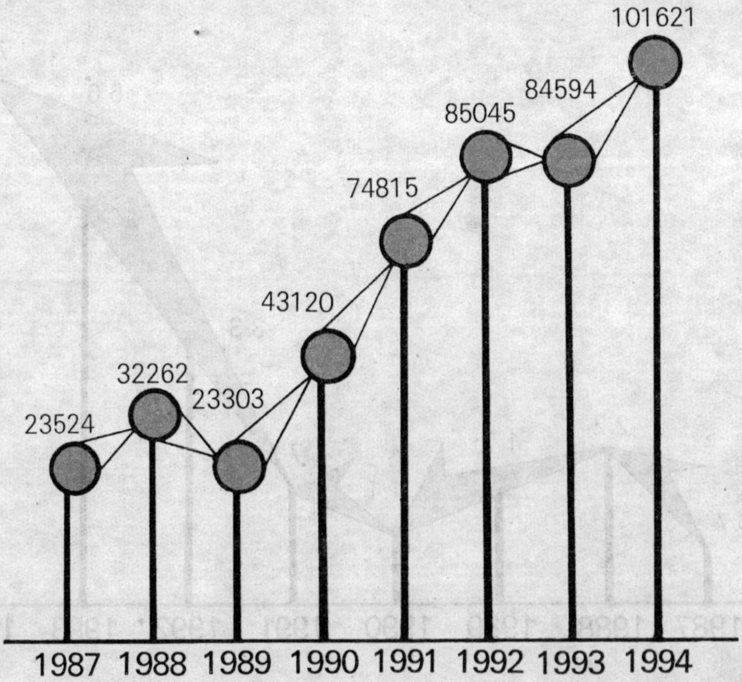

财政收支(万元)

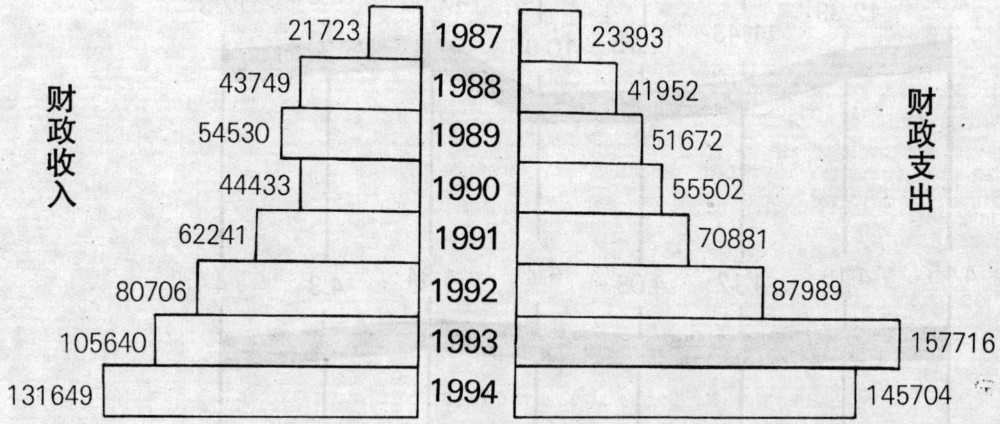

城市居民人均月生活费收入(元)

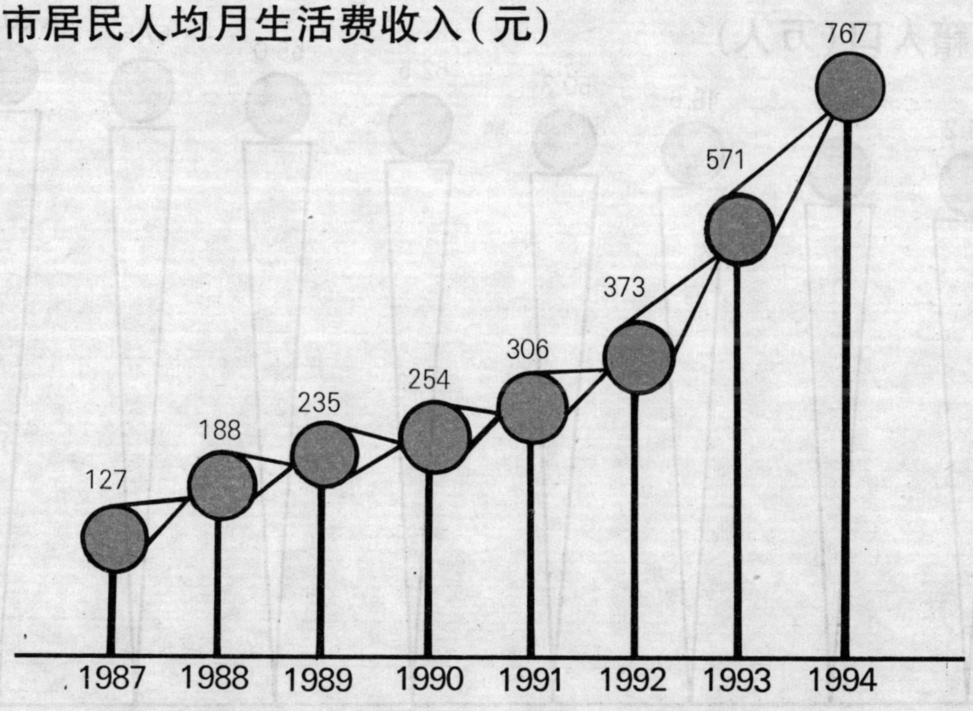

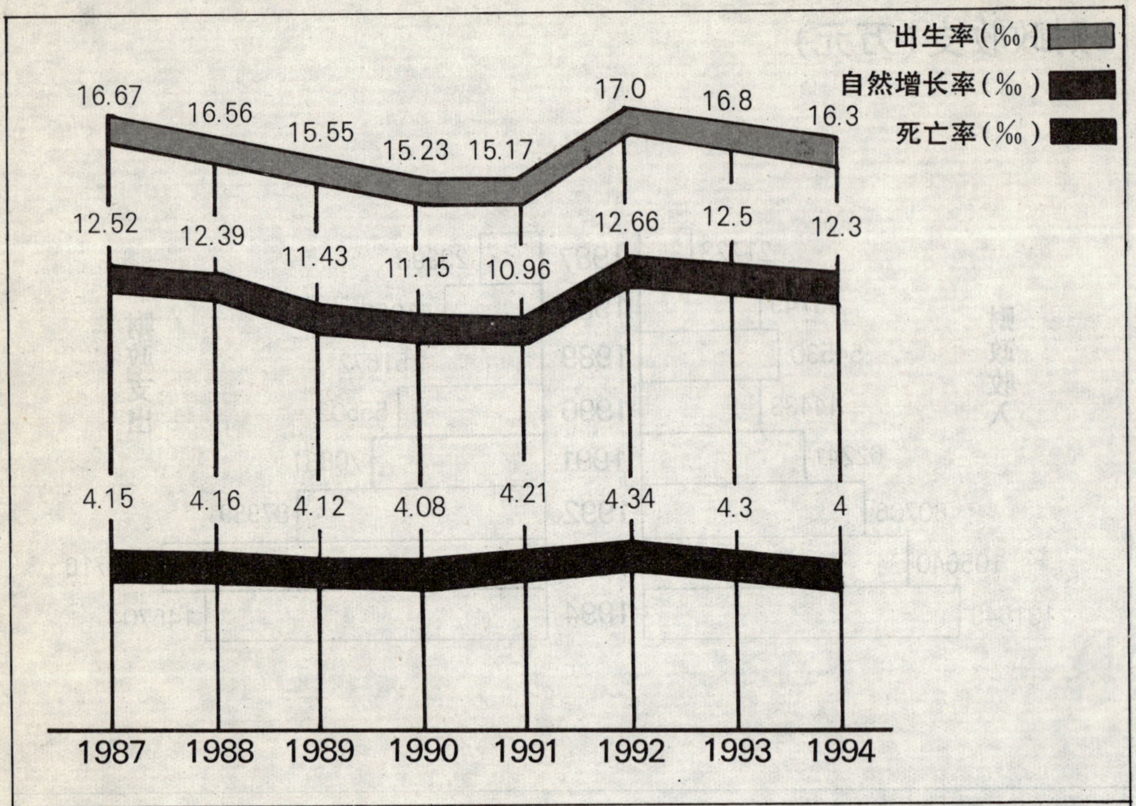
出生率(‰)
自然增长率(‰)
死亡率(‰)
16.67
16.56
15.55
15.23
15.17
17.0
16.8
16.3
12.52
12.39
11.43
11.15
10.96
12.66
12.5
12.3
4.15
4.16
4.12
4.08
4.21
4.34
4.3
4
1987
1988
1989
1990
1991
1992
1993
1994

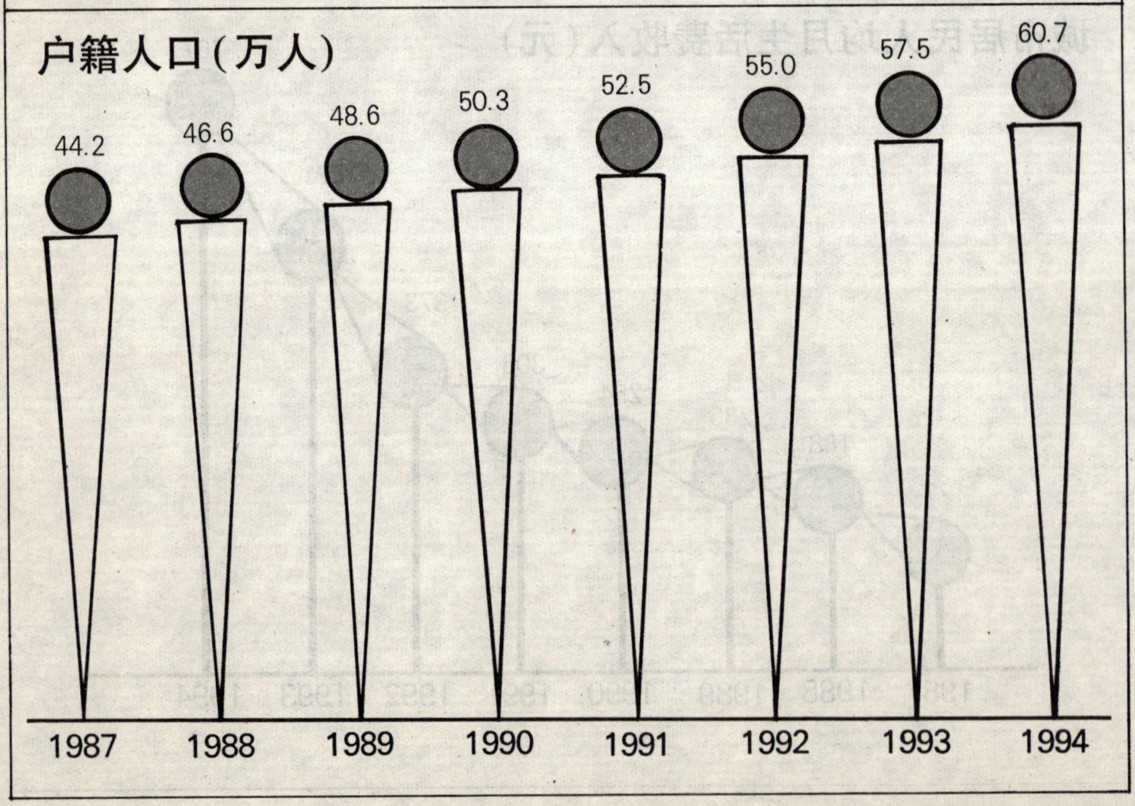
户籍人口(万人)
44.2
46.6
48.6
50.3
52.5
55.0
57.5
60.7
1987
1988
1989
1990
1991
1992
1993
1994

制图：曾少坚

珠海市供销企业集团有限公司

董事长总经理：林民业

珠海市供销企业集团有限公司是一个内外贸、工农商一体化的经济实体，现有员工 1113 人，全资下属企业有：珠海市农业生产资料总公司、土产日杂公司、供销工业品公司、物资回收公司、供销储运综合公司、特区供销贸易总公司、精品实业公司、拱北供销社、供销保税贸易公司、典当行、供销广告有限公司以及新近开业的珠海市第三大综合性现代化商场－－珠海商厦；中外合资企业有：童之宝玩具厂、综合家私厂、发泡胶厂、达承机电工程有限公司；内联企业有：翔丰酒店；辖属企业有：三灶供销社、南水供销社、小林供销社。1994 年商品总销售 89782 万元，国内纯销售 25288 万元，工业产值 1831 万元，出口创汇 341 万美元；创税利 1402 万元；固定资产近 2 亿元。

珠海珠光企业集团财务有限责任公司

珠海珠光企业集团财务有限责任公司于一九九五年三月经中国人民银行总行批准成立。注册资本人民币壹亿元、美元一千万元。本公司是珠海市首家经中国人民银行批准的财务公司，是由特区珠光企业集团成员单位共同投资组建的非银行金融机构。本公司行政上隶属珠光企业集团公司，业务上接受中国人民银行领导、管理、监督。协调和稽核。珠光集团拥有全资及合资企业100 多家，总资产超过100亿元人民币。是珠海目前最大的跨境经营和集多元化业务于一体的综合性集团公司，是珠海市对外经济贸易业务在香港与澳门的总代理。本公司依托集团的优势，与境内外金融界及工商界建立广泛的联系，愿为客户提供优质、高效的金融服务。

本公司办理集团成员单位下列人民币金融业务：

存款　贷款　投资　结算　担保和见证业务

代理和贴现业务　经济咨询业务

兼营信托和融资租赁业务；接受主管部门委托对集团公司或集团成员单位办理信托贷款业务。

办理经中国人民银行批准的其它业务及经国家外汇管理局批准的外汇业务。

本公司设有咨询服务台，随时欢迎企业单位来人来电咨询。

咨询电话：3356688　　欢迎惠顾垂询

本公司实行股东代表大会制度，由股东代表大会选举产生董事会，实行董事会领导下的总经理负责制。

名誉董事长：蔡光成　　副董事长：韩树平

顾　　问：胡庆堂　　总经理：朱立夫

董事长：吴炳然

珠海经济特区海通实业集团公司

海通集团沐浴着改革开放的春风，在市委、市府的正确领导及社会各界的鼎力支持和公司全体员工的共同努力下，始终坚持物质文明和精神文明一起抓，经过几年的艰苦创业，培养和造就了一批集高、中、初级职称为一体，老、中、青相结合精干内行的员工队伍，逐步形成了海陆客货运输、旅游、房产、高科技等支柱产业为主体的初具规模的企业集团属下企业发展到包括海通船务、海通运输、海通房产、海通科技城、海通旅行社、海通维修、海通装饰等十家企业。取得了良好的社会效益和经济效益。

团结、拼搏、开拓、高效是海通精神、海通人希望与社会各界精诚合作，以百倍的信心，不懈的努力，去迎接更加灿烂的明天！

珠海海通实业集团公司
地　　址：珠海市香洲区香柠新村 43 号
总机电话：（0756）2272088 2272033
传　　真：(0756) 2274680　电　挂：0137
邮　　编：519000　总经理（法人代表）：田亮

珠海市游艇服務有限公司

天有多高？海有多阔？心有多宽？情有多浓？

暂离繁重的工作，远避喧嚣的城市，驾着心爱的游艇，飞驰在群岛荟萃，海阔天空的珠海游艇活动区（东区海上乐园）时，您会心领神会海的广阔与深邃。也只有此时此地，您才能真正享受到大海的乐趣，游艇的怡情；您才能品味到造物主赐予人间的自然之美。

来吧，朋友！南中国海这片风光旖旎而富有灵气的山山水水，随时欢迎您的光临。

How high is the sky? How wide is the sea? How broad is the mind? How strong is the emotion?

Get away from your hard work and the noisy city! why not drive a yacht and hoverin the Zhuhai Yacht Excursion Area (East District Sea Paradise)? Being a time-killer in the green islands surrounded by the wide sea, you will feel how broad is the sea.only in this time and place can you enjoy the fun of the sea and pleasure of the yacht, ahd can you taste the beauty of nature gifted by God.

So come on,my friend! You are welcome at any time to the waters of the South China Sea,the charming and gentle fairyland.

珠海市游艇服务有限公司，是全国唯一一家对外游艇服务公司，开辟珠海东区毗邻港澳的海域为港澳游艇垂钓区（东区海上乐园），全权代办港澳游艇出入垂钓区手续。公司自一九八九年四月成立以来，承蒙国内及港澳各界人士的鼎力支持，业务拓展迅速，服务领域不断扩大，至今已成为一个多元化的游艇服务机构。

从一九九二年八月开始，经上级有关部门批准，港澳游艇活动范围从原来的300平方公里扩大到800平方公里（见图示）。经国家批准于一九九三年在桂山、外伶仃等岛开设海关，允许港澳游艇靠岸停泊和游客上岛旅游，进一步方便游客上岛游览、休憩、娱乐、购物等，东区海上乐园游艇活动的内容将更为丰富多采，一个极具发展前景的海上游乐世界正在成长之中。

公司还将在桂山、外伶仃等海岛建立港澳游艇加油站、维修保养基地和海岛度假村，竭诚为前来观光旅游的港澳游艇人士提供更加完善、更加便利的服务。

Zhuhai Yacht Service Co.Ltd. is the only one in China open to the overseas Pleasure-boats. It has developed the sea waters near Hong Kong and Macao in the East District of Zhuhai into a yacht fishing area for HK and Macao People, It is Plenipotentiary in going through formalities for HK and Macao yachts Since being set up in April 1989, the company has developed its business rapidly and expanded its service fields steadity with the support of various circles of China,Hong Kong and Macao.Up to now, it has become a diversified yacht service organization.

From this August on, the fishing excursion area for Hong Kong and Macao people is extended from 300 sq, km to 800 sq. km(see the illustration),permitted by the higher authorities concerned. The state plans to set up the Customs in Guishan and Wailingding Islands in 1993, then the Hong Kong and Macao yacht will be permitted to pull in to shore and berth and tourists will be allowed to visit the island in order that it will be more convenient for them to tour, rest, amuse themselves and do shopping in the islands.The yacht activities in East District Sea Paradise will be more varied and colourful. A sea entertainment world of great promise is being developed now.

Besides, we will set up filling, maintenance bases and island holiday resorts in Guishan and Wailingding Islands, providing perfect and convenient services for Hong Kong and Macao yacht fans.

珠海经济特区海陆实业发展公司

地　　址：香洲湖湾里 30 号之四

法人代表：严锦谦　　电　话：2225790

珠海经济特区海陆实业发展公司始建于一九九二年七月，注册资本 *100* 万。该公司创立三年来，着力经营实业，发展生产，引进外资。现已发展成为拥有自已的标准厂房 *2000* 平方米，固定资产 *248* 万，辖下七家公司的集团公司。

“珠海桂山码头货运有限公司”是该公司与香港捷利城（集团）有限公司以合作经营方式设立的，总投资 *3000* 万美元，注册 *1200* 万美元，每年可吞吐 *20* 英尺货柜 *15* 万个。

“桂山标准件厂”每年可生产 *10* 亿粒标准芯配套螺钉。

“珠海万能通电脑工程有限公司”是该公司与香港源利电脑工程热处理公司合资兴办，年生产电脑软件 *1000* 万美元以上。

“桂山新发电器厂”所生产的玩具被评为广东省儿童优秀新产品发明奖。每年有 *50－80* 万只玩具供应国内外市场，受到消费者好评。

此外，**“桂山海顺贸易有限公司”**、**“海力实业发展公司”**、**“边境小额贸易部”**，每年经营的进出口业务约 *1000* 万元。

珠海经济特区海陆实业发展公司，实力雄厚，技术力量强，有独立自主的进出口报关权，欢迎海内外人士前来洽谈业务及经济合作，共创特区繁荣。

珠海市怡达印务有限公司

董事长：林佑章　　总经理：周海胜　　业务经理：欧阳瑞荃。

电　话：2263826　2265746　9005269　9009244

地　址：香洲工业北区佳蓬工业大厦二楼

珠海经济特区怡达印务有限公司，前身是珠海市信息产业公司印刷厂，创立于一九九二年七月。经过两年多时间的不懈努力，已经从原来的“一台印机加一台电脑”发展到目前排、印、订成龙配套、设备齐全，共有各类设备30多台套。印前排版：拥有8台电脑，4台激光印字机及多套排版软件，电脑排版能力在本市同行中数一数二；印刷：拥有各种规格胶印机6台，可印刷胶版纸、铜版纸、无碳纸、不干胶等印刷载体的彩色、黑色印刷品；装祯：烫金、模切应有尽有，简装精装一应俱全。成品美伦美奂，客户满意，同行称羡。

本公司以印刷书刊为主，业务面广泛，彩页、广告、产品说明书、包装盒、表格、纸袋、酒楼餐牌等无所不包。全市70%以上杂志在本公司印刷，同时还承印四开小报。善于赶急单为本公司赢得了良好的声誉和众多的客户，公司业务量每年以接近翻一番的速度增长，成为本市印刷企业的翘楚。

人才是发展的基础。本公司人才济济，拥有大专以上学历6人，中专、中技8人，中技以上学历人员在全员中的比例达31%；这在同行中是绝无仅有的，高素质的员工队伍是本公司在竞争中能够立于不败之地，不断发展壮大的秘决之一。质量是企业的生命线。我们的口号是“客户的满意就是我们最大的满足”。本公司印刷品素以高质著称。作为珠海格力电器股份有限公司指定印刷协作企业，本公司印刷的电器使用说明书，随着格力电器飘洋过海，走向国际。

一流的服务态度，使客户真正成为“上帝”，本公司“处处为客户着想”的原则无处不在。透过每一个员工的辛勤劳作以及客户的完美配合，使客户在得到精美印品的同时身心愉悦。

“怡达印务”是您的最佳选择，而选择我们，则是您最正确的开始。欢迎垂询惠顾，无论新老客户，本公司赤诚服务。

珠海市统计局

关于1994年国民经济和社会发展的统计公报

(一九九五年三月十六日)

1994年，全市人民在市委、市政府领导下，认真贯彻党的十四届三、四中全会精神和中央关于“抓住机遇，深化改革,扩大开放,促进发展,保持稳定”的方针,积极推进各项改革,对外开放进一步向广度和深度拓展,国民经济继续保持快速增长,各项社会事业取得显著成绩。初步统计,全市国内生产总值168.29亿元,比上年增长22.1%。其中第一产业增长9.04亿元，比上年增长11.8%,第二产业增加值87.68亿元,比上年增长20.3%,第三产业增加值71.57亿元,比上年增长31.3%。一、二、三产业所占比重,依次为5: 52: 43。经济运行中存在的主要问题有：建设资金严重短缺,企业经济效益仍不理想,物价涨幅居高不下。

一、工　　业

工业生产持续快速增长。全年完成工业增加值68.05亿元,比上年增长23.5%。全部工业总产值260.31亿元,比上年增长34.9%。其中乡及乡以上工业总产值230.12亿元,比上年增长34.4%。在乡及乡以上工业总产值中,非国有工业增长明显加快,国有工业增长21.6%,集体工业增长21.0%,以三资企业为主的其他工业增长39.3%。轻工业发展较快,轻工业产值189.07亿元,比上年增长42.9%，重工业产值41.05亿元，比上年增长5.4%。工业出口能力增强,全年完成工业出口产品产值116.51亿元,比上年增长33.2%。

工业生产受市场需求变动影响,主要产品产量有增有减。

主要工业产品产量如下:

产品名称	1994年	比上年增减%
缝纫机	23.7万架	1.2倍
表	264.8万只	1.5倍
照像机	431.2万架	-15.7
彩色电视机	32.8万部	56.0
收音机	393.9万部	3.5倍
房间空调器	32.2万台	1.4倍
化学纤维	5478吨	-20.4
布	852万米	14.7
毛线	845吨	35.9
服装	10527万件	-17.1
皮鞋	1933万双	1.2倍

+糖	9.1万吨	-37.8
啤酒	9.7万吨	-13.0
软饮料	7.4万吨	31.5
罐头	10342吨	-17.1
味精	12357吨	32.2
配混合饲料	18.7万吨	13.2
塑料制品	4.3万吨	-18.7
发电量	9.04亿千瓦时	20.7
软磁盘	32313万片	20.9
聚酯切片	2.9万吨	-12.0
摩托车	6.4万辆	7.6倍

1994年,我市工业产销进一步衔接,全年乡及乡以上工业销售产值218.81亿元,比上年增长29.5%,产品销售率达93.6%,与上年基本持平。

· 外向型工业进一步发展。全年乡及乡以上工业出口产品产值116.51亿元,比上年增长33.2%,占乡及乡以上工业总产值的比重为50.6%。全年三资企业工业产值118.13亿元,比上年增长29.0%,占乡及乡以上工业总产值的比重为51.3%。

工业经济效益方面,全员劳动生产率有新的提高,但企业销售成本上升,利润率下降,亏损面较大,工业经济效益总体水平尚有待提高。

建筑业生产发展缓慢。全年实现建筑业增加值19.63亿元,与上年基本持平,房屋建筑施工面积505.8万平方米,房屋竣工面积84.2万平方米,比上年略有下降。

二、农　　业

1994年,我市农业克服资金短缺、生产资料价格涨幅大、自然灾害严重等困难,积极开展创“三高”农业活动,在大灾之年仍获得丰收。全年农业总产值9.12亿元,比上年增长11.5%。其中种植业产值3.37亿元,比上年增长15.0%,林业产值0.11亿元,比上年减少21.4%畜牧业产值1.22亿元,比上年减少26.1%,副业产值0.96亿元,比上年增长45.5%,渔业产值3.46亿元,比上年增长24.0%。

主要农产品产量如下:

产品名称	1994年	比上年增长%
稻谷	7.85万吨	6.1
甘蔗	112.95万吨	4.8
蔬菜	10.17万吨	3.4
生猪饲养量	30.99万头	-15.9
水产品	62747吨	5.9

农村经济稳定、繁荣。全年农村社会总产值96.58亿元,比上年增长39.8%。其中农村工业、建筑业、运输业和商业饮食业增长42.9%,占农村社会总产值的比重提高到83.4%。乡镇企业保持强劲的发展势头,全年总收入78.70亿元,比上年增长33.8%。

三、固 定 资 产 投 资

1994年,我市固定资产投资增速减缓。全年全社会固定资产投资（含商品房）完成98.58亿元,比上年增长24.6%,增幅比上年回落25.6个百分点。其中国有单位（包括国有单位与境外合资、联营及股份制投资,下同）投资93.06亿元,比上年增长26.8%，集体所有制单位投资4.45亿元,比上年下降6.3%，城乡居民个人投资1.06亿元,比上年增长6.0%。在国有单位完成投资中，基本建设投资73.68亿元,比上年增长36.7%,更新改造投资1.90亿元, 比上年增长1.6倍,商品房建设投资17.48亿元,比上年减少6.7%.

城市基础工程和配套设施的建设进展顺利.1994年,市区共有19段路、2座桥通过验收并交付使用,香洲水产码头、前山河西护岸、湾仔海堤、海华西排洪沟及香洲污水处理厂等工程也已通过验收并交付使用.珠海机场第一期工程已完成工程总量的84.3%，进入装修、设备安装及调试阶段，其中4000米跑道和9.16万平方米候机楼已完成土建工程。机场路、珠海大道收尾工程、珠峰大道、黄杨大道等工程进展顺利。珠海港25万吨级的油码头和10万吨级的煤码头前期工程正在进行。香洲湾整治已基本完成。

1994年建成投产基建项目137个,新增固定资产29.28亿元。新增加的主要生产能力和工程效益有：发电机组容量3.7万千瓦,输电线路长度38.68公里,变电设备能力31.45万千伏安,新建公路9.71公里,新建独立公路桥梁2座（1995延长米）,市内电话自动交换机5.4万门,中学学生席位1360个,小学学生席位1710个,城市自来水日供水能力118万吨,城市道路10.43公里,城市污水日处理能力4.4万吨。

四、运 输 邮 电

交通运输业生产稳步发展。全年完成客运量1.17亿人次,比上年增长14.5%,旅客周转量43.66亿人公里,比上年增长14.0%。全年货运量2878.16万吨,比上年增长12.7%，货物周转量12.34亿吨公里，比上年增长13.3%。全年港口货物吞吐量1150.52万吨，比上年增长13.8%。

邮电通讯事业发展迅速。全年完成邮电业务总量5.70亿元，比上年增长36.0%。全年年末市话交换机总容量23.02万门，比上年末增长26.9%。年末拥有电话机13.23万部，比上年末增长27.5%，无线移动电话用户数增长68.5%，无线寻呼用户数增长28.3%，长途业务电话线路增长23.5%。

五、商 业 和 物 价

1994年，城乡消费口市场货源充足，销售平稳增长。全年社会消费品零售总额71.02亿元,比上年增长37.4%，扣除价格因素实际增长14.8%。分经济类型看,非国有商业的发展速度大大高于国有商业，其中，国有商业零售额26.45亿元，比上年增长1.9%，集体商业零售额11.07亿元，比上年增长1.3倍，个体商业零售额18.01亿元，比上年增长81.4%。

1994年，由于过快增长的社会需求的拉动，自然灾害的影响，国家政策性调价，以及影响物价的宏观改革措施出台等各种因素的共同作用下，我市市场物价持续大幅上扬，居高不下。城市居民消费价格比上年上升了22.9%，消费品零售价格上升19.7%，服务项目价格上升24.1%。各类商品和服务项目价格变动情况如下:

类别	1994年比上年±%
1、食品类	32.8
其中：粮食	53.8
肉禽蛋	24.9
鲜菜	13.9
水产品	21.2
2、衣着类	7.4
3、日用品类	10.9
4、文化体育用品类	3.3
5、书报杂志类	32.4
6、中、西药品类	17.8
7、燃料类	9.2
8、服务项目	24.1

六、对 外 经 济

对外贸易快速发展。全年出口总值14.88亿元，比上年增长42.2%，进口总值10.96亿美元，比上年增长46.6%。在出口总值中，贸易出口6.31亿美元，比上年增长73.6%外商投资企业出口8.37亿美元，比上年增长25.9%。

利用外资发展势头良好。全年实际利用外资7.63亿美元，比上年增长35.6%。其中，外商直接投资5.13亿美元，比上年增长16.1%。到1994年末，我市投产开业的三资企业发展到1600多个，当年新增265个。

国际旅游业停滞不前。1994年经珠海口岸出入境人数达2348万人次，比上年增长2.3%。全年接待过夜国际游客41.89万人，比上年下降3.9%，宾馆酒店开房率60.9%，比上年下降8.8个百分点，旅游外汇收入1.17亿美元，比上年增长20.1%。

七、科技、教育、文化、卫生、体育

科技事业取得新进展。1994年，我市首次承担4个国家级863计划项目，标志着我市科研水平跨上新台阶。全市列为火炬计划项目18项，其中国家级8项，省级10项；列为星火计划项目60项，其中国家级3项，省级8项。高新技术发展迅速，全市有16家企业被认定为高科技企业。全年高新技术产品产值达35亿元。全年代理专利申请250项。全年技术交易合同金额达4527万元。1994年，我市有3个项目获国家级表彰，1个项目获省级表彰。

教育事业取得可喜成绩。全市各类学校在校学生总数14.71万人，比上年增长4.5％。其中普通中学、农业职业中学在校学生3.76万人，比上年增长6.5％，小学在校学生8.14万人，比上年增长6.7％。小学学龄儿童入学率为99.9％，小学毕业升初中升学率为98.4％，初中毕业升高中、中专升学率为69.6％，高中毕业升学率为49.9％。

文化事业健康发展。1994年，市艺术馆共举办各类艺术培训班42个，培训辅导2.1万人次。市粤剧团共组织演出79场，其中国内演出59场，港澳演出20场。市博物馆举办多个专题展览，接待观众2万人次。市电影公司全年放映2.09万场，观众525万人次。外地文艺团体在我市演出45场，观众6.95万人次。市图书馆藏书19.45万册，全年共接待读者11.52万人次。

卫生事业稳步发展。1994年末全市有卫生机构219个，比上年增加11个，病床2393张，比上年增加621张。专业卫生技术人员4019人，增加467人。其中医生1589人，增加203人，护师、护士1220人，增加207人。总诊疗人次545.03万人次，减少101.47万人次。全市已有十家医院通过国家爱婴医院的评估。

体育事业有重大突破。1994年我市运动员在国际比赛、全国比赛、全省比赛中共夺得金牌44.25枚、银牌39枚、铜牌43枚，其中1人1次超1项世界纪录，1人1次破1项全国纪录，16人27次破24项全省纪录，43人118次破24项本市纪录。全市各中小学体育达标率为94.8％，优秀率为20.0％。

八、人口与人民生活

人口增长速度有所控制。根据1994年人口变动情况抽样调查，人口出生率为千分之十六点三，死亡率为千分之四，自然增长率为千分之十二点三。1994年末全市常住人口为103.04万人，户籍人口为60.66万人。

城镇就业人数继续增加。1994年城镇新增就业人员3.14万人。年末全市职工人数23.53万人，比上年末增加

0.15万人。城镇私营企业从业人员和城镇个体劳动者9.56人，比上年末增加1.50万人。

职工工资水平进一步提高。1994年末全市职工工资总额21.03亿元，比上年增长26.1％，全市职工年人均工资9214元，比上年增长24.5％，扣除价格因素实际增长分别为2.6％和1.3％。

城乡居民收入增加。据抽样调查，城镇居民年人均生活费收入9208.8元，比上年增长34.5％，扣除价格因素，实际增长9.4％。农村居民年人均纯收入2254元，比上年增加544元，扣除价格因素，实际增长7.3％。

城乡居民储蓄持续增加。1994年末城乡居民储蓄存款余额90.35亿元，比上年末增长22.94亿元，增长34.0％。

环境保护事业和经济建设协调发展。全市环境质量保持良好水平。大气环境质量达到国家一级标准，饮用水达标率为98.3％，城市区域噪声平均值56.4分贝，工业固体废物综合治理率达100％，新建项目“三同时”执行率达100％。

注：1、本公报所列数据，有一部分是初步统计数。

2、国内生产总值、各产业增加值按现行价格计算，工业、农业总产值按不变价格计算，增长速度按可比口径计算。

3、各项目指标对比的基数为1993年的年报统计数

综 合

表1-1 建市以来全市国民经济及社会发展主要指标

年 份	年末总户数（户）	年末户籍人口（人）	其中非农业人口（人）	人口出生率（‰）	人口死亡率（‰）	人口自然增长率（‰）	暂住人口（人）
1979	76573	360742	63989	21.0	5.46	15.54	—
1980	77053	365324	70743	17.69	4.94	12.75	—
1981	81219	371492	77819	18.98	4.8	14.18	—
1982	85210	377784	84367	17.20	4.72	12.48	—
1983	87292	385170	91620	15.54	5.00	10.54	—
1984	90557	395172	104329	15.98	4.40	11.58	—
1985	94766	411673	135201	17.06	4.83	12.23	—
1986	101907	425877	150249	16.77	4.12	12.65	104771
1987	107335	441711	164792	16.67	4.15	12.52	112580
1988	116723	466003	185160	16.56	4.16	12.39	165016
1989	123949	486253	201011	15.55	4.12	11.43	229627
1990	128971	502486	218994	15.23	4.08	11.15	244155
1991	137902	524633	255327	16.1	3.79	12.32	284500
1992	150833	549733	271708	15.91	4.33	11.59	258582
1993	156851	574631	308319	15.68	3.79	11.89	345594
1994	163367	606566	405917	13.84	3.51	10.33	423869

表1-1续表1

年　份	社会总产值（当年价）	社会总产值（不变价）	国民收入（当年价）	国民收入（不变价）	国内生产总值（当年价）	国内生产总值（不变价）
1979	59766	38017	19125	11292	29883	23659
1980	76389	50078	23218	17264	37528	29883
1981	90434	62482	29912	21482	39838	30239
1982	100567	72801	35526	25690	47325	35358
1983	118108	82126	48020	36692	56108	42435
1984	156295	115693	59538	47885	73848	55336
1985	228038	162006	85166	66726	103082	80989
1986	231379	164178	87514	69283	111008	87747
1987	320757	224170	126543	82329	155483	109415
1988	547326	390489	188561	125379	250664	122944
1989	665932	480785	218959	146315	323097	172575
1990	840534	896849	264673	282011	398310	429885
1991	1258305	1374782	379860	408233	591615	698683
1992	1909862	1962095	566406	595440	942645	1028739
1993	2889806	2630718	827430	789907	1218702	1227816
1994	3732956	3410146	1089463	918056	1656999	1480815

注:1979-1989年采用1980年不变价；1990-1994年采用1990年不变价。

表1-1续表2

年份	工农业总产值（当年价）	其中：农业总产值	工业总产值	工农业总产值（不变价）	其中：农业总产值	工业总产值	农村社会总产值（当年价）
1979	44127	25501	18626	28879	15461	13418	—
1980	51649	28471	23178	34375	17415	16960	—
1981	54930	30892	24038	39120	18350	20770	—
1982	57847	31117	26730	42542	20472	22070	—
1983	69472	32321	37151	49647	21264	28383	—
1984	85224	33922	51302	72456	22594	49862	61705
1985	100508	36303	64205	84045	22975	61070	64936
1986	121966	41319	80647	94477	22972	71505	70056
1987	186760	44439	142321	155072	24678	130394	102122
1988	389842	81405	308437	282525	28411	254114	178451
1989	488107	67972	420135	360678	30617	330061	192021
1990	645837	99039	546798	686416	88876	597540	264361
1991	970028	101867	868161	1101147	93052	1008095	339222
1992	1300701	109289	1191412	1534953	96814	1438139	458218
1993	1916294	126468	1789826	2014785	81773	1933012	690875
1994	2570267	157148	2413119	2697406	91206	2606200	965820

注:1979～1989年采用1980年不变价；1990～1994年采用1990年不变价。

表1-1续表3

年　份	粮食总产量（吨）	甘蔗总产量（吨）	水果总产量（吨）	年末实有耕地面积（亩）	年末生猪存栏量（头）	水产品产量（吨）	客运量（万人）	货运量（万吨）
1979	170095	475317	1640	591070	18462	16615	231	87
1980	178979	613672	1495	578820	151142	16803	273	113
1981	127580	1023714	2192	573486	136268	16585	428	106
1982	144228	1027508	1981	568214	145004	18294	364	118
1983	165904	1026016	3753	567377	144653	20615	404	113
1984	176277	1310485	4091	565224	126717	20491	1427	169
1985	130731	1537391	8090	565811	126976	22876	4757	1568
1986	141997	1520407	16722	563241	169989	25520	5271	936
1987	153253	1474396	30026	559018	160736	30895	6150	1241
1988	150046	1608170	29893	576361	161559	43164	6778	1674
1989	162887	1374205	26323	569262	166848	45920	6517	1431
1990	172079	1582861	36174	564827	189000	50820	7330	1719
1991	160848	1721032	39125	565375	178936	53115	8305	2102
1992	139788	1682066	37984	541776	187091	58767	10080	2534
1993	77885	1077912	14231	476960	153000	59255	10297	2553
1994	84562	1129476	23787	433056	121102	2747	10309	2878

表1-1续表4

年份	邮电业务总量(不变价)(万元)	社会消费品零售总额(万元)	利用外资签订合同数(宗)	合同规定外商投资额(万美元)	实际利用外资额(万美元)	接待旅游人数(万人)	旅游外汇收入(兑换券)(万元)	外贸进口总额(万美元)
1979	95	13573	42	6520	418	—	—	—
1980	108	20239	85	6358	1575	2.61	148	625
1981	184	25236	160	11653	1377	4.80	620	1250
1982	205	30403	165	163930	5649	6.40	1377	1643
1983	239	37172	267	5863	2938	13.90	5193	4241
1984	338	78539	626	11595	12694	28.96	25405	4524
1985	527	104593	215	18637	9104	29.80	13520	11158
1986	736	93505	171	8111	7568	34.30	21975	14260
1987	1081	113857	258	8836	6963	40.30	23524	16445
1988	3662	170679	351	31187	21762	38.30	32262	21520
1989	5739	192456	305	24182	16947	24.50	23303	16450
1990	12958	217570	424	30085	10828	37.70	43120	15967
1991	18942	295881	587	55415	16979	46.00	74815	42807
1992	27924	386656	762	131468	32704	44.18	85045	60291
1993	41950	516958	885	161131	56277	43.60	84594	74761
1994	57039	710252	584	127266	76289	41.90	101621	109634

注: 利用外资签订合同数1985年后不含外商来料加工来设备或来设备不作价的合同数。

表1-1续表5

年份	外贸出口总额（万美元）	财政收入（万元）	财政支出（万元）	年末银行存款余额（万元）	年末银行贷款余额（万元）	全社会固定资产投资额（万元）	全民基建投资额（万元）	年末职工总数（人）
1979	938	2338	2388	9341	7906	3628	3106	68366
1980	1310	3652	2980	16792	15257	5804	4542	70719
1981	1881	6696	5092	23441	32129	11531	8458	71777
1982	2099	7647	6178	27506	33467	22959	11722	78302
1983	2449	8944	7757	44221	63246	21689	13654	81634
1984	2319	17308	16959	122395	205799	47821	36212	86528
1985	3337	30333	27307	91462	211323	96992	81618	96216
1986	7072	17231	18383	134192	251991	85315	72685	106129
1987	27372	21723	23393	187489	358254	96506	79001	119706
1988	42105	43750	41935	287179	461245	123375	94318	134415
1989	36508	54530	51674	313031	496593	97599	87679	147141
1990	48865	44434	55425	404391	605926	121205	109916	161968
1991	69903	62241	70881	589680	709065	169763	147282	189145
1992	92278	80706	87989	1333265	1052412	527275	456763	215659
1993	106008	147781	157753	1437322	1351595	791515	539111	233848
1994	148777	131649	145704	1776533	1535923	985792	—	235288

表1-1续表6

年　份	全部职工工资总额（万元）	学校在校学生人数（人）	卫生技术人员数（人）	卫生机构床位数（张）	职工生活费用价格指数（%）	居民人均生活费收入（元/人·年）	居民人均生活费支出（元/人·年）
1979	3998.26	71249	1196	819	—	—	—
1980	4940.39	72919	1315	872	—	—	—
1981	6709.44	70036	1466	970	—	—	—
1982	7701.10	71055	1551	950	—	—	—
1983	9457.20	89361	1658	947	—	—	—
1984	13031.00	83550	1732	1063	—	—	—
1985	15693.30	87740	1955	1160	—	—	—
1986	18124.00	94048	2053	1159	104.1	1324	1273
1987	23599.50	103079	2221	1297	114.2	1526	1550
1988	34638.40	107523	2412	1300	130.6	2265	2100
1989	47270.70	114877	2617	1346	125.1	2824	2520
1990	55838.80	121028	2691	1387	101.4	3048	2899
1991	78222.30	126279	2765	1381	103.9	3671	3548
1992	110396	134880	2922	1392	111.7	4476	4152
1993	166838	142543	3552	1772	121.3	6857	5985
1994	210289	—	4019	2393	122.9	9220	8014

表1-2 建市以来特区国民经济及社会发展主要指标

年 份	年末总户数（户）	年末户籍人口（人）	其中：非农业人口（人）	人口出生率（‰）	人口死亡率（‰）	人口自然增长率（‰）	暂住人口（人）
1979	26013	123015	36436	19.56	5.72	13.84	—
1980	27055	126992	42155	16.99	5.37	11.62	—
1981	28471	130141	47492	17.04	5.17	11.87	—
1982	30482	133892	52301	15.11	5.22	9.89	—
1983	32169	138606	58026	13.47	5.32	8.15	—
1984	34380	144366	67682	12.70	5.03	7.68	—
1985	35841	155037	88793	14.08	4.83	9.25	—
1986	39935	165148	99930	16.10	4.10	11.96	91442
1987	43543	175345	110569	16.05	4.07	11.98	94493
1988	48538	190735	124551	17.00	4.00	13.00	142245
1989	52933	202508	137307	17.39	4.23	13.15	212134
1990	55884	210245	152911	16.35	3.71	12.64	224335
1991	59306	221433	185455	17.40	3.57	13.83	253456
1992	81366	292035	212695	14.90	3.85	11.02	230366
1993	67466	254228	228481	14.04	3.46	10.58	332526
1994	69263	274962	255793	14.03	3.37	10.66	397491

表1-2续表1

年　份	社会总产值（现价）（万元）	社会总产值（不变价）（万元）	国民收入（现价）（万元）	国民收入（不变价）（万元）	国内生产总值（现价）（万元）	国内生产总值（不变价）（万元）
1979	21083	17944	9166	4950	12374	8071
1980	28460	22429	10708	5451	14134	9944
1981	39506	29282	12336	6856	16037	11524
1982	51308	36952	15999	8854	20958	15348
1983	58528	42678	18243	12561	23351	15923
1984	104588	77777	37361	26603	48569	39231
1985	163204	114062	56305	40053	70323	50799
1986	153202	104775	51865	35966	67943	50203
1987	225894	165293	82526	55657	105446	70618
1988	387411	312448	122427	91980	177121	89530
1989	512121	375083	154501	114591	230919	116723
1990	602288	660786	191446	212510	316749	352221
1991	944506	1073651	272708	299356	486551	589754
1992	1521260	1603787	454526	478435	814762	905207
1993	2184776	2089153	611560	604526	924620	988026
1994	3058904	2880319	885638	757544	1388829	1261706

注:1979-1989年采用1980年不变价；1990-1994年采用1990年不变价。

表1-2续表2

年　份	工农业总产值（现价）（万元）	其中：农业总产值（万元）	工业总产值（万元）	工农业总产值（不变价）（万元）	其中：农业总产值（万元）	工业总产值（万元）	农村社会总产值（万元）
1979	16877	10585	6292	12810	6678	6132	—
1980	17258	9612	7646	13516	6064	7452	—
1981	18692	9200	9492	15055	5804	9251	—
1982	21248	10450	10798	17117	6593	10524	—
1983	24088	10836	13252	19751	6836	12915	—
1984	46402	12308	34094	40839	7261	33578	—
1985	51858	11552	40306	46152	7288	38864	29383
1986	60795	12691	48104	50223	7054	43169	31859
1987	114588	13491	101097	102174	7500	94674	52042
1988	259773	23698	236075	210544	7996	202548	94857
1989	374735	24605	350130	265397	8256	257141	98659
1990	445417	30779	414638	492396	25336	467060	158482
1991	695128	30772	664356	828818	26500	802318	223598
1992	1078471	52908	1025563	1309079	43514	1265565	319026
1993	1439622	35245	1404327	1604892	20718	1584174	470007
1994	2032504	36620	1995884	2267251	19529	2247722	675687

注:1979-1989年采用1980年不变价；1990-1994年采用1990年不变价。

表1-2续表3

年份	邮电业务总量(不变价)(万元)	社会消费品零售总额(万元)	利用外资签订合同数(宗)	合同规定外商投资额(万美元)	实际利用外资额(万美元)	接待旅游人数(万人)	旅游外汇收入(兑换券)(万元)	外贸进口总额(万美元)
1979	55	7506	42	6512	518	—	—	—
1980	63	12782	83	6346	1575	2.61	148	625
1981	114	10304	150	11637	1367	4.80	620	1237
1982	128	19285	148	103873	5631	6.40	1377	1615
1983	159	25607	251	5573	2905	13.80	5191	4205
1984	242	64578	567	10850	12581	28.86	25400	4492
1985	417	86693	137	17021	8834	27.80	13506	11142
1986	583	75093	100	6437	3950	33.10	21841	14151
1987	884	90845	132	7551	6338	37.10	23367	16029
1988	3458	137722	290	27744	20198	36.40	32175	21003
1989	5384	148949	268	20715	15578	23.50	23286	15953
1990	12138	165819	386	28294	9605	34.30	43023	14777
1991	17790	236612	536	53263	15660	44.50	74797	42505
1992	25742	307688	670	122656	30033	42.88	84033	59649
1993	37479	393651	735	144608	50633	41.70	84576	—
1994	51758	559036	503	112539	67239	—	—	—

注：利用外资签订合同数1985年后不含外商来料加工不来设备或来设备不作价的合同数。

表1-2续表4

年　份	粮食总产量（吨）	甘蔗总产量（吨）	水果总产量（吨）	年末实有耕地面积（亩）	年末生猪存栏量（头）	水产品产量（吨）	客运量（万人）	货运量（万吨）
1979	51704	30371	345	130954	64572	13169	147	22
1980	47373	39303	203	126109	48975	12662	187	27
1981	36217	89143	320	121505	43167	12530	299	23
1982	39956	119209	449	119721	41266	12693	349	17
1983	48112	97605	888	118736	42949	13598	378	23
1984	52252	102330	1167	114719	37132	12455	1417	24
1985	38662	123813	3243	107953	32217	12375	4342	587
1986	41415	108034	4575	106650	41794	13931	5032	384
1987	41714	108495	10027	103449	51144	15924	5892	388
1988	41417	115665	12776	101855	56842	23343	6464	605
1989	41077	86894	11099	99318	66229	24713	5976	583
1990	40577	106309	12502	96634	78000	23582	6639	816
1991	34698	117149	12758	94858	76900	27647	7837	1615
1992	27576	101647	16835	92967	91208	28274	9583	1889
1993	14406	67964	5022	76953	75000	24359	9792	1876
1994	12243	86727	8649	71014	64100	25816	9811	2201

表1-2续表5

年　份	外贸出口总　额（万美元）	财政收入（万元）	财政支出（万元）	年末银行存款余额（万元）	年末银行贷款余额（万元）	全社会固定资产投资额（万元）	全民基建投资额（万元）	年末职工总　数（人）
1979	682	781	1373	6741	384	1855	1333	20424
1980	1049	1522	2017	13857	7887	4663	3401	24079
1981	1436	3838	3888	20366	21525	7872	5801	25707
1982	1473	4993	4979	23667	22829	16825	8424	31343
1983	1729	6291	6236	35222	39952	17271	13561	34336
1984	1601	14805	14869	104806	165860	38786	34040	39377
1985	2633	28452	24478	83437	184158	85574	76577	47752
1986	5436	14012	14130	114113	218825	76598	68245	56320
1987	25669	17783	18537	141057	268358	79497	70591	67182
1988	40293	38978	36092	236273	368610	88191	75903	78799
1989	34278	49422	45550	252035	395137	84543	78968	86768
1990	45634	38951	48882	326958	487840	108015	88779	100301
1991	62716	54035	60874	500115	588142	150320	132746	125039
1992	82937	70710	76050	1008776	836858	464360	428250	148517
1993	—	130179	138674	1154046	1084517	617348	451911	168270
1994	—	119735	129233	1465888	1238474	828196	—	169533

表1-2续表6

年 份	全部职工工资总额（万元）	学校在校学生人数（人）	卫生技术人员 数（人）	卫生机构床位 数（张）	职工生活费用价格指数（%）	居民人均生活费收入（元/人.年）	居民人均生活费支出（元/人.年）
1979	1566	26597	453	314	—	—	—
1980	2086	28589	505	303	—	—	—
1981	2862	27388	590	349	—	—	—
1982	3742	28975	679	329	—	—	—
1983	4553	29639	778	326	—	—	—
1984	6597	31245	825	422	—	—	—
1985	9510	35268	1058	522	—	—	—
1986	10949	39276	1138	486	104.1	1324	1273
1987	14717	42751	1211	618	114.2	1526	1550
1988	22957	47118	1381	614	113.6	2265	2100
1989	31829	50227	1966	945	125.1	2884	2520
1990	38722	52237	1686	884	101.4	3048	2899
1991	56204	53686	2111	1016	103.9	3671	3548
1992	81622	74878	1887	720	111.7	4476	4152
1993	130591	80526	2393	945	121.3	6857	5985
1994	164632	—	2812	1797	122.9	9220	8014

表1-3　国民经济及社会发展主要指标

指　　标	单位	1993年 全市	1993年 特区	1994年 全市	1994年 特区	1994年比1993年±% 全市	1994年比1993年±% 特区
一、年末总户数	户	156851	67466	163367	69263	4.15	2.66
年末户籍人口	人	574631	254228	606566	274962	5.55	8.16
其中：非农业人口	人	308319	228481	405917	255793	31.65	11.95
人口出生率	‰	15.68	14.04	13.84	14.03	—	—
人口死亡率	‰	3.79	3.46	3.51	3.37	—	—
人口自然增长率	‰	11.89	10.58	10.33	10.66	—	—
暂住人口	人	345594	332526	423869	397491	22.65	19.53
二、现价社会总产值	万元	2889806	2184776	3732956	3058904	29.17	40.01
1990年不变价社会总产值	万元	2630718	2089153	3410146	2880319	29.63	37.87
三、现价国民收入	万元	827430	611560	1089463	885638	31.67	44.81
1990年不变价国民收入	万元	789907	604526	918056	757544	16.22	25.31
四、现价国内生产总值	万元	1218702	924620	1656999	1388829	35.96	50.20
1990年不变价国内生产总值	万元	1227816	988026	1480815	1261706	20.60	27.70
五、现价工农业总产值	万元	1916294	1439622	2570267	2032504	34.13	41.18
1.农业	万元	126468	35245	157148	36620	24.26	3.90
2.工业	万元	1789826	1404377	2413119	1995884	34.82	42.12
六、1990年不变价工农业总产值	万元	2014785	1604892	2697406	2267251	33.88	41.27
1.农业	万元	81773	20718	91206	19529	11.53	-5.7
2.工业	万元	1933012	1584174	2606200	2247722	34.82	41.88
七、农村社会总产值	万元	690875	470007	965820	675687	39.80	43.76
八、粮食总产量	吨	77885	14406	84562	12243	8.57	-15.01
九、甘蔗总产量	吨	1077912	67964	1129476	86727	4.78	27.60
十、水果总产量	吨	14231	5022	23787	8649	67.14	72.22
十一、年末实有耕地面积	亩	476960	76953	433056	71014	-9.2	-7.71
十二、年末生猪存栏量	万头	15.3	7.5	12.5	6.4	-20.84	-14.66
十三、水产品产量	吨	59255	24359	62747	25816	5.89	5.98

表1-3续表1

指　　　　标	单位	1993年		1994年		1994年比1993年±%	
		全市	特区	全市	特区	全市	特区
十四、客运量	万人	10297	9792	10309	9811	0.12	0.19
十五、货运量	万吨	2553	1876	2878	2201	12.73	17.32
十六、邮电业务总量	万元	41950	37479	57039	51758	35.97	38.09
十七、社会商品零售总额	万元	516958	393651	710252	559036	37.39	42.01
十八、利用外资签订合同数	宗	885	735	584	503	-34.01	-31.56
十九、合同规定外商投资额	万美元	161131	144608	127266	112539	-21.07	-22.17
二十、实际利用外资	万美元	56277	50633	76289	67239	35.56	32.80
二十一、接待旅游人数	万人	43.6	41.7	41.9	—	-3.90	—
二十二、旅游外汇收入（兑换券）	万元	84594	84576	101621	—	20.13	—
二十三、外贸进口总额	万美元	74761	—	109634	—	46.65	—
二十四、外贸出口总额	万美元	106008	—	148777	—	40.34	—
二十五、财政收入	万元	147781	130179	131649	119735	-10.92	-8.02
二十六、财政支出	万元	157753	138674	145704	129233	-7.63	-6.81
二十七、年末银行存款余额	万元	1437322	1154046	1776533	1465888	23.60	14.19
二十八、年末银行贷款余额	万元	1351595	1084517	1535923	1238474	13.63	14.19
二十九、全社会固定资产投资额	万元	791515	617348	985792	828196	24.54	34.15
三十、全民基建投资额	万元	539111	451911	—	—	—	—
三十一、年末职工总额数	人	233848	168270	235288	169533	0.61	0.75
三十二、全部职工工资总额	万元	166838	130591	210289	164632	26.04	26.06
三十三、学校在校学生数	人	142543	80526				
三十四、卫生技术人员数	人	3552	2393	4019	2812	13.15	17.51
三十五、医院病床数	张	1772	945	2393	1797	35.04	90.15
三十六、职工生活费用价格指数		121.3	121.3	122.9	122.9	1.31	1.31
三十七、居民人均生活费收入	元/人·年	6857	6857	9220	9220	34.46	34.46
三十八、居民人均生活费支出	元/人·年	5985	5985	8014	8014	33.90	33.90

表1-4　各县、区国民经济及社会发展主要指标

(1994年)

指　　　标	单位	市属	香洲区	万山区	三灶区	横琴区	珠海港区	平沙区	红旗区	斗门县
一、年末总户数	户	—	58083	1255	6387	—	—	11507	4477	78120
年末常住人口	人	—	232741	3868	25939	—	—	38610	17068	275926
其中：非农业人口	人	—	227441	3213	16170	—	—	35916	16871	97337
人口出生率	‰	—	13.24	18.01	14.59	—	—	8.61	15.39	15.12
人口死亡率	‰	—	3.10	4.03	3.14	—	—	2.65	2.85	4.02
人口自然增长率	‰	—	10.14	13.98	11.45	—	—	5.96	12.54	11.10
二、现价社会总产值	万元	2190554	724650	60323	83377	—	—	100426	62142	511484
1990年不变价社会总产值	万元	2679912	673907	53388	73112	—	—	66596	49905	414091
三、现价国民收入	万元	639252	209871	18460	18055	—	—	27563	20257	156005
1990年不变价国民收入	万元	561023	165560	15218	15743	—	—	18872	14981	126659
四、现价国内生产总值	万元	1041831	273877	25696	47425	—	—	40011	33191	194968
1990年不变价国内生产总值	万元	976694	224372	21973	38667	—	—	26769	8973	173367
五、现价工农业总产值	万元	1323867	608263	35666	55917	3635	5157	91198	25339	421223
1.农业	万元	—	20205	4667	5865	726	5157	17001	7461	96064
2.工业	万元	1323867	588058	30999	50052	2909	—	74197	17878	32519
六、1990年不变价工农业总产值	万元	1589594	590124	32404	49735	3542	1853	58642	18301	353211
1.农业	万元	—	11341	2285	3390	660	1853	8092	3808	59777
2.工业	万元	1589594	578783	30119	46345	2882	—	50550	14493	293434
七、农村社会总产值	万元	—	602376	19195	47291	904	5921	17001	7461	265670
八、粮食总产量	吨	—	20088	—	15468	—	3524	8644	—	213972
九、甘蔗总产量	吨	—	450	—	11392	—	2859	63506	19719	100252
十、水果总产量	吨	—	4208	—	2003	—	219	164	441	14533
十一、年末实有耕地面积	亩	—	30527	—	30630	—	9857	84952	21156	25594
十二、年末生猪存栏量	万头	—	1.24	—	0.38	0.16	—	—	—	3.43
十三、水产品产量	吨	—	13876	7272	2207	1200	1261	404	792	35735

表1-4续表1

指　　标	单　位	市属	香洲区	万山区	三灶区	横琴区	珠海港区	平沙区	红旗区	斗门县
十四、社会消费品零售总额	万元	355952	180616	5005	12148	599	4716	23161	17857	110198
十五、利用外资签订合同数	宗	355	88	18	15	10	3	7	7	79
十六、合同规定外商投资额	万美元	86593	8251	5592	5553	774	1639	968	3069	14827
十七、接待旅游人数	万人	43.6	—	—	—	—	—	—	—	1.9
十八、旅游外汇收入(兑换券)	万元	101621	101621	—	—	—	—	—	—	21
十九、财政收入	万元	90545	13862	1665	4979	1068	2544	3591	1540	11914
二十、财政支出	万元	94586	16870	2404	5493	1443	2433	4625	1535	16486
二十一、年末银行存款余额	万元	1776533	—	—	—	—	—	—	—	—
二十二、年末银行贷款余额	万元	1535923	—	—	—	—	—	—	—	—
二十三 全社会固定资产投资额	万元	734329	48225	13804	14280	480	18223	4128	43289	109034
二十四、全民基建投资额	万元	734329	11135	13804	14280	480	18223	4128	43289	90974
二十五、年末职工总数	人	144537	14914	3525	5337	738	482	21362	8962	35431
二十六、全部职工工资总额	万元	140857	14416	3278	4657	798	625	14643	4657	26356
二十七、学校在校学生数	人	—	—	—	—	—	—	—	—	—
二十八 职工生活费用价格指数		122.9	—	—	—	—	—	—	—	—
二十九、居民人均生活费收入	元/人·年	9220	—	—	—	—	—	—	—	—
三十、居民人均生活费支出	元/人·年	8014	—	—	—	—	—	—	—	—

2

平衡统计

表2-1　建市以来全市社会总产值

单位: 万元

年份	社会总产值(现价计算)	1.农业	2.工业	3.建筑业	4.运输、邮电业	5.商业、饮食业
1979	59766	25501	18626	2940	940	11759
1980	76389	28471	23178	4713	1066	18961
1981	90434	30892	24038	9260	1833	24411
1982	100567	31117	26730	14505	2030	26185
1983	118141	26054	37151	17351	2366	28919
1984	156295	33922	51302	38324	3320	29427
1985	228038	36303	64205	81504	4057	41969
1986	231379	41319	80647	71020	3724	34699
1987	320757	56347	142321	77199	5092	39798
1988	547326	80411	308437	90182	13611	54685
1989	665932	83336	420135	76966	23103	62392
1990	840534	99039	546798	94437	25328	74932
1991	1258305	101867	868161	127654	58595	102028
1992	1909862	109289	1191412	398009	76805	134347
1993	2889806	126468	1789826	658353	117822	197337
1994	3732956	157147	2413119	706072	115231	341387

表2-1续表1 单位:万元

年　份	社会总产值（不变价计算）	1.农　业	2.工　业	3.建筑业	4.运输、邮电业	5.商业、饮食业	社会总产值指数（以1979年为100）
1979	38017	15461	13418	504	629	7005	100
1980	50078	17415	16960	3722	728	11253	131.7
1981	62482	18350	20770	5237	1587	16538	164.4
1982	72801	20472	22070	9850	1762	18647	191.5
1983	82126	21264	28383	10121	2043	20315	216.0
1984	115693	22594	49811	19253	3015	21020	304.3
1985	162006	21486	60687	42494	3764	33575	426.1
1986	164178	24455	71506	37028	3455	27734	431.8
1987	224170	24677	124466	39309	4397	31321	589.7
1988	390489	28407	246455	65722	9718	40187	1027.1
1989	480785	30617	324449	60141	17454	48124	1264.6
1990	896849	88876	597540	105112	28185	77136	1660.7
1991	1374782	93052	1008095	122274	51822	99539	2546.6
1992	1962095	96814	1408069	279402	57452	120358	3634.6
1993	2630718	81773	1933012	412206	62069	141658	4873.1
1994	3410146	91205	2606200	430704	77205	204832	6316.9

表2-2 建市以来特区社会总产值

单位: 万元

年份	社会总产值(现价计算)	1.农业	2.工业	3.建筑业	4.运输、邮电业	5.商业、饮食业
1979	21083	6585	6292	1503	523	6005
1980	28460	5944	7646	3786	598	10226
1981	39506	7632	9492	6321	1083	14978
1982	51308	9158	10798	13560	1216	16576
1983	58528	10705	13252	13817	1511	19243
1984	104588	12309	34094	33044	1005	24136
1985	163204	11553	40306	74002	2159	35184
1986	153202	12691	48104	62943	2000	27464
1987	225894	20937	101097	65083	3477	35300
1988	387411	23698	236075	71208	10673	45757
1989	512121	24606	350130	68639	19380	49366
1990	602288	30779	414638	79552	20507	58612
1991	9445065	30772	664356	111776	52401	85201
1992	1521260	32270	955599	351426	68735	113230
1993	2184776	35245	1404377	504927	88366	151861
1994	3058904	36068	1996996	643123	98270	284447

表2-2续表1

单位:万元

年　份	社会总产值(不变价计算)	1.农　业	2.工　业	3.建筑业	4.运输、邮电业	5.商业、饮食业	社会总产值指数(以1979年为100)
1979	17944	6678	6132	803	310	4021	100
1980	22429	6064	7452	2929	328	5656	125.0
1981	29282	5804	9251	4798	860	85609	163.2
1982	36952	6593	10524	8865	869	10101	205.9
1983	42678	6836	12915	8920	987	13020	237.8
1984	77777	7261	33578	18053	850	18035	433.4
1985	114062	6503	38864	38583	1965	28147	635.7
1986	104775	7143	43169	30672	1820	21971	583.9
1987	165293	7500	94674	31715	3164	28240	921.2
1988	312448	7997	202548	57168	8573	36162	1741.2
1989	375083	8255	257141	55106	15567	39014	2090.3
1990	660786	25336	467060	88406	22771	57213	2798.2
1991	1073651	26500	802318	134131	27579	83123	4546.6
1992	1603787	27747	1163343	278909	36176	97612	6791.6
1993	2089153	20718	1584174	319521	46508	118232	8846.9
1994	2880319	19029	2247723	382557	65802	165208	12160.4

表2-3 建市以来全市国民收入

单位: 万元

年份	国民收入(现价计算)	1.农业	2.工业	3.建筑业	4.运输、邮电业	5.商业、饮食业
1979	19125	7784	5776	1243	383	3939
1980	23218	9171	6919	1927	418	4783
1981	29912	10708	8465	2842	568	7329
1982	35526	11120	10480	3979	746	9201
1983	48020	12389	14790	5906	960	13974
1984	59538	17265	14350	10408	1191	16324
1985	85166	20603	18564	20228	2519	23252
1986	87514	24195	25990	17406	1764	18159
1987	126543	34577	42728	18733	2032	28473
1988	188561	48604	72974	22708	4893	39382
1989	218959	47441	97425	19812	11018	43263
1990	264673	53256	133743	24502	11595	41213
1991	379860	57985	200283	32648	33849	55095
1992	566406	60041	295518	97757	40543	72547
1993	827430	64277	402854	205315	49959	105025
1994	1089463	89704	548429	242778	51094	157458

表2-3续表1 单位:万元

年份	国民收入(不变价计算)	1.农业	2.工业	3.建筑业	4.运输、邮电业	5.商业、饮食业	国民收入指数(以1979年为100)
1979	11292	4097	4409	901	177	1708	100
1980	17264	7707	5532	1208	212	2605	152.9
1981	21482	9075	7058	1925	392	3032	190.2
1982	25690	9504	8881	2756	524	4025	227.5
1983	36692	10680	13088	3232	765	8927	324.9
1984	47885	14858	12744	8052	908	11323	424.1
1985	66726	17767	17644	10546	2167	18602	590.9
1986	69283	20865	23297	9075	1518	14528	613.2
1987	82329	14657	34755	9817	1741	21359	729.1
1988	125379	17498	58229	16626	3892	29134	1110.3
1989	146315	16523	72024	15238	8252	34278	1295.8
1990	282011	50221	146581	27310	12686	45213	1771.3
1991	408233	52967	232453	39044	30018	53751	2427.6
1992	595440	53188	363000	83336	30923	64993	3540.9
1993	789907	51561	502583	128322	31884	75557	4697.3
1994	918056	47354	610036	122493	39504	98669	5165.1

表2-4 建市以来特区国民收入

单位: 万元

年份	国民收入(现价计算)	1.农业	2.工业	3.建筑业	4.运输、邮电业	5.商业、饮食业
1979	9166	5509	1610	408	138	1501
1980	10708	5012	1956	1026	158	2556
1981	12336	4788	2470	1732	285	3061
1982	15999	5241	2841	3702	358	3857
1983	18243	5452	3344	3825	454	5168
1984	37361	6208	8840	8589	691	13033
1985	56305	6487	10046	18951	1190	19631
1986	51865	7272	14576	15086	941	13990
1987	82526	13300	26006	16300	1393	25527
1988	122427	14060	53093	18142	4155	32977
1989	154501	14674	78799	16748	8614	35686
1990	191446	17054	103351	19024	9347	42670
1991	272708	16544	152690	26727	30738	46009
1992	454526	18189	253246	84848	37099	61144
1993	611560	18657	307534	157544	43299	84526
1994	885638	29235	455949	224883	42741	132830

表2-4续表1　　　　　　　　　　　　　　　　　　　　　　　　　　单位:万元

年　份	国民收入（不变价计算）	1.农　业	2.工　业	3.建筑业	4.运输、邮电业	5.商业、饮食业	国民收入指数（以1979年为100）
1979	4950	2828	856	272	105	889	100
1980	5451	2563	1121	621	121	1025	110.1
1981	6856	2424	1604	898	207	1723	138.5
1982	8854	2726	1875	1925	303	2025	178.9
1983	12561	2925	2802	2627	375	3832	253.8
1984	26603	3308	7604	5204	562	9925	537.4
1985	40053	3651	9733	9880	1084	15705	809.2
1986	35966	4093	13010	7294	857	10712	726.6
1987	55657	4351	22610	7881	1269	19546	1124.4
1988	91980	4438	43367	14568	3360	26247	1858.2
1989	114591	4898	61125	13446	6919	28203	2314.9
1990	212510	18701	114968	21251	10200	47390	3148.3
1991	299356	20069	183893	32057	16178	47159	4485.6
1992	478435	23411	312875	67846	19526	54777	7169.1
1993	604526	12127	416324	96154	22789	57132	9058.5
1994	757544	9959	518120	108527	35151	85787	11336.2

表2-5 建市以来全市国内生产总值

单位: 万元

年 份	国内生产总值（现价计算）	1.第一产业	2.第二产业	3.第三产业
1979	29883	8050	7390	14443
1980	37528	9484	9313	18731
1981	39838	11074	11904	16860
1982	47325	11500	15222	20603
1983	56108	12812	21788	21508
1984	73848	17854	26065	29929
1985	103082	21306	40840	40936
1986	111008	25856	48273	36879
1987	155483	36303	63914	55266
1988	250664	50352	97413	102898
1989	323097	55364	116186	151547
1990	398310	62394	164626	171290
1991	591615	63157	272304	256158
1992	942645	65048	506445	371152
1993	1218702	65173	686642	466887
1994	1656999	90398	907410	659191

表2-5续表1

单位:万元

年　份	国内生产总值（不变价计算）	1.第一产业	2.第二产业	3.第三产业	国内生产总值指数（以1979年为100）
1979	23659	6503	5960	11196	100
1980	29883	7205	7450	15228	126.3
1981	30239	7806	9157	13276	127.8
1982	35358	7986	11276	16096	149.4
1983	42435	9023	16260	17152	179.4
1984	55336	12845	18888	23603	233.9
1985	80989	15666	31906	33417	342.3
1986	87747	19206	38312	30229	370.9
1987	109415	19662	44210	45543	462.5
1988	122944	23593	49456	49895	519.7
1989	172575	24879	74259	73437	729.4
1990	429885	56881	182762	190242	960.9
1991	698683	59553	336305	302825	1468.9
1992	1028739	61961	577515	389263	2163.3
1993	1227816	60011	740249	427556	2581.9
1994	1480815	69193	893793	517829	3113.9

表2-6 建市以来特区国内生产总值

单位: 万元

年 份	国内生产总值（现价计算）	1.第一产业	2.第二产业	3.第三产业
1979	12374	5739	2240	4395
1980	14134	5313	3310	5511
1981	16037	5108	4664	6265
1982	20958	5597	7263	8098
1983	23351	5801	7958	9592
1984	48569	6587	17346	24636
1985	70323	6909	30186	33228
1986	67943	7771	32925	27247
1987	105446	15580	56150	33716
1988	177121	16385	73227	87509
1989	230919	19595	985046	112820
1990	316749	36748	132939	147062
1991	486551	35156	223204	228191
1992	814762	37781	444843	332138
1993	924620	18156	549408	357056
1994	1388829	19913	782530	586386

表2-6续表1　　　　　　　　　　　　　　　　　　　　　　　　　单位:万元

年　份	国内生产总值（不变价计算）	1.第一产业	2.第二产业	3.第三产业	国内生产总值指数（以1979年为100）
1979	8071	3031	1825	3215	100
1980	9944	2702	2920	4322	123.2
1981	11524	2601	3825	5098	142.8
1982	15348	2853	6068	6427	190.2
1983	15923	2976	5293	7654	197.3
1984	39231	3303	15670	20258	486.1
1985	50799	3708	18585	28506	629.4
1986	50203	3925	21950	24328	622.0
1987	70618	6458	33691	30469	875.0
1988	89530	7377	38552	43601	1109.3
1989	116723	8827	51860	56036	1446.2
1990	352221	40863	147827	163531	2041.6
1991	589754	41484	279005	269265	3418.5
1992	905207	47873	507470	349864	5247.6
1993	988026	16073	619059	352894	5727.9
1994	1261706	12041	797131	452534	7304.9

表2-7 社会总产值、国民收入、国内生产总值

(现价计算)　　　　单位:万元

指标	1993年		1994年	
	全市	特区	全市	特区
一、社会总产值	**2889806**	**2184776**	**3732956**	**3058904**
1.农业	126468	35245	157147	36068
2.工业	1789826	1404377	2413119	1996996
3.建筑业	658353	504927	706072	643123
4.运输、邮电业	117822	88366	115213	98270
5.商业、饮食业	197337	151861	341387	284447
二、国民收入	**827430**	**611560**	**1089463**	**885638**
1.农业	63983	18657	89704	29235
2.工业	402854	307534	548429	455949
3.建筑业	194110	157544	242778	224883
4.运输、邮电业	61164	43299	51094	42741
5.商业、饮食业	105319	84526	157458	132830
三、国内生产总值	**1218702**	**924620**	**1656999**	**1388829**
1.第一产业	65173	22556	90398	19913
2.第二产业	686642	545008	907410	792530
3.第三产业	466887	357056	659191	586386

表2-8　社会总产值、国民收入、国内生产总值

(1990年不变价计算)　　　　单位:万元

指标	1993年		1994年		1994年比1993年±%	
	全市	特区	全市	特区	全市	特区
一、社会总产值	**2630718**	**2089153**	**3410146**	**2880319**	**29.6**	**37.9**
1.农业	81773	20718	91205	19029	11.5	-8.2
2.工业	1933012	1584174	2606200	2247723	34.8	41.9
3.建筑业	412179	319521	430704	382557	4.5	19.7
4.运输、邮电业	62069	46508	77205	65802	24.4	41.5
5.商业、饮食业	141658	118232	204832	165208	44.6	39.7
二、国民收入	**789907**	**604526**	**918056**	**757544**	**16.2**	**25.3**
1.农业	51561	12127	47354	9959	-8.2	-17.9
2.工业	502583	416324	610036	518120	21.4	24.4
3.建筑业	128322	96154	122493	108527	-4.5	12.9
4.运输、邮电业	31884	22789	39504	35151	23.9	54.2
5.商业、饮食业	75557	57132	98669	85787	30.6	50.2
三、国内生产总值	**1227816**	**988026**	**1515815**	**1296706**	**23.5**	**31.2**
1.第一产业	60011	16073	69193	12041	15.3	-25.1
2.第二产业	740249	619059	893793	797131	20.7	28.8
3.第三产业	427556	352894	552829	487534	29.3	38.2

表2-9 各县、区社会总产值、国民收入、国内生产总值

(1994年，按现价计算) 单位: 万元

指标	市属	香洲区	万山区	三灶区	平沙区	红旗区	斗门县
一、社会总产值	**2190554**	**724650**	**60323**	**83377**	**100426**	**62142**	**511484**
1.农业	5040	20494	4669	5865	17001	7461	96617
2.工业	1324978	590967	30999	50052	74197	17878	324048
3.建筑业	567307	38491	17090	20235	4997	22865	35087
4.运输、邮电业	94172	1725	1250	1123	525	246	16190
5.商业、饮食业	119057	72973	6315	6102	3706	13692	39542
二、国民收入	**639252**	**209871**	**18460**	**18055**	**27563**	**20257**	**156005**
1.农业	14537	9632	2269	2797	6773	3057	50639
2.工业	280714	159561	7979	7695	18021	5010	69449
3.建筑业	203558	10477	5690	5158	1499	7774	8622
4.运输、邮电业	41168	828	392	353	158	137	8058
5.商业、饮食业	99275	29373	2130	2052	1112	4279	19237
三、国内生产总值	**1041831**	**273877**	**25696**	**47425**	**40011**	**33191**	**194968**
1.第一产业	1149	12212	2791	3761	7219	4880	58386
2.第二产业	570988	178138	15446	17958	24763	19336	80781
3.第三产业	469694	83527	7459	25706	8029	8975	55801

表2-10 各县、区社会总产值、国民收入、国内生产总值

(1994年，按1990年不变价计算)　　单位：万元

指　　标	市　属	香洲区	万山区	三灶区	平沙区	红旗区	斗门县
一、社会总产值	**2079912**	**673907**	**53388**	**73112**	**66596**	**49905**	**414091**
1.农业	2648	10707	2285	3389	8091	3807	60278
2.工业	1589594	581665	30119	46345	50550	14496	294196
3.建筑业	313478	35294	14123	19662	4145	20143	23859
4.运输、邮电业	62671	1349	938	844	371	185	10847
5.商业、饮食业	111521	44892	5923	2872	3439	11274	24911
二、国民收入	**561023**	**165560**	**15218**	**15743**	**18872**	**14981**	**126659**
1.农业	1403	5674	1189	1693	4288	2127	30980
2.工业	369783	133783	7429	7125	12132	3334	76450
3.建筑业	88926	10588	4237	4776	1243	6042	6681
4.运输、邮电业	33714	701	487	249	178	96	4079
5.商业、饮食业	67197	14814	1876	1900	1031	3382	8469
三、国内生产总值	**976694**	**224372**	**21973**	**38667**	**26769**	**18973**	**173367**
1.第一产业	1991	6359	1673	2018	4953	2847	49352
2.第二产业	619879	148539	13475	15238	15692	9671	71299
3.第三产业	354824	69474	6825	21411	6124	6455	52716

3

人口、社会劳动者

表3-1 建市以来全市人口统计主要指标

年份	年末总户数（户）	年末户籍人口（人）	年末户籍人口		年末户籍人口		年平均人口（人）
			1.男性（人）	2.女性（人）	1.农业人口（人）	2.非农业人口（人）	
1979	76573	360742	181764	178978	296753	63989	361025
1980	77053	365324	185284	180040	294581	70743	363033
1981	81219	371492	188848	182244	293673	77819	368417
1982	85210	377784	180717	187067	293417	84367	37464
1983	87292	385470	197372	188098	293850	91620	381627
1984	90557	395172	202420	192752	290843	104329	390321
1985	94766	411673	210859	200814	276472	135201	403422
1986	101907	425877	218989	206888	275628	150249	418775
1987	107335	441711	227668	214043	276919	164792	433794
1988	116723	466003	240287	225716	280843	185160	453857
1989	123949	486253	251294	234959	285242	201011	476128
1990	128971	502486	260173	242313	283492	218994	494370
1991	137902	524633	271812	252821	269306	255327	513560
1992	150833	549733	285666	264067	278025	271708	537183
1993	156851	574631	297976	276655	266312	308319	562182
1994	163367	606566	314750	291816	200649	405917	590600

表3-1续表1

年份	出生人口(人)	1.男性(人)	2.女性(人)	出生率(‰)	死亡人口(人)	1.男性(人)	2.女性(人)
1979	7585	—	—	21	1971	—	—
1980	6486	—	—	17.69	1805	—	—
1981	7051	—	—	18.98	1783	—	—
1982	6501	—	—	11.20	1785	—	—
1983	5932	—	—	15.54	1909	—	—
1984	6238	—	—	15.98	1716	—	—
1985	6881	—	—	17.06	1949	—	—
1986	7023	3741	3282	16.77	1726	892	834
1987	7233	3865	3368	16.67	1802	965	837
1988	7515	3946	3569	16.56	1890	1020	870
1989	7402	3956	3446	15.55	1961	1064	897
1990	7531	4077	3454	15.23	2017	1055	962
1991	8270	4489	3781	16.1	1945	1043	902
1992	8549	4530	4019	15.91	2324	1278	1046
1993	8816	4715	4101	15.68	2132	1185	947
1994	8396	4399	3997	13.84	2130	1172	958

表3-1续表2

年　份	死亡率（‰）	自然增长率（‰）	人口迁入（人）	人口迁出（人）	暂住人口（人）	平均流动人口（人/日）	流动渔民人口（人）
1979	5.46	15.54	—	—	—	—	19238
1980	4.94	12.75	—	—	—	—	19897
1981	4.8	14.18	—	—	—	—	19197
1982	4.72	12.48	—	—	—	—	19328
1983	5.00	10.54	—	—	—	—	20016
1984	4.40	11.58	—	—	—	—	20670
1985	4.83	12.23	23287	11817	—	—	20634
1986	4.12	12.65	20051	11156	104771	50270	21336
1987	4.15	12.52	13501	4169	112580	89203	21248
1988	4.16	12.39	36201	18044	165016	83019	19085
1989	4.12	11.43	15788	3588	229627	18533	18242
1990	4.08	11.15	13748	3946	244155	63946	18945
1991	3.79	12.32	28597	13326	284500	69727	17395
1992	4.33	11.59	21273	3761	258582	—	18200
1993	3.79	11.89	25112	8236	345594	—	18486
1994	3.51	10.33	29723	4521	423869	—	13326

表3-2 人口统计

指标	单位	1993年		1994年		1994年比1993年±%	
		全市	特区	全市	特区	全市	特区
一、年末总户数	户	156851	67466	163367	69263	4.15	2.66
二、年末户籍人口	人	574631	254228	606566	274962	5.56	8.16
其中：男性	人	297976	130572	314750	142144	563	8.86
女性	人	276655	123656	291816	132818	5.48	7.41
年末人口中：农业人口	人	266312	25747	200649	19169	-24.66	-25.55
非农业人口	人	308319	228481	405917	255793	31.65	11.95
三、年平均人口	人	562182	243763	590600	264595	5.05	8.55
四、出生人口	人	8816	3570	8396	3714	-4.76	4.03
其中：男性	人	4715	1860	4399	1946	-6.70	4.62
女性	人	4101	1710	3997	1768	-2.54	-3.39
五、出生率	‰	15.68	14.04	13.84	14.03	-11.73	-0.07
六、死亡人口	人	2132	880	2130	891	-0.09	1.25
其中：男性	人	1185	488	1172	490	-1.09	0.41
女性	人	947	392	958	401	1.16	2.29
七、死亡率	‰	3.79	3.46	3.51	3.37	-7.38	-2.60
八、自然增长率	‰	11.89	10.58	10.33	10.66	-13.12	0.75
九、人口迁入	人	25112	19237	29723	19.34	18.36	0.54
人口迁出	人	8236	1306	4521	1431	-45.10	9.57
十、暂住人口	人	345594	332526	423869	397491	22.65	19.53
十一、流动渔民人口	人	18486	18486	13326	13326	-27.91	-27.91

表3-3 各县、区人口统计

(1994年)

指标		单位	香洲区	万山区	三灶区	平沙区	红旗区	斗门县
一、年末总户数		户	**58083**	**1255**	**6387**	**11507**	**4477**	**78120**
二、年末户籍人口		人	**232741**	**3868**	**25939**	**38610**	**17068**	**275926**
其中：男性		人	110489	2174	13366	20781	9537	142288
女性		人	122252	1694	12573	17829	7531	133638
年末人口中：	农业人口	人	5300	655	9769	2694	197	178589
	非农业人口	人	227441	3213	16170	35916	16871	97337
三、年平均人口		人	**226641**	**3719**	**28027**	**38524**	**16824**	**270655**
四、出生人口		人	**3001**	**67**	**409**	**332**	**259**	**4091**
五、出生率		‰	**13.24**	**18.01**	**14.59**	**8.61**	**15.39**	**15.12**
六、死亡人口		人	**722**	**15**	**88**	**102**	**48**	**1089**
七、死亡率		‰	**3.10**	**4.03**	**3.14**	**2.65**	**2.85**	**4.02**
八、自然增长率		‰	**10.14**	**13.98**	**11.45**	**5.96**	**12.54**	**11.10**
九、人口迁入		人	**21848**	**393**	**3408**	**1011**	**583**	**8789**
人口迁出		人	7612	147	385	857	307	1926

表3-4 分镇年末人口数

单位: 户、人

		1993年			1994年		
		户数	人口	非农业人口	户数	人口	非农业人口
香洲区:	前山镇	7311	25174	23517	5078	17667	17081
	南屏镇	3776	15303	14623	2699	10595	10021
	湾仔镇	2342	9400	9024	2175	8629	8234
	唐家镇	3027	9261	8631	2507	7710	7235
	金鼎镇	4335	14421	13790	4311	14757	13949
横琴区:	横琴镇	649	2479	2382	692	2704	2607
万山区:	万山镇	304	1030	901	317	1061	926
	担杆镇	222	848	660	229	855	673
	桂山镇	584	1693	1392	709	1952	1614
珠海港区:	南水镇	2201	7510	2321	2259	7800	4487
三灶区:	三灶镇	3760	14933	7343	2131	7705	5636
	小林镇	2008	7673	1408	2061	7792	2713
斗门县:	上横镇	6410	23526	1516	6382	23733	2834
	莲溪镇	4319	14240	957	4560	15105	2352
	六乡镇	5252	19419	2302	5453	19765	3139
	斗门镇	9804	39247	3672	10308	40057	5399
	五山镇	5863	23761	2438	5197	23957	3888
	乾务镇	5876	17913	1982	6175	18066	2672
	白蕉镇	11343	48096	4473	11684	49166	9983
	井岸镇	21439	70065	59734	28361	86077	67070

表3-5 建市以来全市社会劳动者人数

单位:人

年份	社会劳动者总数	1.国有经济单位职工	2.集体经济单位职工	3.其他经济单位职工	4.城镇个体劳动者	5.农村镇劳动力	(1)种植业
1979	188484	58485	9881	—	455	119663	—
1980	185381	60721	9998	—	314	114348	—
1981	183316	61495	10282	—	561	110978	—
1982	191799	66617	11685	—	919	112578	—
1983	197154	68740	12894	—	982	114538	—
1984	203592	70009	16519	—	2077	114987	—
1985	221015	72427	17896	5893	4097	120102	—
1986	230844	78677	18625	8827	5880	118835	—
1987	245724	87458	20221	12027	4952	121066	—
1988	259687	96924	20431	17060	7141	125272	83024
1989	279600	104568	19250	23328	8895	123559	80381
1990	310737	115505	20112	26351	13487	135282	82656
1991	248365	128523	21644	38978	12614	137810	80976
1992	393168	133323	32230	50106	15462	161898	82922
1993	429510	126347	31329	76172	45322	150340	70709
1994	498848	117551	34009	83728	37041	163644	69626

表3-5续表1

年 份	(2)林业	(3)畜牧业	(4)渔业	(5)工业	(6)建筑业	(7)运输、邮电业	(8)商业、饮食、物资	(9)其他	6。其他
1979	—	—	—	—	—	—	—	—	—
1980	—	—	—	—	—	—	—	—	—
1981	—	—	—	—	—	—	—	—	—
1982	—	—	—	—	—	—	—	—	—
1983	—	—	—	—	—	—	—	—	—
1984	—	—	—	—	—	—	—	—	—
1985	—	—	—	—	—	—	—	—	—
1986	—	—	—	—	—	—	—	—	—
1987	—	—	—	—	—	—	—	—	—
1988	516	870	6065	14242	3415	2849	3837	10454	—
1989	359	1089	7675	11317	3444	3324	3641	12329	—
1990	269	955	7837	15685	3711	3843	5582	14708	—
1991	381	1043	8762	17192	3539	3719	6255	16010	8796
1992	484	1633	11085	22266	4611	4612	7836	26449	149
1993	505	1604	14680	21392	5623	5283	8130	22414	—
1994	532	1239	16699	26035	5247	4877	7966	31423	—

表3-6 社会劳动者人数

单位: 人

指标	1993年		1994年		1994年比1993年±%	
	全市	特区	全市	特区	全市	特区
社会劳动者总数	**429510**	**256767**	**498848**	**298218**	**16.14**	**16.14**
1.全民所有制单位职工	126347	80178	117551	71086	-6.96	-11.33
2.城镇集体所有制单位职工	31329	19612	34009	22778	8.55	16.14
3.其它所有制单位职工	76172	68480	83728	79535	9.92	16.14
4.城镇个体劳动者	45322	32841	37041	26840	-18.27	-18.27
5.农村镇劳动力	150340	55656	163644	60581	8.84	8.84
1) 种植业	70709	18803	69626	25775	-1.53	37.08
2) 林业	505	186	532	197	53.46	5.91
3) 畜牧业	1604	230	1239	458	-22.75	99.13
4) 渔业	14680	3191	16699	6182	13.75	93.73
5) 工业	21392	13630	26035	9638	21.70	-29.29
6) 建筑业	5623	757	5247	1942	-6.68	156.54
7) 运输邮电业	5283	1654	4877	1805	-7.68	9.12
8) 商业、饮食、物资	8130	4028	7966	2949	-2.02	-26.78
9) 其他	22414	13177	31423	11632	40.19	-11.72
6.其他	—	—	—	—	—	—

4

农业

表4-1 农村基本情况

指标	1993年		1994年	
	全市	特区	全市	特区
一、农村基层组织				
1.镇政府（个）	20	12	20	12
2.村民委员会（个）	207	80	226	95
3.村民小组	1013	266	1133	350
二、镇户数（户）	**101688**	**28143**	**115655**	**28576**
其中：农业户（户）	76146	27028	72767	27006
三、镇人口（人）	**370821**	**105437**	**410673**	**106487**
其中：农业人口（人）	283997	98857	277219	97375
四、镇劳动力（人）	**150583**	**51426**	**163644**	**52071**
其中：男劳动力	74576	24823	84007	26354
女劳动力	76007	26603	79637	25717
镇劳动力中：				
1.种植业	70709	18803	69626	16089
2.林　业	505	186	532	156
3.牧　业	1604	230	1239	154
4.渔　业	14680	3191	16699	3152
5.工　业	21382	13630	26035	16003
6.建筑业	5623	757	5247	877
7.交通邮电	5283	1654	4877	1530
8.商饮物资	8130	4011	7966	3729

表4-2 各县、区农村基本情况

(1994年)

指　　标	香洲区	万山区	三灶区	横琴区	珠海港区	平沙区	红旗区	斗门县
一、农村基层组织								
1.镇政府（个）	6	3	2	1	1			8
2.村民委员会（个）	63	7	10	4	11			131
3.村民小组（个）	239	—	74	11	26			783
二、镇户数（户）	**19733**	**890**	**5110**	**511**	**2332**			**78120**
其中：农业户（户）	19733	424	4517	—	2332			45279
三、镇人口（人）	**73397**	**3868**	**19083**	**2163**	**7969**			**275926**
其中：农业人口（人）	73397	1818	15184	—	6976			178589
四、镇劳动力（人）	**35088**	**3039**	**8341**	**1527**	**4067**			**95764**
其中：男劳动力	17297	1720	3926	700	2217			48957
女劳动力	17791	1319	4415	827	1850			46807
镇劳动力中：								
1.种植业	7878		5241	700	2270			45275
2.林　业	152		2	—	2			362
3.牧　业	100		25	20	—			1021
4.渔　业	1158	747	566	80	601			13026
5.工　业	13671	1292	742	200	98			7733
6.建筑业	759	30	75	—	13			4132
7.交通邮电	1125	15	180	150	60			3294
8.商饮物资	2482	600	348	180	119			3657

表4-3 建市以来全市农村社会总产值

(现行价计算)　　单位: 万元

年　份	农村社会总产值	1.农　业	2.工　业	3.建筑业	4.运输业	5.商业、饮食业
1979	—	—	—	—	—	—
1980	—	—	—	—	—	—
1981	—	—	—	—	—	—
1982	—	—	—	—	—	—
1983	—	—	—	—	—	—
1984	61705	33928	14501	4981	518	7777
1985	64936	36303	12362	7258	891	8119
1986	70056	41320	14387	7361	983	6005
1987	102122	56347	27800	8043	1344	8588
1988	178451	80411	73681	10585	1813	11961
1989	192021	75601	89637	14516	2145	10122
1990	264361	99040	139537	14835	2650	8299
1991	339222	101867	203135	18415	2819	12986
1992	462315	109289	308180	17462	4997	22387
1993	690875	126468	507853	21820	6744	27990
1994	965820	157146	727735	43543	9025	28371

表4-4 建市以来特区农村社会总产值

(现行价计算)　　　　单位: 万元

年　份	农村社会总产值	1.农　业	2.工　业	3.建筑业	4.运输业	5.商业、饮食业
1979	—	—	—	—	—	—
1980	—	—	—	—	—	—
1981	—	—	—	—	—	—
1982	—	—	—	—	—	—
1983	—	—	—	—	—	—
1984	—	—	—	—	—	—
1985	29383	11552	10238	3438	180	3975
1986	31859	12691	10869	4042	131	4126
1987	52042	20937	22578	3271	246	5010
1988	94857	23698	61490	2709	605	6355
1989	98659	16870	69605	7097	833	4254
1990	158482	30779	111612	10105	1022	4943
1991	223598	30772	170989	12524	748	8565
1992	323123	32270	262139	10748	906	17060
1993	470007	35245	408832	5369	690	19871
1994	675687	36620	592251	31222	1987	13607

表4-5 建市以来全市农业总产值

(现行价计算)　　　　单位: 万元

年　份	农业总产值	1.种植业	2.林　业	3.牧　业	4.副　业	5.渔　业
1979	—	—	—	—	—	—
1980	—	—	—	—	—	—
1981	—	—	—	—	—	—
1982	—	—	—	—	—	—
1983	26054	14190	218	3942	3225	4479
1984	33923	20608	308	4272	2811	5924
1985	36303	23709	319	4982	1226	6057
1986	41319	25830	335	5972	1363	7819
1987	56347	33245	658	8423	1607	12414
1988	80411	49351	1337	12135	1856	15732
1989	83336	47539	1349	13968	3212	17268
1990	99039	53796	1544	16254	2994	24451
1991	101865	53524	1587	17502	3237	26015
1992	109289	51436	1592	20161	5230	30870
1993	126468	46137	1756	22988	6700	48887
1994	157148	57076	1306	26753	9689	62324

表4-6 建市以来特区农业总产值

(现行价计算)　　单位: 万元

年份	农业总产值	1.种植业	2.林业	3.牧业	4.副业	5.渔业
1979	—	—	—	—	—	—
1980	5944	2089	99	873	656	2227
1981	7632	3414	97	923	684	2514
1982	9158	3555	85	1465	809	3244
1983	10705	4093	71	2158	774	3609
1984	12308	4679	115	2218	1176	4120
1985	11552	4757	102	1889	567	4227
1986	12691	5389	187	2064	653	4398
1987	20937	7352	212	3974	787	8617
1988	23698	9091	445	4342	617	9203
1989	24605	9440	288	4617	844	9416
1990	30779	12171	489	6432	484	11203
1991	30771	10289	536	7432	574	11940
1992	32270	9415	496	8747	326	13286
1993	35245	11871	607	11477	15	11275
1994	36620	11616	263	13810	22	10909

表4-7 建市以来全市农业总产值

(1990年不变价计算)　　　　单位: 万元

年 份	农业总产值	1.种植业	2.林 业	3.牧 业	4.副 业	5.渔 业	农业总产值指数(以1979年为100)
1979	41402	23136	906	5130	1518	10712	100
1980	45664	28239	667	4908	2161	9689	110.3
1981	47698	30510	619	5079	2427	9063	115.2
1982	53235	33078	360	6368	2840	10589	128.6
1983	55307	33515	421	7157	2972	11242	133.6
1984	59336	38823	496	6969	2617	10431	143.3
1985	61178	39536	510	7800	2216	11116	147.8
1986	63631	41108	562	8424	875	12662	153.7
1987	68521	42516	914	8637	959	15495	165.5
1988	78557	45237	1522	10038	1465	20295	189.7
1989	82967	41471	1637	12167	2961	24731	200.4
1990	88876	47003	1601	12569	2780	24923	214.7
1991	93052	49474	1290	14190	2941	25157	224.8
1992	96814	47847	1261	14667	5033	28006	233.8
1993	81773	29286	1435	16507	6615	27930	197.5
1994	91206	33704	1054	12152	9601	34695	220.3

表4-8 建市以来特区农业总产值

(1990年不变价计算) 单位：万元

年 份	农业总产值	1.种植业	2.林 业	3.牧 业	4.副 业	5.渔 业	农业总产值指数(以1979年为100)
1979	19950	6903	765	2482	756	9044	100
1980	18034	6574	511	2341	768	7840	90.4
1981	17134	6493	260	2262	853	7266	85.9
1982	19515	7392	222	2659	938	8304	97.8
1983	20567	8213	177	3132	757	8288	103.1
1984	20975	8935	273	3340	1372	7055	105.1
1985	20956	8270	257	3714	1382	7333	105.0
1986	21449	8501	415	3807	561	8165	107.5
1987	22860	8932	409	3846	575	9098	114.6
1988	24395	9363	578	4063	577	9814	122.3
1989	24931	8562	388	4522	712	10747	125.0
1990	25336	9468	479	4837	338	10214	127.0
1991	26500	10154	339	5895	363	9749	132.8
1992	27747	9900	397	6657	249	10544	139.1
1993	20718	5713	405	8282	15	6303	103.8
1994	19529	6502	142	6331	22	6532	—

表4-9 农村社会总产值、农业总产值

单位:万元

指标	1993年		1994年		1994年比1993年±%	
	全市	特区	全市	特区	全市	特区
一、农村社会总产值(现价)	**690875**	**470007**	**965820**	**675687**	**39.8**	**43.8**
其中:农业	126468	35245	157146	36620	24.3	3.9
工业	507853	408832	727735	592251	43.3	44.9
建筑业	16807	5369	43543	31222	1.6倍	4.8倍
运输业	6744	690	9025	1987	33.8	1.9倍
商业饮食业	27990	19871	28371	13607	1.4	-31.5
二、农业总产值(现价)	**126468**	**35245**	**157148**	**36620**	**24.3**	**3.9**
其中:种植业	46137	11871	57076	11616	23.7	-2.2
林业	1756	607	1306	263	-25.6	-56.7
牧业	22988	11477	26753	13810	16.4	20.3
副业	6700	15	9689	22	44.6	46.7
渔业	48887	11275	62324	10909	27.5	-3.3
三、农业总产值(1990年不变价)	**81773**	**20718**	**91206**	**19529**	**11.5**	**-5.7**
其中:种植业	29286	5713	33704	6502	15.1	13.8
林业	1435	405	1054	142	-26.6	-64.9
牧业	16507	8282	12152	6331	-26.4	-23.5
副业	6615	15	9601	22	45.1	46.7
渔业	27930	6303	34695	6532	24.2	3.6

表4-10 各县区农村社会总产值、农业总产值

(1994年)　　单位: 万元

指　　标	香洲区	万山区	三灶区	横琴区	珠海港区	平沙区	红旗区	斗门县
一、农村社会总产值（现价）	**602376**	**19195**	**47291**	**904**	**5921**	**17001**	**7461**	**265670**
其中: 农　业	20205	4667	5865	726	5157	17001	7461	96064
工　业	551468	9959	30774	35	16	—	—	135483
建筑业	23580	—	7595	32	15	—	—	12321
运输业	561	—	839	11	576	—	—	7038
商业饮食业	6562	4569	2218	100	158	—	—	14764
二、农业总产值（现价）	**20205**	**4667**	**5865**	**726**	**5157**	**17001**	**7461**	**96064**
其中: 种植业	6512	—	3663	502	939	13727	4442	27291
林　业	175	—	78	10	—	34	68	941
牧　业	9181	—	1016	137	3476	1685	1272	9986
副　业	—	—	22	—	—	1210	39	8418
渔　业	4337	4667	1086	77	742	345	1640	49428
三、农业总产值(1990年不变价)	**11341**	**2285**	**3390**	**660**	**1853**	**8092**	**3808**	**59777**
其中: 种植业	3693	—	1903	513	393	6065	2375	18762
林　业	96	—	36	10	—	17	36	859
牧　业	4586	—	445	71	1229	565	515	4741
副　业	—	—	22	—	—	1210	39	8330
渔　业	2966	2285	984	66	231	235	843	27085

表4-11 建市以来全市农业商品产值

(现行价计算)　　　　单位: 万元

年 份	商品产值	1.种植业	2.林 业	3.牧 业	4.副 业	5.渔 业
1979	—	—	—	—	—	—
1980	—	—	—	—	—	—
1981	—	—	—	—	—	—
1982	—	—	—	—	—	—
1983	—	—	—	—	—	—
1984	—	—	—	—	—	—
1985	26665	15870	49	4419	505	5822
1986	29129	15715	100	5197	647	7470
1987	39149	19697	107	6778	807	11760
1988	61185	32885	312	10968	1350	15670
1989	64343	31362	164	12545	2789	17483
1990	75431	35906	647	13870	2532	22476
1991	80715	38746	351	15183	2790	23645
1992	87297	37365	577	17106	4773	27476
1993	103095	33210	731	19762	6555	42837
1994	128627	41790	322	23131	9411	53973

表4-12 建市以来特区农业商品产值

（现行价计算）　　单位：万元

年　份	商品产值	1.种植业	2.林　业	3.牧　业	4.副　业	5.渔　业
1979	—	—	—	—	—	—
1980	—	—	—	—	—	—
1981	—	—	—	—	—	—
1982	—	—	—	—	—	—
1983	—	—	—	—	—	—
1984	—	—	—	—	—	—
1985	8899	2909	11	1502	339	4138
1986	9393	3014	24	1689	362	4304
1987	16529	4721	39	2913	431	8425
1988	19573	6100	140	3833	425	9075
1989	21742	5913	54	4833	582	10360
1990	24338	7763	190	5840	146	10399
1991	24884	7005	46	6745	270	10818
1992	26385	6265	226	7924	55	11915
1993	29758	8654	326	10425	13	10290
1994	31889	9454	8	12383	18	10026

表4-13 农业增加值、商品产值

单位:万元

指标	1993年		1994年		1994年比1993年±%	
	全市	特区	全市	特区	全市	特区
一、农业增加值(现价)	**65173**	**19835**	**90397**	**20674**	**38.7**	**4.2**
其中:种植业	19145	6985	29554	7470	54.4	6.9
林业	970	192	793	69	-18.3	-65
牧业	11824	6336	12918	7842	9.3	23.8
副业	3690	3	5641	7	52.9	1.3倍
渔业	29544	6319	41491	5286	40.4	-16.5
二、农业商品产值(现价)	**103097**	**29758**	**128627**	**31889**	**24.8**	**7.2**
其中:种植业	33211	8654	41790	9454	25.8	9.2
林业	732	326	322	8	-56.0	-97.6
牧业	19762	10475	23131	12383	17.0	18.2
副业	6555	13	9411	18	43.6	38.5
渔业	42837	1290	53973	10026	26.0	-2.5

表4-14 各县区农业增加值、商品产值

(1994年)

单位:万元

指标	香洲区	万山区	三灶区	横琴区	珠海港区	平沙区	红旗区	斗门县
一、农业增加值(现价)	**8605**	**2291**	**3261**	**402**	**3521**	**6774**	**4880**	**58069**
其中:种植业	4182	—	2408	268	612	5485	3043	13556
林业	30	—	33	6	—	22	38	664
牧业	2483	—	234	85	2446	564	651	3861
副业	—	—	7	—	—	400	39	5195
渔业	1910	2291	579	43	463	303	1109	34793
二、农业商品产值(现价)	**17831**	**4356**	**4903**	**667**	**4132**	**11605**	**6208**	**78925**
其中:种植业	5252	—	3114	479	609	8514	3470	20352
林业	—	—	8	—	—	4	44	266
牧业	8559	—	851	123	2850	1557	1054	8137
副业	—	—	18	—	—	1210	—	8183
渔业	4020	4356	912	65	673	320	1640	41987

表4-15 耕地面积

单位:亩

指标	1993年		1994年		1994年比1993年±%	
	全市	特区	全市	特区	全市	特区
一、年末实有耕地面积	**476960**	**76953**	**433056**	**71014**	**-9.3**	**-7.3**
1.水（旱）田	432376	57610	402868	64195	-6.8	11.4
2.旱地	44584	19343	30188	6819	-3.2	-64.7
二、耕地面积变动情况						
1.本年增加的耕地面积	3055	—	21	—	-99.3	—
其中：新开荒	649	—	21	—	-96.8	—
围海造田	—	—	—	—	—	—
2.当年减少的耕地面积	70556	4836	43924	5941	-37.8	22.8
其中：国家基建占用	2635	1369	1252	1202	-52.5	-12.2
镇基建占用	200	70	—	—	—	—
村基建占用	—	—	1476	1476	—	—
农民个人建房占用	—	—	416	416	—	—
改鱼塘占用	29369	—	35540	438	21.0	—
改果园占用	7806	2058	495	373	-93.7	-81.9
其它占用	30546	1339	4745	2036	-84.5	52.1

表4-16 各县区耕地面积

(1994年)　　　　单位: 亩

指　　标	香洲区	万山区	三灶区	横琴区	珠海港区	平沙区	红旗区	斗门县
一、年末实有耕地面积	**30527**		**30630**		**9857**	**84952**	**21156**	**255934**
1.水（旱）田	27938		26400		9857	82606	21156	234911
2.旱地	2589		4230		—	2346	—	21023
二、耕地面积变动情况								
1.本年增加的耕地面积	—		—		—	—	—	21
其中: 新开荒	—		—		—	—	—	21
围海造田	—		—		—	—	—	—
2.当年减少的耕地面积	3631		1834		476	4092	5034	28857
其中: 国家基建占用	1020		146		36	41	—	9
镇基建占用	—		—		—	—	—	—
村基建占用	1105		311		60	—	—	—
农民个人建房占用	336		—		80	—	—	—
改鱼塘占用	155		283		—	4022	4740	26340
改果园占用	373		—		—	—	—	—
其它占用	642		1094		300	29	294	2382

表4-17 建市以来农作物播种面积

单位: 亩

年 份	总播种面 积	1.粮 食	(1)稻谷	(2)旱粮	(3)薯类	其中:番 薯	2.大 豆	3.经济作 物	(1)花生
1979	1044121	812757	765176	2568	29857	21747	7232	18960	28366
1980	1024511	756911	731311	2727	22064	19599	7233	20988	25757
1981	906478	607433	590179	3026	14228	1373	4249	30648	29391
1982	881558	573641	554533	3021	16087	15063	5585	31987	27718
1983	887327	593723	574855	350	18518	16635	6403	30936	25833
1984	889620	564614	544493	752	19369	17010	8076	273450	28828
1985	810057	435793	418208	1040	16545	13976	4808	335725	26743
1986	813499	449851	432391	1015	16445	14445	3307	317437	22951
1987	823434	466892	448048	1042	17802	15577	3073	305688	23114
1988	811691	463647	446294	1460	15893	13060	3538	293748	18742
1989	831376	474891	453960	1404	19527	15407	5566	296306	18548
1990	840587	468691	448557	1194	18940	16856	6849	294880	18911
1991	851292	442308	423231	1067	18010	14758	5400	296688	15604
1992	791066	382640	364885	1473	16282	12845	5994	288450	14388
1993	622583	282936	269033	1128	12775	10027	166	238087	7690
1994	562130	261696	246450	1481	13765	11220	3686	209309	7438

表4-17续表1

年　份	(2)木薯	(3)药材	(4)甘蔗	其中：糖　蔗	4.其他农作物	(1)蔬菜	(2)果用瓜	(3)青饲料
1979	6906	444	135471	133502	12938	20870	2293	132
1980	5898	220	145857	144854	70916	30273	2446	518
1981	4675	—	208841	207908	45182	30410	3881	385
1982	6217	110	221860	221426	42227	29458	1176	140
1983	6377	92	212048	209688	42980	34651	1137	504
1984	4999	767	237302	236860	43480	40491	1875	725
1985	4507	68	295062	294312	33731	28873	—	—
1986	5833	87	280639	279935	42909	39123	3151	213
1987	7722	694	269013	268402	47781	45796	1777	208
1988	8537	1305	264125	263532	50758	46778	2120	334
1989	8508	1488	264609	264046	54613	48618	3033	489
1990	9192	207	262332	261540	70167	59223	2173	318
1991	8529	250	268909	268212	106896	72667	1819	774
1992	7613	781	262637	261988	113982	76304	2979	1425
1993	5038	780	221367	220979	101394	75823	3359	357
1994	2337	214	198178	197830	87439	78537	6156	820

表4-18 农作物播种面积

单位:亩

指标	1993年 全市	1993年 特区	1994年 全市	1994年 特区	1994年比1993年±% 全市	1994年比1993年±% 特区
总播种面积	**622583**	**112771**	**562130**	**90529**	**-9.7**	**-19.7**
一、粮食	**282936**	**54907**	**261696**	**39080**	**-7.5**	**-28.8**
其中: 稻谷	269033	52080	246450	37027	-8.4	-28.9
旱粮	1128	133	1481	119	31.3	-10.5
薯类	12775	2694	13765	1934	7.7	-28.2
其中: 蕃薯	10027	1301	11220	1054	11.9	-18.9
二、大豆	**166**	**166**	**3686**	**5**	**21.2倍**	**-97**
三、经济作物	**238087**	**19908**	**209309**	**17696**	**-12.1**	**-11.1**
其中: 甘蔗	221367	14925	198178	14701	-10.5	-1.5
其中: 糖蔗	220979	14906	197830	14701	-10.5	-1.4
花生	7690	2516	7438	1843	-3.2	-26.7
木薯	5038	80	2337	10	-53.6	-87.5
药材	780	—	214	—	-72.6	—
四、其他农作物	**101394**	**37790**	**87439**	**33748**	**-13.8**	**-10.7**
其中: 蔬菜	75823	37246	78537	32774	3.6	-12.1
果用瓜	3359	232	6156	461	83.3	98.7
青饲料	357	312	820	480	1.3倍	53.8

表4-19 各县区农作物播种面积

(1994年)　　单位: 亩

指标	香洲区	万山区	三灶区	横琴区	珠海港区	平沙区	红旗区	斗门县
总播种面积	**49548**		**34053**		**6928**	**74980**	**22206**	**374415**
一、粮食	**20088**		**15468**		**3524**	**8644**	—	**213972**
其中: 稻谷	18807		14900		3320	8630	—	200793
旱粮	114		—		5	6	—	1356
薯类	1167		568		199	8	—	11823
其中: 番薯	432		447		175	8	—	10158
二、大豆	**5**		—		—	—	—	**3681**
三、经济作物	**2244**		**12331**		**3121**	**63506**	**19719**	**108388**
其中: 甘蔗	450		11392		2859	63506	19719	100252
其中: 糖蔗	450		11392		2859	63506	19719	99904
花生	652		939		252	—	—	5595
木薯	—		—		10	—	—	2327
药材	—		—		—	—	—	214
四、其他农作物	**27211**		**6254**		**283**	**2830**	**2487**	**48374**
其中: 蔬菜	27175		5338		261	2830	1871	41062
果用瓜	3		436		22	—	478	5217
青饲料	—		480		—	—	138	202

表4-20 建市以来全市农作物总产量

单位: 吨

年 份	1.粮 食	(1)稻谷	(2)旱粮	(3)薯类	其中:番 薯	2.大 豆	3.经济作物	(1)花生
1979	170095	165415	172	3758	2941	377	—	1791
1980	178979	175856	213	2870	2587	377	—	2028
1981	127580	125629	208	1743	1826	269	—	2254
1982	144228	141923	183	2122	2009	373	—	2504
1983	165904	163324	67	2513	2607	385	—	2277
1984	176277	173393	130	2754	2454	482	—	2660
1985	130731	127622	245	2864	2572	415	—	2616
1986	141997	138311	338	3410	2846	315	—	2269
1987	153253	149950	273	3030	2640	271	—	2081
1988	150046	146241	482	3323	2726	446	—	1809
1989	162887	158507	426	3954	3238	547	—	1802
1990	172079	166861	503	4715	4294	771	—	1942
1991	160848	154987	389	5472	4764	545	—	1554
1992	139788	134738	319	4731	3943	924	—	1492
1993	77885	73981	394	3510	2959	12	—	1167
1994	84562	78511	453	5598	4946	558	—	861

表4-20续表1

年 份	(2)木薯	(3)药材	(4)甘蔗	其中:糖 蔗	4.其他农作物	(1)蔬菜	(2)果用瓜	(3)青饲料
1979	3843	—	475317	472875	—	—	—	—
1980	3971	—	613672	609344	—	—	—	—
1981	3501	—	1023714	1004281	—	27414	—	—
1982	4574	—	1027508	1010695	—	29777	—	—
1983	4942	—	1026016	1024026	—	31805	—	—
1984	4141	—	1310485	1308703	—	43756	2705	—
1985	4946	—	1537391	1534713	—	36408		
1986	6465	58	1520407	1517121	—	36861	3585	—
1987	8398	482	1474396	1471441	—	52022	1409	—
1988	10274	181	1608170	1604954	—	53458	2851	—
1989	8870	—	1374205	1371487	—	57222	5333	—
1990	11523	—	1582861	1578479	—	78276	—	—
1991	9540	—	1721032	1717131	—	100358	2980	—
1992	6498	—	1682066	1678626	—	102976	4442	—
1993	4049	275	1077912	1076182	—	98379	3591	—
1994	2799	—	1129476	1127701	—	101705	8849	—

表4-21 农作物总产量

单位:吨

指标	1993年 全市	1993年 特区	1994年 全市	1994年 特区	1994年比1993年±% 全市	1994年比1993年±% 特区
一、粮食	**77885**	**14406**	**84562**	**12243**	**8.6**	**-15.0**
其中：稻谷	73981	13845	78511	11380	6.1	-17.8
旱粮	394	35	453	35	15.0	持平
薯类	3510	526	5598	828	59.5	57.4
其中：番薯	2959	264	4946	624	67.2	1.4倍
二、大豆	**12**	**12**	**558**	**1**	**45.5倍**	**-91.7**
三、经济作物	—	—	—	—	—	—
其中：甘蔗	1077912	67964	1129476	86727	4.8	27.6
其中：糖蔗	1076182	67866	1127701	86727	4.8	27.8
花生	1167	232	861	181	-26.2	-21.9
木薯	4049	73	2799	15	-30.9	-79.5
药材	275	—	—	—	—	—
四、其他农作物	—	—	—	—	—	—
其中：蔬菜	98379	45952	101705	39885	3.4	-13.2
果用瓜	3591	118	8849	244	1.5倍	1.1倍
青饲料	—	—	—	—	—	—

表4-22 各县区农作物总产量

(1994年)　　　　单位: 吨

指　　标	香洲区	万山区	三灶区	横琴区	珠海港区	平沙区	红旗区	斗门县
一、粮食	**5511**		**5503**		**1229**	**1884**	—	**70465**
其中: 稻谷	5256		4988		1136	1878	—	65283
旱粮	32		—		3	2	—	416
薯类	223		515		90	4	—	4766
其中: 番薯	107		438		79	4	—	4318
二、大豆	**1**		—		—	—	—	**557**
三、经济作物	—		—		—	—	—	—
其中: 甘蔗	1575		68116		17036	385792	145000	511957
其中: 糖蔗	1575		68116		17036	385792	145000	510182
花生	81		78		22	—	—	680
木薯	—		—		15	—	—	2784
药材	—		—		—	—	—	—
四、其他农作物	—		—		—	—	—	—
其中: 蔬菜	35257		4447		181	2201	1961	57658
果用瓜	4		222		18	—	675	7930
青饲料	—		—		—	—	207	405

表4-23 建市以来全市农作物单位面积产量

单位：公斤/亩

年 份	1.粮 食	(1)稻谷	(2)旱粮	(3)薯类	其中：番 薯	2.大 豆	3.经济作物	(1)花生
1979	209	216	67	126	135	52	—	63
1980	326	240	78	130	132	52	—	79
1981	210	213	69	123	133	62	—	77
1982	251	256	61	132	133	67	—	90
1983	279	284	192	135	156	60	—	88
1984	312	318	173	142	144	59	—	92
1985	300	305	235	173	184	87	—	98
1986	316	320	272	207	197	95	—	99
1987	328	335	262	170	169	88	—	90
1988	324	327	330	209	209	126	—	96
1989	343	349	303	203	274	98	—	97
1990	376	372	421	249	255	113	—	103
1991	364	366	365	304	323	101	—	100
1992	365	369	217	291	307	154	—	104
1993	275	275	349	275	295	72	—	152
1994	323	319	306	407	447	151	—	116

表4-23续表1

年 份	(2)木薯	(3)药材	(4)甘蔗	其中：糖 蔗	4.其他农作物	(1)蔬菜	(2)果用瓜	(3)青饲料
1979	616	—	3509	3542	—	—	—	—
1980	673	—	4207	4207	—	—	—	—
1981	698	—	4902	4830	—	901	—	—
1982	736	—	4631	4564	—	1011	—	—
1983	775	—	4842	4884	—	918	—	—
1984	828	—	5522	5525	—	1081	—	—
1985	1098	—	5209	5214	—	1261	—	—
1986	1108	—	5418	5420	—	942	1137	—
1987	1087	—	5480	5482	—	1135	838	—
1988	1203	—	6088	6090	—	1143	1345	—
1989	1043	—	5193	5194	—	1177	1758	—
1990	1254	—	6034	6035	—	1322	—	—
1991	1119	—	6400	6402	—	1381	1638	—
1992	854	—	6405	6407	—	1350	1491	—
1993	804	353	4869	4870	—	1297	1069	—
1994	1198	—	5699	5700	—	1295	1437	—

表4-24 农作物单位面积产量

单位:公斤/亩

指标	1993年		1994年		1994年比1993年±%	
	全市	特区	全市	特区	全市	特区
一、粮食	**275**	**262**	**323**	**313**	**17.5**	**19.5**
其中: 稻谷	275	266	319	307	16.0	15.4
旱粮	349	263	306	294	-12.3	11.8
薯类	275	195	407	428	48.0	1.2倍
其中: 番薯	295	203	447	592	62.5	1.92倍
二、大豆	**72**	**72**	**151**	**200**	**1.1倍**	**1.8倍**
三、经济作物	—	—	—	—	—	—
其中: 甘蔗	4869	4554	5699	5899	17.0	29.5
其中: 糖蔗	4870	4553	5700	5899	17.0	29.6
花生	152	92	116	98	-23.7	6.5
木薯	804	913	1198	1500	49.0	64.3
药材	353	—	—	—	—	—
四、其他农作物	—	—	—	—	—	—
其中: 蔬菜	1297	1234	1295	1217	-0.2	-1.4
果用瓜	1069	509	1437	529	34.4	3.9
青饲料	—	—	—	—	—	—

表4-25 各县区农作物单位面积产量

(1994年)　　　　单位：公斤/亩

指　　标	香洲区	万山区	三灶区	横琴区	珠海港区	平沙区	红旗区	斗门县
一、粮食	**274**		**356**		**349**	**218**	—	**329**
其中：稻谷	279		335		342	218	—	325
旱粮	133		—		500	333	—	307
薯类	191		906		454	500	—	403
其中：番薯	247		960		451	500	—	425
二、大豆	**200**		—		—	—	—	**151**
三、经济作物	—		—		—	—	—	—
其中：甘蔗	3500		5979		5959	6075	7353	5107
其中：糖蔗	3500		5979		5959	6075	7353	5107
花生	124		83		85	—	—	122
木薯	—		—		1500	—	—	1196
药材	—		—		—	—	—	—
四、其他农作物	—		—		—	—	—	—
其中：蔬菜	1297		833		690	778	1048	1404
果用瓜	1333		510		818	—	1412	1520
青饲料	—		—		—	—	1500	—

表4-26 分镇主要农产品产量

(1994年)

	稻谷(吨)	甘蔗(吨)	蔬菜(吨)	生猪饲养量(头)	水产品(吨)
香洲区					
前山镇	307	—	6657	7624	—
南屏镇	821	1575	11100	8587	328
湾仔镇	—	—	587	1830	2510
唐家镇	28	—	1893	2065	4969
金鼎镇	4100	—	14610	7000	382
渔民办	—	—	—	—	4951
翠香办	—	—	—	9365	—
万山区					
万山镇	—	—	—	—	1783
桂山镇	—	—	—	—	1909
担杆镇	—	—	—	—	3550
海港区					
南水镇	1136	17036	180	1207	270
三灶区					
三灶镇	2113	320	3680	2178	483
小林镇	2875	67796	767	1578	749
斗门县					
上横镇	11413	2957	4492	3129	7610
莲溪镇	7462	28130	3531	4961	2370
六乡镇	7689	1811	8921	4124	4432
斗门镇	11290	15224	4417	6277	2281
五山镇	5210	100296	1396	3298	1063
乾务镇	2417	12149	765	2728	2449
白蕉镇	17182	43576	24095	10212	12506
井岸镇	2274	72548	7920	3847	1033

表4-27 建市以来全市水果、茶叶畜牧业及水产品生产情况

年份	1.水果年末实有面积(亩)	2.水果总产量(吨)	3.茶叶年末实有面积(亩)	4.茶叶产量(吨)	5.大牲畜年末存栏量(头)	6.全年生猪饲养量(头)	(1)年末生猪存栏量(头)	(2)全年生猪出栏量(头)
1979	10510	1640	—	—	14292	321917	184962	136955
1980	10818	1495	—	—	13190	283777	151142	132635
1981	11095	2192	—	—	12649	246016	136268	109748
1982	9170	1981	—	—	11699	249299	145004	104295
1983	15893	3753	—	—	11436	280376	144653	135723
1984	18136	4091	2271	59	11225	240388	126717	119671
1985	26935	8090	2152	58	9604	248084	126976	121108
1986	45523	16722	1856	65	9425	291328	169989	121339
1987	91423	30026	1755	57	9151	325401	160736	164665
1988	137924	29893	1666	53	8629	341961	161559	180402
1989	107547	26323	1429	43	7844	372895	166848	206047
1990	100444	36174	1514	53	7874	404187	190002	214185
1991	90481	39125	1417	55	6861	429304	179836	249468
1992	83170	37984	1012	54	5511	428790	187091	241699
1993	80407	14231	570	16	3991	368633	153026	215607
1994	71542	23787	339	19	2908	309875	121102	188773

表4-27续表1

年 份	7.三鸟饲养量(万只)	(1)鸡(万只)	(2)鸭(万只)	(3)鹅(万只)	8.畜产品产量			
					(1)猪肉(吨)	(2)牛肉(吨)	(3)禽肉(吨)	(4)禽蛋(吨)
1979	—	—	—	—	—	—	—	—
1980	—	—	—	—	—	—	—	—
1981	—	—	—	—	—	—	—	—
1982	—	—	—	—	—	—	—	—
1983	—	—	—	—	—	—	—	—
1984	168.5	89.3	59.2	20.1	10266	12	798	1471
1985	233	111	98	24	9357	24	2099	1339
1986	254	147	77	30	9143	158	2264	1247
1987	339	221	58	60	12522	81	2806	1919
1988	348	200.0	23.0	125.0	14626	55	3492	3467
1989	217.9	148.6	31.5	37.8	15817	76	3326	3495
1990	432.6	272.3	129.2	31.1	17097	120	4111	6352
1991	567.9	352.1	98.4	117.4	21290	126	3330	6723
1992	704.2	393.5	295.4	15.3	21097	132	3855	5867
1993	733.7	402.2	311.5	20.0	16540	146	5506	9401
1994	495.2	357.1	119.9	18.2	16235	34	4539	3795

表4-27续表2

年　份	9.水产养殖面　积(亩)	10.水产品总产　量(吨)	(1)海洋捕捞(吨)	(2)海水养殖(吨)	(3)淡水捕捞(吨)	(4)淡水养殖(吨)
1979	43896	16615	14183	625	—	1807
1980	33853	16803	14154	595	—	2054
1981	49864	16585	12942	559	—	3084
1982	60523	18294	13550	643	—	4101
1983	67918	20615	13396	817	—	6402
1984	73565	20491	11469	954	—	8068
1985	86940	22876	11361	1270	1182	9063
1986	107295	25520	11472	3382	844	9822
1987	119921	30895	12713	4786	1054	12342
1988	132124	43164	19979	5934	1141	16110
1989	153757	45920	20725	6252	1255	17688
1990	152370	50820	23039	6939	1382	19460
1991	146115	53115	23565	7227	1561	20762
1992	146745	58767	24358	5402	1762	27245
1993	169470	59255	19592	6699	1736	31228
1994	178275	62747	21420	6378	1875	33074

表4-28 水果、茶叶实有面积和产量

单位:亩、吨

指标	1993年		1994年		1994年比1993年 ±%	
	全市	特区	全市	特区	全市	特区
一、水果年末实有面积	**80407**	**22986**	**71542**	**21357**	**-11.1**	**-7.1**
1.柑桔橙	13369	4822	8669	3620	-35.2	-24.9
2.香大蕉	21708	10511	19130	10610	-11.9	0.9
3.菠萝	742	598	682	594	-8.1	-0.7
4.荔枝	40136	6024	37740	5719	-6	-5.1
5.龙眼	1152	132	1855	102	61	-22.7
6.梨	45	30	30	30	-33.3	持平
7.其它水果	3255	869	3436	682	5.6	-21.5
二、水果总产量	**14231**	**5022**	**23787**	**8649**	**67.1**	**72.2**
1.柑桔橙	9396	2721	6339	1778	-32.5	-34.7
2.香大蕉	3450	1669	14866	6026	2.3倍	2.6倍
3.菠萝	341	314	426	376	24.9	19.7
4.荔枝	214	120	1062	256	4倍	1.1倍
5.龙眼	37	5	39	4	5.4	-20
6.梨	2	—	—	—	—	—
7.其它水果	791	193	1055	209	33.4	8.3
三、茶叶年末实有面积	**570**	—	**339**	—	**-40.5**	—
四、茶叶产量	**16**	—	**19**	—	**18.7**	—

表4-29 各县区水果、茶叶实有面积和产量

(1994年)　　单位: 亩、吨

指　　标	香洲区	万山区	三灶区	横琴区	珠海港区	平沙区	红旗区	斗门县
一、水果年末实有面积	**11822**	—	**4889**	—	**1452**	**1080**	**319**	**48786**
1.柑桔橙	1972	—	1082	—	334	172	208	4669
2.香大蕉	4933	—	3259	—	90	73	41	8406
3.菠萝	420	—	67	—	—	17	—	71
4.荔枝	3792	—	372	—	1028	739	47	31235
5.龙眼	102	—	—	—	—	63	—	1690
6.梨	30	—	—	—	—	—	—	—
7.其它水果	573	—	109	—	—	16	23	2715
二、水果总产量	**4208**	—	**2003**	—	**219**	**164**	**441**	**14533**
1.柑桔橙	972	—	590	—	86	76	374	4111
2.香大蕉	2712	—	1279	—	80	51	53	8736
3.菠萝	285	—	35	—	—	7	—	43
4.荔枝	76	—	49	—	53	21	3	782
5.龙眼	4	—	—	—	—	2	—	33
6.梨	—	—	—	—	—	—	—	—
7.其它水果	159	—	50	—	—	10	11	828
三、茶叶年末实有面积	—	—	—	—	—	**63**	—	**276**
四、茶叶产量	—	—	—	—	—	**3**	—	**16**

表4-30 畜牧业生产情况

指　　标	1993年		1994年		1994年比1993年±%	
	全市	特区	全市	特区	全市	特区
一、大牲畜年末存栏量（头）	**3991**	**2219**	**2908**	**1629**	**-27.1**	**-26.6**
1.黄牛	650	650	344	344	-47.1	-47.1
其中：耕牛	291	291	51	51	-82.5	-82.5
2.水牛	3341	1569	2329	1050	-30.3	-33.1
其中：耕牛	2567	1264	1967	834	-23.4	-34.1
二、全年生猪饲养量（万头）	**36.8**	**17.8**	**30.99**	**16.24**	**-15.8**	**-8.8**
1.年末生猪存栏量	15.3	7.5	12.11	6.41	-20.8	-14.5
其中：农民私养	7.2	2.0	5.47	1.78	-24	-11
2.全年生猪出栏量	21.5	10.3	18.88	9.83	-12.2	-4.6
三、生鸟饲养量（万只）	**733.7**	**433.9**	**495.18**	**236.76**	**-32.5**	**-45.4**
其中：鸡	402.2	201.1	357.11	169.16	-11.2	-15.9
鸭	311.5	232.5	119.84	61.18	-61.5	-73.7
鹅	20.0	0.3	18.23	6.42	-8.9	20.4倍
四、畜产品产量（吨）	—	—	—	—	—	—
1.猪肉	16540	6667	16235	7960	-1.9	19.4
2.牛肉	146	140	34	31	-76.7	-77.9
3.禽肉	5506	2067	4539	1588	-17.6	-23.2
4.禽蛋	9401	6173	3795	1945	-60	-68.5

表4-31 各县区畜牧业生产情况

(1994年)

指　　　　标	香洲区	万山区	三灶区	横琴区	珠海港区	平沙区	红旗区	斗门县
一、大牲畜年末存栏量(头)	**702**	—	**306**		**386**	**542**	**3**	**734**
1.黄牛	62	—	—	—	282	—	—	—
其中：耕牛	51	—	—	—	—	—	—	—
2.水牛	640	—	306	—	104	542	3	734
其中：耕牛	547	—	287	—	—	480	3	650
二、全年生猪饲养量(万头)	**14.28**	—	**1.43**	**0.42**	**0.12**	**1.87**	**0.78**	**12.10**
1.年末生猪存栏量	5.82	—	0.38	0.16	0.06	0.86	0.02	4.82
其中：农民私养	1.24	—	0.38	0.16	—	—	—	3.43
2.全年生猪出栏量	8.46	—	1.05	0.26	0.06	1.01	0.76	7.28
三、生鸟饲养量（万只）	**203.74**	—	**26.65**	**5.28**	**1.09**	**24.23**	**13.75**	**220.43**
其中：鸡	147.13	—	21.05	—	0.98	17.87	13.5	156.58
鸭	52.71	—	3.25	5.12	0.10	5.58	0.25	52.82
鹅	3.9	—	2.35	0.16	0.01	0.78	—	11.03
四、畜产品产量（吨）	—	—	—	—	—	—	—	—
1.猪肉	6500	—	1089	207	164	880	846	6549
2.牛肉	19	—	6	—	6	1		3
3.禽肉	1430	—	117	16	25	147	146	2658
4.禽蛋	1858	—	83	—	4	49	23	1778

表4-32 水产品生产情况

单位:亩、吨

指标	1993年		1994年		1994年比1993年±%	
	全市	特区	全市	特区	全市	特区
一、水产养殖面积	**169470**	**66810**	**178275**	**64920**	**5.2**	**-2.9**
其中:海水养殖	86730	60600	69615	59100	-20	-2.5
淡水养殖	82740	6210	108660	5820	31.3	-6.3
二、水产品总产量	**59255**	**24359**	**62747**	**25816**	**5.9**	**6.0**
其中:海洋捕捞	19592	17942	21420	19720	9.3	9.9
海水养殖	6699	4798	6378	4497	-4.7	-6.3
淡水捕捞	1736	19	1875	23	8	21
淡水养殖	31228	1600	33074	1576	5.9	-1.5

表4-33 各县区水产品生产情况

(1994年)

单位:亩、吨

指标	香洲区	万山区	三灶区	横琴区	珠海港区	平沙区	红旗区	斗门县
一、水产养殖面积	**30285**	**45**	**10830**	**6000**	**17760**	**7830**	**2295**	**103230**
其中:海水养殖	26955	45	8370	6000	17730	5550	—	4965
淡水养殖	3330	—	2460	—	30	2280	2295	98265
二、水产品总产量	**13876**	**7272**	**2207**	**1200**	**1261**	**404**	**792**	**35735**
其中:海洋捕捞	12450	6885	162	—	223	—	—	1700
海水养殖	725	387	1155	1200	1030	287	—	1594
淡水捕捞	—	—	23	—	—	—	22	1830
淡水养殖	701	—	867	—	8	117	770	30611

表4-34 农业机械化、电气化及水利情况

指标	1993年		1994年		1994年比1993年 ±%	
	全市	特区	全市	特区	全市	特区
一、农业机械情况						
1.机耕面积（万亩）	25.9	1.5	—	—	—	—
2.机械收割面积（万亩）	0.8	—	—	—	—	—
3.机械脱粒面积（万亩）	—	—	—	—	—	—
二、农村电气化情况						
1.镇办水电站（个）	2	—	1	—	-50	—
发电能力（千瓦）	360	—	305	—	-15.3	—
2.村及村以下办水电站（个）	2	1	8	7	3倍	6倍
发电能力（千瓦）	52	16	139	103	1.7倍	5.4倍
3.农村用电量（万千瓦小时）	6816	1597	7229	2142	6.1	34.1
三、农田水利情况						
1.有效灌溉面积（万亩）	33.7	2.3	30.1	4.8	-10.7	1倍
其中:机电灌溉	17.3	1.1	6.4	0.5	-63	-55
2.旱涝保收田面积（万亩）	22.2	1	26.4	3.8	19.5	2.8倍
四、农用化肥施用量（吨）	**60473**	**2975**	**48549**	**5099**	**-20**	**71.4**
施用化肥折纯量（吨）	23191	534	15953	1143	-31.2	1.1倍
五、农药施用量（吨）	**790**	**131**	**907**	**173**	**14.8**	**32.1**

表4-35 各县区农业机械化、电气化及水利情况

(1994年)

指 标	香洲区	万山区	三灶区	横琴区	珠海港区	平沙区	红旗区	斗门县
一、农业机械情况								
1.机耕面积（万亩）	—	—	—	—	—	—	—	—
2.机械收割面积（万亩）	—	—	—	—	—	—	—	—
3.机械脱粒面积（万亩）	—	—	—	—	—	—	—	—
二、农村电气化情况								
1.镇办水电站（个）	—	—	—	—	—	—	—	1
发电能力（千瓦）	—	—	—	—	—	—	—	305
2.村及村以下办水电站（个）	—	—	—	—	7	—	—	1
发电能力（千瓦）	—	—	—	—	103	—	—	36
3.农村用电量(万千瓦小时)	1466	—	491	—	185	642	199	4246
三、农田水利情况								—
1.有效灌溉面积（万亩）	1.9	—	2.5	—	0.4	6.9	2.1	16.3
其中:机电灌溉	0.5	—	—	—	—	4.4	1.5	—
2.旱涝保收田面积(万亩)	1.3	—	2.4	—	0.1	6.9	2.1	13.6
四、农用化肥施用量（吨）	**1743**	—	**2787**	—	**569**	**7625**	**1890**	**33935**
施用化肥折纯量（吨）	512	—	421	—	210	2980	795	11035
五、农药施用量（吨）	**29**	—	**96**	—	**48**	**327**	**18**	**389**

表4-36 主要农业机械年末拥有量

单位:万瓦特

指标	1993年		1994年		1994年比1993年±%	
	全市	特区	全市	特区	全市	特区
农业机械总动力	**16552**	**3122**	**15291**	**2379**	**-7.6**	**-23.8**
1.耕作机械	4307	830	3480	549	-10.8	-33.9
2.排灌机械	3559	309	3425	171	-3.8	-44.7
3.收获机械	321	89	218	16	-32.1	-82
4.农产品加工机械	520	152	429	95	-17.5	-37.5
5.运输机械	4984	1426	4505	1029	-9.6	-27.8
6.植保机械	7	1	—	—	—	—
7.畜牧机械	419	142	396	125	-5.5	-11.9
8.渔业机械	1001	151	1188	276	18.7	82.8
9.其它农业机械	1434	22	1290	18	-10.1	-18.2

表4-37 各县区主要农业机械年末拥有量

(1994年)

单位: 万瓦特

指标	香洲区	万山区	三灶区	横琴区	珠海港区	平沙区	红旗区	斗门县
农业机械总动力	**1456**	—	**710**	—	**213**	**933**	**467**	**11512**
1.耕作机械	289	—	238	—	22	480	109	2702
2.排灌机械	62	—	109	—	—	86	278	2890
3.收获机械	1	—	15	—	—	48	—	154
4.农产品加工机械	43	—	48	—	4	—	—	334
5.运输机械	925	—	143	—	61	235	71	3070
6.植保机械	—	—	—	—	—	—	—	—
7.畜牧机械	71	—	54	—	—	—	—	271
8.渔业机械	64	—	86	—	126	—	—	912
9.其它农业机械	1	—	17	—	—	84	9	1179

表4-38 建市以业全市农渔村收益分配情况

单位：万元，元/人·年

年份	1.农渔村总收入	(1)农村总收入	(2)渔村总收入	2.农渔民分配所得总额	(1)农民所得总额	(2)渔民所得总额	3.农渔民人均分配	(1)农民人均分配收入	(2)渔民人均分配收入
1979	13382	12055	1327	5752	5407	345	229	223	392
1980	17509	15319	2190	6882	6449	433	299	292	482
1981	24875	22329	2546	9806	9058	748	415	398	845
1982	24030	21630	2400	11002	10423	579	458	449	715
1983	28940	23912	5028	12650	11924	726	522	511	775
1984	44127	36279	7848	16401	15350	1051	657	638	1177
1985	48035	39038	8998	16790	15582	1226	716	686	1454
1986	48977	40629	8348	18622	16974	1648	771	734	1601
1987	81035	59628	21407	21613	19722	1891	876	829	2109
1988	56672	40066	16606	24869	22877	1992	1043	990	2733
1989	50774	43310	7464	25654	23541	2113	1096	1088	2895
1990	61558	53366	8192	30147	27912	2235	1230	1174	3032
1991	67102	58279	8823	32283	29892	2391	1289	1230	3232
1992	118522	108883	9639	40672	38075	2597	1551	1498	3393
1993	167901	157645	10255	45630	42864	2766	1766	1710	3570
1994	232299	221745	10554	57490	53822	3668	2255	2179	4657

表4-39 农渔村收益分配情况

指标	1993年		1994年		1994年比1993年±%	
	全市	特区	全市	特区	全市	特区
一、农渔村总收入（万元）	**167901**	**83012**	**232299**	**112654**	**38.4**	**35.7**
其中：农村总收入	157645	73088	221745	102559	40.7	40.3
渔村总收入	10255	9924	10554	10095	2.9	1.7
二、农渔民分配所得总额（万元）	**45630**	**15249**	**57490**	**17868**	**25.9**	**17.2**
其中：农民所得总额	42864	12741	53822	14464	25.6	13.5
渔民所得总额	2766	2508	3668	3404	32.6	35.7
三、农渔民人均分配（元/人年）	**1766**	**2113**	**2255**	**2747**	**27.7**	**30**
其中：农民人均分配收入	1710	1978	2179	2480	27.4	25.4
渔民人均分配收入	3570	3819	4657	5077	30.4	32.9

表4-40 各县区农渔村收益分配情况

(1994年)

指标	香洲区	万山区	三灶区	横琴区	珠海港区	平沙区	红旗区	斗门县
一、农渔村总收入（万元）	**95086**	**4877**	**8132**	**1094**	**3465**	—	—	**119645**
其中：农村总收入	90277	—	7965	1094	3223	—	—	119186
渔村总收入	4809	4877	157	—	242	—	—	459
二、农渔民分配所得总额（万元）	**10885**	**1065**	**3711**	**547**	**1660**	—	—	**39622**
其中：农民所得总额	8787	—	3631	547	1499	—	—	39358
渔民所得总额	2098	1065	80	—	161	—	—	264
三、农渔民人均分配（元/人年）	**3136**	**5858**	**1890**	**2528**	**2474**	—	—	**2087**
其中：农民人均分配收入	2843	—	1886	2528	2497	—	—	2253
渔民人均分配收入	5513	5858	2130	—	2277	—	—	3136

表4-41 乡镇企业单位数

单位: 千个

年份	合计	乡办	村办	农业	工业	建筑业	交通运输业	商业饮食业
1979	488	154	334	113	255	25	54	41
1983	292	141	151	29	117	7	55	84
1984	777	335	442	123	293	82	59	220
1985	2573	502	124	694	362	239	45	1233
1986	731	341	319	47	413	69	26	145
1987	1137	381	392	63	480	41	48	387
1988	3216	436	477	48	1407	77	355	1209
1989	5644	496	751	265	1536	111	1048	1923
1990	5966	536	833	156	1602	87	1583	2200
1991	6670	509	1097	84	1802	283	1701	2390
1992	6236	590	713	148	1573	108	1551	2360
1993	7700	644	909	159	1587	151	1525	3484
1994	8381	753	1301	70	1977	125	2035	3265

表4-42 乡镇企业职工数

单位：人

年份	合计	乡办	村办	农业	工业	建筑业	交通运输业	商业饮食业
1979	5797	3297	2500	824	3610	653	342	368
1983	5003	3923	1080	204	3595	227	264	130
1984	17230	12125	5105	1486	11549	2130	430	1635
1985	26492	13202	4738	2883	13464	1614	1059	7472
1986	23737	14989	7990	830	18659	2328	183	1303
1987	35118	17747	15920	1184	27364	2200	267	1819
1988	46536	22630	17763	1140	36279	3172	895	4374
1989	61680	24747	27125	1511	47737	3302	1564	1407
1990	70922	28255	32360	1219	56845	3387	2186	5438
1991	95639	33606	48477	1709	75360	6262	2026	7552
1992	102494	38595	49589	1135	84149	3298	2356	7357
1993	131745	37699	68322	1623	105107	4081	2075	12343
1994	137153	42996	73357	1416	111700	3326	2991	11942

表4-43 乡镇企业总产值

单位: 万元

年份	合计	乡办	村办	农业	工业	建筑业	交通运输业	商业饮食业
1979	—	—	—	—	2035.6	—	—	—
1983	—	—	—	—	2623.6	—	—	—
1984	23386.3	—	—	—	13337.3	—	—	—
1985	19066.9	14840	3247.0	645	12155	558	283	5426
1986	21188	17322	3496	415	14659	1609	211	4293
1987	34704	26302	8046	2369	23602	2250	353	6130
1988	72525	49736	18790	2732	54408	7453	1181	6750
1989	96098	67745	20289	2736	78384	4805	1487	8686
1990	133897	94746	31516	1974	118756	3636	2160	7371
1991	238437	167211	61410	5660	209753	4918	2904	15202
1992	357699	230773	105446	3236	323246	7935	3718	19564
1993	577487	341182	204645	4141	504101	18799	7308	8877
1994	777334	424037	312087	6361	682704	23559	5818	58892

表4-44 乡镇企业主要财务指标

年　份	总收入	各项费用支出	税金	纯利润	工资总额	银行贷款余额	固定资产原值	固定资产净值	年末占用流动资金
1979	1375.9	1124.4	30.6	220.9	319.4	124.4	923.7	627.7	149.3
1983	4728.5	3681.5	274.4	772.7	571.5	148.8	2245.4	1889.2	702.9
1984	17683.1	14190.8	1842.5	1649.8	2036.5	5421.2	6662.9	3648.3	1989.2
1985	23416	19964	1989	1463	2329	5368	8152	5708	2961
1986	27031	24641	751	1517	3008	3994	15652	13348	3614
1987	60221	55312	1294	3189	4548	9927	24497	18949	20210
1988	109291	100563	1758	6176	7188	14285	40325	32592	34547
1989	130062	120404	2537	5619	14043	25728	62534	47087	41744
1990	162181	144436	2881	9183	18204	25232	98276	79157	55429
1991	224195	201055	4451	15874	19012	56908	120278	8384	89083
1992	341116	309803	7003	21922	34441	54779	167434	119804	131657
1993	588038	519167	13263	44047	77418	—	247942	—	—
1994	787004	693170	18759	59205	56378	—	394661	—	—

表4-45 珠海市1994年各月平均气温和降雨量

月　份	降雨量 (mm)	平均气温（℃）
一　月	0.8	15.9
二　月	46.2	16.2
三　月	30.4	16.9
四　月	16.0	24.3
五　月	157.7	27.1
六　月	239.8	27.3
七　月	1118.5	27.8
八　月	785.4	27.3
九　月	195.0	26.9
十　月	0.1	24.4
十一月	0.0	22.4
十二月	125.1	18.1
全　年	2715.0	22.9

5

工 业

表5-1 建市以来全市工业企业单位数

单位:个

年份	工业企业单位数	1.乡及乡以上工业	(1)国有经济	(2)集体经济	(3)其他经济	其中:"三资"企业	2.城镇个体、合作经营、村及村以下工业企业
1979	—	278	59	219	—	—	—
1980	—	275	60	215	—	—	—
1981	—	271	62	209	—	—	—
1982	—	279	64	215	—	—	—
1983	—	254	67	217	—	—	—
1984	—	291	78	213	—	—	—
1985	801	335	90	219	26	—	466
1986	1571	380	100	223	57	—	1191
1987	1704	489	128	277	84	76	1215
1988	1836	607	155	325	127	111	1229
1989	2141	765	170	412	183	171	1376
1990	1874	855	187	414	254	237	1019
1991	2704	964	204	395	365	349	1740
1992	3439	1007	172	390	445	417	2432
1993	3391	1121	130	390	601	536	2270
1994	3642	1152	122	371	659	601	2490

表5-2 建市以来特区工业企业单位数

单位:个

年份	工业企业单位数	1.乡及乡以上工业	(1)国有经济	(2)集体经济	(3)其他经济	其中:"三资"企业	2.城镇个体、合作经营、村及村以下工业企业
1979	—	145	27	118	—	—	—
1980	—	139	27	112	—	—	—
1981	—	139	29	110	—	—	—
1982	—	141	30	111	—	—	—
1983	—	124	33	91	—	—	—
1984	—	155	44	111	—	—	—
1985	365	199	47	126	26	—	166
1986	760	246	60	129	57	—	514
1987	927	324	72	168	84	—	603
1988	1093	388	81	201	106	90	705
1989	1458	522	91	276	155	143	936
1990	984	601	107	283	211	194	383
1991	1749	706	126	281	299	285	1043
1992	2252	738	104	268	366	338	1514
1993	2445	866	82	272	512	460	1579
1994	2534	867	72	248	547	496	1667

表5-3 建市以来全市工业总产值

（不变价计算） 单位：万元

年 份	工业总产值	其中：出口产品产值	1.乡及乡以上企业工业总产值	2.村及村以下企业工业总产值	乡及乡以上工业总产值指数（以1979年为100）
1979	—	—	13418	—	100
1980	—	—	16960	—	126.40
1981	—	—	20770	—	154.79
1982	—	—	22070	—	164.48
1983	—	—	28383	—	211.53
1984	49862	—	49811	51	371.23
1985	61070	—	59070	2000	440.23
1986	71505	—	67565	3940	503.54
1987	130394	—	123085	7309	917.31
1988	254114	30570	241177	12937	1797.41
1989	330061	87327	302001	28060	2250.72
1990	597540	268202	558240	39300	3089.40
1991	1008095	507023	944016	64079	5224.41
1992	1408069	682496	1308547	99522	7241.80
1993	1930024	971079	1712585	217439	12663.34
1994	2606200	1383990	2304831	301369	17042.58

注：1979-1989年采用1980年不变价，1990-1994年采用1990年不变价。

表5-4 建市以来特区工业总产值

(不变价计算) 单位:万元

年 份	工业总产值	其中:出口产品产值	1.乡及乡以上企业工业总产值	2.村及村以下企业工业总产值	乡及乡以上工业总产值指数(以79年为100)
1979	—	—	6132	—	100
1980	—	—	7452	—	121.53
1981	—	—	9251	—	150.86
1982	—	—	10524	—	171.62
1983	—	—	12915	—	210.62
1984	33578	—	33563	15	547.34
1985	38864	—	37712	1152	615.00
1986	43169	—	40724	2445	664.12
1987	94674	—	88745	5929	1447.24
1988	202548	29074	192016	10532	3131.38
1989	257141	76447	233694	23447	3811.06
1990	467060	245896	434234	32826	5400.29
1991	802318	451419	745900	56418	9276.29
1992	1163343	635889	1075172	88171	13371.24
1993	1611610	811871	1437026	174584	23334.87
1994	2247722	1289088	2014096	233626	32706.98

注: 1979-1989年采用1980年不变价，1990-1994年采用1990年不变价。

表5-5 建市以来全市乡及乡以上工业总产值

(不变价计算)　　单位:万元

年份	1.按经济类型分				2.按企业规模分		
	(1)国有经济	(2)集体经济	(3)其他经济	其中:"三资"企业	(1)大型企业	(2)中型企业	(3)小型企业
1979	8718	4700	—	—	1890	1523	10005
1980	11006	5954	—	—	2788	2532	11640
1981	12906	7864	—	—	3854	3150	13766
1982	13179	8891	—	—	3298	3208	15564
1983	17552	10831	—	—	9802	—	18581
1984	28232	21579	—	—	9544	—	40267
1985	35760	18502	4808	—	12658	—	46412
1986	39107	18224	10234	390	15819	6394	45352
1987	71072	26275	25738	—	27704	16762	78619
1988	120750	52671	67756	64820	54819	30057	156301
1989	126258	65542	110201	106932	66154	42650	193197
1990	228275	72169	257796	251401	141100	100246	316894
1991	318470	110996	514550	502951	258026	201570	484420
1992	331384	172245	804918	728026	446421	300559	561567
1993	271049	184274	1257262	922445	181968	385290	1145327
1994	232558	186247	1886026	1437353	383134	267176	1654521

注:1979-1989年采用1980年不变价,1990-1994年采用1990年不变价。

表5-5续表1　　(不变价计算)　　单位:万元

年份	3.按轻重工业分						
	(1)轻工业	以农产品为原料工业	以非农产品为原料工业	(2)重工业	采掘工业	原料工业	加工工业
1979	11129	2660	8469	2289	140	254	1895
1980	14840	5744	9096	2120	391	272	1457
1981	18233	5710	12523	2537	574	353	1610
1982	18730	10189	8541	3340	578	385	2377
1983	25071	18419	6652	3312	619	353	2340
1984	45677	22532	23145	4134	840	499	2795
1985	51809	25145	26663	7261	2001	847	4414
1986	58273	32225	26084	9292	1131	776	7385
1987	103578	32398	71180	19507	1180	4244	14083
1988	193927	60658	133269	47250	2858	10280	34112
1989	236792	87546	149246	65209	4929	16328	43952
1990	457989	203908	254080	100252	5600	29392	65320
1991	762233	303582	458651	181784	7165	62996	111622
1992	1050185	351867	698318	258362	10209	86599	161554
1993	1322937	420324	902613	389648	17531	103961	268157
1994	1817178	513868	1303310	487653	9607	103212	374834

注：1979-1989年采用1980年不变价，1990-1994年采用1990年不变价。

表5-6 建市以来特区乡及乡以上工业总产值

(不变价计算)　　单位:万元

年份	1.按经济类型分				2.按企业规模分		
	(1)国有经济	(2)集体经济	(3)其他经济	其中:"三资"企业	(1)大型企业	(2)中型企业	(3)小型企业
1979	2793	3339	—	—	—	—	6132
1980	2978	4474	—	—	—	—	7452
1981	3066	6185	—	—	—	—	9251
1982	3505	7019	—	—	—	—	10524
1983	3998	8917	—	—	—	—	12915
1984	14027	19536	—	—	—	—	33563
1985	17154	15750	4808	—	—	—	37712
1986	15910	14580	10234	—	—	6394	34330
1987	42803	20204	25738	—	7863	16762	64120
1988	84846	40636	66534	63598	35153	30057	126806
1989	82123	49778	101793	98252	50397	38512	144803
1990	139789	53999	240446	234051	98840	76224	259170
1991	193402	88897	463601	452300	186034	171571	388295
1992	197913	137421	739838	663129	376756	253948	444463
1993	153808	130884	1152334	854610	99265	342432	995330
1994	138588	117440	1758068	1340307	294391	246565	1473140

注：1979-1989年采用1980年不变价，1990-1994年采用1990年不变价。

表5-6续表1　　(不变价计算)　　单位:万元

年份	3.按轻重工业分						
	(1)轻工业	以农产品为原料工业	以非农产品为原料工业	(2)重工业	采掘工业	原料工业	加工工业
1979	5047	1535	3512	1085	291	52	742
1980	6429	1955	4474	1023	274	49	700
1981	7980	1894	6086	1271	380	56	835
1982	8886	6330	2556	1638	368	24	1246
1983	11464	5398	6066	1451	427	64	960
1984	31484	8971	22513	2079	667	178	1234
1985	33216	7549	25667	4496	1835	221	2440
1986	34187	9721	24566	6437	975	181	5281
1987	74540	16740	57799	14205	1328	1240	11637
1988	156277	28406	127871	35769	2424	6089	27226
1989	183057	41117	171942	50635	4294	10075	36265
1990	357236	112689	244548	76998	4718	19203	53073
1991	602553	178582	423971	143347	5955	44875	92517
1992	865609	207255	658355	209563	7449	62760	139354
1993	1138692	275544	863148	298335	11957	70765	215613
1994	1613580	355090	1258490	400516	7421	80563	312532

注：1979-1989年采用1980年不变价，1990-1994年采用1990年不变价。

表5-7 工业企业单位数

单位:个

指标	1993年		1994年	
	全市	特区	全市	特区
全部工业总计	**3391**	**2445**	**3642**	**2534**
（一）乡及乡以上企业	**1121**	**866**	**1152**	**867**
1.按轻重工业分				
轻工业	755	610	761	592
以农产品为原料工业	437	336	446	328
以非农产品为原料工业	318	274	315	264
重工业	366	256	391	275
采掘工业	25	7	29	15
原料工业	56	35	56	34
加工工业	285	214	306	226
2.按经济类型分				
国有经济	130	82	122	72
集体经济	390	272	371	248
其他经济	601	512	659	547
其中:“三资”企业	536	460	601	496
3.按企业规模分				
大型企业	14	7	15	8
中型企业	34	25	31	24
小型企业	1073	834	1106	835
（二）城镇个体合作经营村及村以下企业	**2270**	**1579**	**2490**	**1667**

表5-8 各县、区工业企业单位数

(1994年) 单位:个

指标	市属	香洲区	万山区	三灶区	横琴区	平沙区	红旗区	斗门县
全部工业企业	422	2018	42	44	8	23	28	1057
(一)乡及乡以上企业	422	351	42	44	8	23	28	234
1.按轻重工业分								
轻工业	284	261	19	26	2	11	13	145
以农产品为原料工业	151	153	8	16	—	7	8	103
以非农产品为原料工业	133	108	11	10	2	4	5	42
重工业	138	90	23	18	6	12	15	89
采掘工业	1	3	7	1	3	1	—	13
原料工业	16	13	3	2	—	2	5	15
加工工业	121	74	13	15	3	9	10	61
2.按经济类型分								
国有经济	52	12	3	5	—	15	6	29
集体经济	63	153	15	13	4	—	6	117
其他经济	307	186	24	26	4	8	16	88
其中:“三资”企业	286	164	23	19	4	7	16	82
3.按企业规模分								
大型企业	7	1	—	—	—	2	—	5
中型企业	22	2	—	—	—	—	1	6
小型企业	393	348	42	44	8	21	27	223
4.按行业分								
(1)非金属矿采选业	1	3	7	1	3	1	—	12
(2)食品加工业	8	7	1	1	—	2	1	15
(3)食品制造业	8	3	1	2	—	1	—	11

表5-8续表1　　(1994年)　　单位:个

指标	市属	香洲区	万山区	三灶区	横琴区	平沙区	红旗区	斗门县
(4)饮料制造业	3	8	1	3	—	1	2	9
(5)烟草加工业	1	—	—	—	—	—	—	—
(6)纺织业	27	14	—	—	—	1	1	16
(7)服装及其他纤维制品制造业	51	59	—	1	—	1	1	27
(8)皮革、毛皮、羽绒及其制品业	11	14	1	2	—	—	2	7
(9)木材加工及竹、藤、棕、草制品业	1	3	1	3	—	1	1	3
(10)家具制造业	4	10	—	—	—	—	—	6
(11)造纸及纸制品业	10	18	1	1	—	—	—	6
(12)印刷业、记录媒介的复制	10	14	2	3	—	1	1	3
(13)文教体育用品制造业	12	16	3	—	—	—	—	1
(14)化学原料及化学制品制造业	33	15	3	3	1	1	1	9
(15)医药制造业	20	1	—	—	—	—	—	3
(16)化学纤维制造业	3	4	1	—	—	—	—	—
(17)橡胶制品业	1	4	—	—	—	—	—	1
(18)塑料制品业	15	27	2	2	1	2	4	17
(19)非金属矿物制品业	21	20	3	3	1	3	3	25
(20)黑色金属冶炼及压延加工业	—	2	—	—	—	—	—	5
(21)有色金属冶炼及压延加工业	1	1	—	—	—	—	1	2
(22)金属制造业	19	20	—	1	—	1	1	15
(23)普通机械制造业	7	7	1	—	—	2	1	12
(24)专用设备制造业	15	8	1	—	—	—	1	4
(25)交通运输设备制造业	14	7	3	5	1	—	2	8
(26)电气机械及器材制造业	29	13	2	3	—	1	—	3
(27)电子及通信设备制造业	56	28	5	4	1	1	2	3
(28)仪器仪表及文化、办公用机械制造业	20	3	—	3	—	—	—	1
(29)其他制造业	17	22	—	1	—	1	—	4
(30)电力、蒸汽、热水的生产和供应业	3	—	2	1	—	1	2	1
(31)自来水的生产和供应业	1	—	1	1	—	1	1	4
(二)城镇个体、合作经营、村及村以下企业	—	**1667**	—	—	—	—	—	**823**

表5-9 工 业 总 产 值

（现行价计算） 单位:万元

指 标	1993年		1994年	
	全 市	特 区	全 市	特 区
全部工业总产值	**1800437**	**1451912**	**2413119**	**1995884**
（一）乡及乡以上企业	**1582992**	**1277328**	**2089201**	**1744778**
1.按轻重工业分				
轻工业	1149095	955736	1575183	1332848
以农产品为原料工业	455133	291318	618838	411977
以非农产品为原料工业	693962	664417	956345	920871
重工业	433897	321592	514018	411930
采掘工业	17954	11990	11095	8012
原料工业	145403	96852	136034	98968
加工工业	270540	212750	366889	304950
2.按经济类型分				
国有经济	279920	162560	244770	128952
集体经济	206710	140686	204129	126375
其他经济	1096362	974082	1640302	1489451
其中:“三资”企业	767520	694268	1437354	1101596
3.按企业规模分				
大型企业	164022	71090	363514	248625
中型企业	371617	329451	298051	269705
小型企业	1047354	876787	1427636	1226448
（二）城镇个体、合作经营、村及村以下企业	**217439**	**174584**	**323918**	**251106**

表5-10 各县、区工业总产值

(1994年)　　　　单位:万元

指　　标	市　属	香洲区	万山区	三灶区	横琴区	平沙区	红旗区	斗门县
全部工业总产值(现行价计算)	1323867	588058	30999	50052	2909	74197	17878	325159
(一)乡及乡以上企业	1323867	336952	30999	50052	2909	74197	17878	252347
1.按轻重工业分								
轻工业	1025127	258504	10275	38154	788	67542	10187	164606
以农产品为原料工业	283483	117706	4469	6319	—	64651	9089	133120
以非农产品为原料工业	741644	140798	5806	31835	788	2891	1098	31486
重工业	298740	78448	20724	11898	2121	6655	7691	87741
采掘工业	—	1229	5019	1765	—	106	—	2977
原料工业	85423	5636	2800	5108	—	4369	3522	29174
加工工业	213317	71583	12905	5025	2121	2180	4169	55590
2.按经济类型分								
国有经济	114616	13453	130	753	—	30193	5826	79800
集体经济	54832	60917	7108	2648	870	—	357	77397
其他经济	1154419	262582	23761	46651	2039	44004	11695	95150
其中:“三资”企业	832861	197217	23761	45719	2039	3211	11695	91669
3.按企业规模分								
大型企业	213447	35178	—	—	—	62536	—	52353
中型企业	251533	18172	—	—	—	—	4271	24074
小型企业	858887	283602	30999	50052	2909	11661	13607	175920
4.按行业分								
(1)非金属矿采选业	—	1229	5019	1765	—	106	—	2927
(2)食品加工业	37554	942	—	12	—	22011	4271	29375
(3)食品制造业	15266	759	920	4927	—	40794	—	42404

表5-10续表1　　(1994年)　　单位:万元

指　　标	市　属	香洲区	万山区	三灶区	横琴区	平沙区	红旗区	斗门县
(4)饮料制造业	24823	5703	150	308	—	461	3389	22164
(5)烟草加工业	1988	—	—	—	—	—	—	—
(6)纺织业	41424	34387	—	—	—	1237	879	16152
(7)服装及其他纤维制品制造业	43789	46496	—	80	—	100	43	14108
(8)皮革、毛皮、羽绒及其制品业	64433	9864	462	208	—	—	425	1956
(9)木材加工及竹、藤、棕、草制品业	979	2286	2800	307	—	2607	2056	1326
(10)家具制造业	1746	1844	—	—	—	—	—	1463
(11)造纸及纸制品业	15962	12554	508	57	—	—	—	3336
(12)印刷业、记录媒介的复制	6030	11239	1111	420	—	49	82	4903
(13)文教体育用品制造业	11215	17597	1265	—	—	—	—	1609
(14)化学原料及化学制品制造业	158027	18409	2798	986	372	418	30	2632
(15)医药制造业	66626	1400	—	—	—	—	—	596
(16)化学纤维制造业	12649	5464	2239	—	—	—	—	—
(17)橡胶制品业	1413	680	—	—	—	—	—	1529
(18)塑料制品业	12295	55844	992	407	417	1515	847	19833
(19)非金属矿物制品业	39421	8158	8110	391	—	906	3537	17561
(20)黑色金属冶炼及压延加工业	—	536	—	—	—	—	—	6883
(21)有色金属冶炼及压延加工业	5671	—	—	—	—	—	—	6697
(22)金属制造业	30844	11801	—	2515	—	—	158	13635
(23)普通机械制造业	9892	1162	530	—	—	856	296	5187
(24)专用设备制造业	27121	8331	61	—	—	—	—	5460
(25)交通运输设备制造业	56977	2167	—	28580	82	—	105	17350
(26)电气机械及器材制造业	248478	5920	2100	2862	—	—	—	5142
(27)电子及通信设备制造业	222445	67587	1934	1073	2039	—	73	223
(28)仪器仪表及文化、办公用机械制造业	102227	182	—	506	—	—	—	54
(29)其他制造业	19492	4411	—	80	—	1023	—	220
(30)电力、蒸汽、热水的生产和供应业	32927	—	—	4313	—	1762	1436	5146
(31)自来水的生产和供应业	12157	—	—	256	—	353	251	1258
（二）城镇个体、合作经营、村及村以下企业	—	**251106**	—	—	—	—	—	**22817**

表5-11 工业总产值

(1990年不变价计算)　　单位:万元

指标	1993年		1994年		1994年比1993年 ±%	
	全市	特区	全市	特区	全市	特区
全部工业总产值	**1930024**	**1611610**	**2606200**	**2247722**	**35.03**	**39.47**
(一)乡及乡以上企业	**1712585**	**1437026**	**2304831**	**2014096**	**34.58**	**40.16**
1.按轻重工业分						
轻工业	1322937	1138692	1817178	1613580	37.36	41.70
以农产品为原料工业	420324	275544	513868	355090	22.26	28.87
以非农产品为原料工业	902613	863148	1303310	1258490	44.39	45.80
重工业	389648	298335	487653	400516	25.15	34.25
采掘工业	17531	11957	9607	7421	-45.20	-37.94
原料工业	103961	70765	103212	80563	-0.72	13.85
加工工业	268157	215613	374834	312532	39.78	44.95
2.按经济类型分						
国有经济	271049	153808	232558	138588	-14.20	-9.90
集体经济	184274	130884	186247	117440	1.07	-10.27
其他经济	1257262	1152334	1886026	1758068	50.01	52.57
其中:"三资"企业	922445	854610	1437353	1340307	55.82	56.83
3.按企业规模分						
大型企业	181968	99265	383134	294391	110.55	196.57
中型企业	385290	342432	267176	246565	-30.66	-28.00
小型企业	1145327	995330	1654521	1473140	44.46	48.01
(二)城镇个体合作经营村及村以下企业	**217439**	**174584**	**301369**	**233626**	**38.60**	**33.82**

表5-12 各县、区工业总产值

(1994年) 单位: 万元

指标	市属	香洲区	万山区	三灶区	横琴区	平沙区	红旗区	斗门县
全部工业总产值（90年不变价计算）	**1589594**	**578783**	**30119**	**46345**	**2882**	**50550**	**14493**	**293434**
（一）乡及乡以上企业	**1589594**	**345157**	**30119**	**46345**	**2882**	**50550**	**14493**	**225691**
1.按轻重工业分								
轻工业	1298489	268744	10239	35328	781	45121	7723	150753
以农产品为原料工业	231487	113304	4449	5851	—	43140	6638	108999
以非农产品为原料工业	1067002	155440	5790	29477	781	1981	1085	41754
重工业	291105	76413	19880	11017	2101	5429	6770	74938
采掘工业	—	928	4859	1634	—	90	—	2096
原料工业	67509	5615	2710	4729	—	3564	1801	17284
加工工业	223596	69870	12311	4654	2101	1775	4969	55558
2.按经济类型分								
国有经济	123213	14549	130	696	—	20438	4327	69205
集体经济	47469	59698	6959	2452	862	—	391	68416
其他经济	1418912	270910	23030	43197	2020	30112	9775	88070
其中:“三资”企业	1069631	203294	23030	42332	2020	2153	9775	85118
3.按企业规模分								
大型企业	254511	39880	—	—	—	41650	—	47094
中型企业	227926	18639	—	—	—	—	3524	17087
小型企业	1107157	286638	30119	46345	2882	8900	10969	161510
4.按行业分								
(1)非金属矿采选业	—	928	4859	1634	—	90	—	2063
(2)食品加工业	30906	864	—	11	—	13761	3524	22110
(3)食品制造业	14720	717	915	4562	—	27959	—	34875

表5-12续表1　　(1994年)　　单位:万元

指　　标	市属	香洲区	万山区	三灶区	横琴区	平沙区	红旗区	斗门县
(4)饮料制造业	14514	5340	150	285	—	461	1638	14098
(5)烟草加工业	1698	—	—	—	—	—	—	—
(6)纺织业	34025	35882	—	—	—	860	879	14955
(7)服装及其他纤维制品制造业	41059	42298	—	74	—	68	43	13779
(8)皮革、毛皮、羽绒及其制品业	41967	8968	462	193	—	—	425	1816
(9)木材加工及竹、藤、棕、草制品业	1060	2276	2710	285	—	1739	1542	1803
(10)家具制造业	1644	1737	—	—	—	—	—	1403
(11)造纸及纸制品业	16876	12356	508	53	—	—	—	3400
(12)印刷业、记录媒介的复制	5302	10537	1096	389	—	31	129	13017
(13)文教体育用品制造业	11500	17749	1261	—	—	—	—	1609
(14)化学原料及化学制品制造业	455763	28451	2798	913	368	241	30	2619
(15)医药制造业	64792	1520	—	—	—	—	—	552
(16)化学纤维制造业	11945	5440	2240	—	—	—	—	—
(17)橡胶制品业	1413	680	—	—	—	—	—	1408
(18)塑料制品业	12510	60246	990	377	413	1227	872	19635
(19)非金属矿物制品业	39087	7848	7571	362	—	678	4337	9769
(20)黑色金属冶炼及压延加工业	—	536	—	—	—	—	—	4719
(21)有色金属冶炼及压延加工业	5671	—	—	—	—	—	—	7042
(22)金属制造业	30581	11408	—	2328	—	—	158	16399
(23)普通机械制造业	10324	1176	503	—	—	856	296	4003
(24)专用设备制造业	27177	8332	61	—	—	—	—	5387
(25)交通运输设备制造业	50002	2167	—	26463	81	—	105	18094
(26)电气机械及器材制造业	280723	5946	2100	2650	—	—	—	7821
(27)电子及通信设备制造业	240877	67064	1895	994	2020	—	73	223
(28)仪器仪表及文化、办公用机械制造业	95083	182	—	468	—	—	—	127
(29)其他制造业	19157	4509	—	74	—	495	—	209
(30)电力、蒸汽、热水的生产和供应业	25310	—	—	3993	—	1825	229	578
(31)自来水的生产和供应业	3908	—	—	237	—	259	213	961
(二)城镇个体、合作经营、村及村以下企业	—	**233626**	—	—	—	—	—	**67743**

表5-13 分行业工业企业单位数及总产值

(1994年) 单位: 个、万元

指标	单位数		现行价产值		不变价产值	
	全市	特区	全市	特区	全市	特区
乡及乡以上企业合计	1152	867	2089201	1744778	2304831	2014097
1.非金属矿采选业	28	15	11045	8012	9574	7421
2.食品加工业	35	17	94165	38508	71176	31781
3.食品制造业	26	14	105070	21872	83748	20914
4.饮料制造业	27	15	56998	30984	36486	20289
5.烟草加工业	1	1	1988	1988	1698	1698
6.纺织业	59	41	94079	75811	86601	69907
7.服装及其他纤维制品制造业	140	111	104616	90365	97321	83431
8.皮革、毛皮、羽绒及其制品业	40	31	77348	74967	53831	51590
9.木材加工及竹、藤、棕、草制品业	13	8	12362	6372	11415	6331
10.家具制造业	20	14	5052	3589	4784	3381
11.造纸及纸制品业	36	30	32417	29081	33193	29793
12.印刷业、记录媒介的复制	34	29	23834	18801	30501	17324
13.文教体育用品制造业	32	31	31686	30077	32119	30510
14.化学原料及化学制品制造业	66	55	183672	180591	491183	488293
15.医药制造业	24	21	68621	68026	66864	66312

表5-13续表1 (1994年) 单位:个、万元

指标	单位数		现行价产值		不变价产值	
	全市	特区	全市	特区	全市	特区
16.化学纤维制造业	8	8	20352	20352	19625	19625
17.橡胶制品业	6	5	3622	2093	3501	2093
18.塑料制品业	70	47	92148	69954	96270	74536
19.非金属矿产物制品业	79	48	78084	56080	69652	54868
20.黑色金属冶炼及压延加工业	7	2	7419	536	5255	536
21.有色金属冶炼压延加工业	5	2	12368	5671	12713	5671
22.金属制品业	57	40	58952	45159	60874	44317
23.普通机械制造业	30	15	17923	11584	17158	12003
24.专用设备制造业	29	24	40973	35513	40957	35570
25.交通运输设备制造业	40	30	105260	87805	96912	78713
26.电气机械及器材制造业	52	48	264502	259360	299240	291419
27.电子及通信设备制造业	100	94	295375	295079	313146	312850
28.仪器仪表及文化、办公用机械制造业	27	26	102968	102915	95860	95733
29.其他制造业	41	36	25226	23980	24445	23740
30.电力、蒸汽、热水的生产和供应业	10	6	45584	37240	31935	29303
31.自来水的生产和供应业	9	3	14275	12413	5578	4145

表5-14 独立核算工业增加值

单位:万元

指标	1993年		1994年		1994年比1993年±%	
	全市	特区	全市	特区	全市	特区
合计	**421003**	**341042**	**399303**	**334708**	**-5.15**	**-1.86**
1.按轻重工业分						
轻工业	307314	255952	279576	229202	-9.03	-10.45
以农产品为原料工业	118343	75781	120198	74076	1.57	-2.25
以非农产为原料工业	188970	180170	159378	155126	-15.66	-13.90
重工业	113689	85089	119727	105506	5.31	23.99
采掘工业	4498	2991	5696	5288	26.63	76.80
原料工业	36592	24048	44223	36661	20.85	52.45
加工工业	72598	58048	69808	63557	-3.84	9.49
2.按经济类型分						
国有经济	71768	40306	58658	27572	-18.27	-31.59
集体经济	56574	39354	37889	29749	-33.03	-24.41
其他经济	292659	261327	302756	277387	3.45	6.15
其中:“三资”企业	201622	180036	188298	177033	-6.61	-1.67
3.按企业规模分						
大型企业	44831	19579	97373	61260	117.20	212.89
中型企业	97062	86200	86440	76027	-10.94	-11.80
小型企业	279109	235263	215490	197421	-22.79	-16.08

表5-15 分行业独立核算工业增加值

(1994年) 单位:万元

指标	全市	特区
合计	399303	334708
1.非金属矿采选业	5694	5288
2.食品制造业	16212	4084
3.食品加工业	26407	1653
4.饮料制造业	17765	12547
5.烟草加工业	1593	1592
6.纺织业	17119	15685
7.服装及其他纤维制品制造业	11750	10394
8.皮革、毛皮、羽绒及其制品业	8976	8634
9.木材加工及竹、藤、棕、草制品业	1534	562
10.家具制造业	710	576
11.造纸及纸制品业	6197	5872
12.印刷业、记录媒介的复制	7247	6416
13.文教体育用品制造业	3086	3016
14.化学原料及化学制品制造业	25731	25288
15.医药制造业	24684	24552

表5-15续表1 (1994年) 单位:万元

指　　标	全　市	特　区
16.化学纤维制造业	4383	4383
17.橡胶制品业	100	3
18.塑料制品业	15246	13671
19.非金属矿物制品业	10270	7389
20.黑色金属冶炼及压延加工业	290	107
21.有色金属冶炼及压延加工业	3367	-887
22.金属制品业	8711	6610
23.普通机械制造业	3603	2643
24.专用设备制造业	5125	4614
25.交通运输设备制造业	19142	17625
26.电气机械及器材制造业	49420	48919
27.电子及通信设备制造业	50880	50780
28.仪器仪表及文化、办公用机械制造业	16484	16484
29.其他制造业	3567	3534
30.电力、蒸汽、热水的生产和供应业	26654	25909
31.自来水的生产和供应业	7246	6765

表5-16 全市主要工业产品产量

产品名称	计算单位	1993年	1994年	1994年比1993年±%
自来水供应量	万吨	11039.56	12512.55	13.34
大米	吨	42395	25383	-40.13
小麦粉	吨	22522	27053	20.12
食用植物油	吨	425	87	-79.53
味精	吨	9346	12357	32.22
蛋制品	吨	154	665	3.32倍
糖	万吨	14.59	9.07	-37.83
糖果	吨	101	113	11.88
糕点	吨	218	268	22.94
饼干	吨	17514	19466	11.15
方便面	吨	—	4477	—
罐头	吨	12476	10342	-17.10
淀粉	吨	1648	2755	67.17
饮料酒	吨	114885	99301	-13.56
无酒精饮料	吨	56634	74417	31.40

表5-16续表1

产品名称	计算单位	1993年	1994年	1994年比1993年±%
饲料	吨	165278	190499	15.26
针棉织品折用纱量	吨	3080	4304	39.74
印染布	万米	3012.29	2846.80	-5.49
毛线	吨	622	845	35.85
服装	万件	12693.06	10526.47	17.07
皮鞋	万双	872.24	1931.75	1.21倍
人造板	立方米	27320	47651	74.42
家具	万元	10862.3	2876.3	-73.52
	万件	100.04	29.74	-70.27
机制纸及纸板	吨	49577	40055	-19.21
书刊印刷	令	160450	384630	1.4倍
胶印印刷（彩色印刷）	对开色令	61469	210490	2.42倍
钢琴	架	111	101	-9.01
发电量	万千瓦小时	74899	98215	31.13
磁带（折6.3毫米）	亿米	24.26	17.84	-26.46

表5-16续表2

产品名称	计算单位	1993年	1994年	1994年比1993年 ±%
化学纤维	吨	6878	3689	-46.36
塑料制品	吨	52871	44045	-16.69
水泥	万吨	21.98	17.66	-19.65
水泥预制构件	立方米	85763	324938	2.79倍
砖	万块	35948	47907	33.27
花岗石板材	M^2	10713	22257	1.08倍
玻璃纤维纱	吨	596	3933	5.6倍
玻璃纤维布	万米	905.56	755.17	-16.61
日用陶瓷器	百件	10534	6250	-40.67
客轮（排水量）	吨	118	796	5.75倍
钟	万只	24.89	3.38	-86.42
表	万只	102.34	264.77	1.59倍
磨料磨具	吨	22	37	68.18
改制钢材	吨	68862	55112	-19.96
铝材	吨	19971	7557	-62.16
金属切削工具	件	5865	54023	8.21倍
金属门窗	吨	10164	14230	40.00

表5-16续表3

产品名称	计算单位	1993年	1994年	1994年比1993年 ±%
日用精铝制品	吨	365	378	3.56
日用不锈钢制品	吨	224	687	2.07倍
工业锅炉	台	34	30	-11.76
	蒸吨	75	65	-13.33
泵	台	1714	1839	7.29
紧固件	吨	749	152	-79.71
中小农具	万件	33.50	20.63	38.42
民用钢质船舶	艘	60	15	-75
	吨	10249	1743	-82.99
蓄电池	千伏安时	56504	7213	-87.23
房间空气调节器	台	134053	322283	1.4倍
电风扇	万台	23.42	10.53	-55.04
灯具	只	8537900	3556870	-58.34
电唱扩音和音响播控设备	部	66613	103195	54.92
电视机	万部	63.26	41.14	-34.97
录音机	万部	99.05	105.03	6.04
收音机	万部	88.43	393.92	3.45倍
微型电子计算机	部	16484	5734	-65.21
电子原件	万只	172592.29	171710.06	-0.51

表5-17 建市以来全部独立核算工业企业主要经济指标

单位: 万元

年 份	1.企业单位数(个)	其中:亏损企业	2.产品销售收入	3.产品销售税金	4.盈利企业利润总额	5.亏损企业亏损总额	6.固定资产原值年末数	其中:工业生产用
1979	—	—	—	—	—	—	—	—
1980	—	—	—	—	—	—	—	—
1981	—	—	—	—	—	—	—	—
1982	—	—	—	—	—	—	—	—
1983	—	—	—	—	—	—	—	—
1984	—	—	—	—	—	—	—	—
1985	276	55	53583	3950	5162	303	30812	24738
1986	318	80	71658	5442	6013	1424	55515	45833
1987	383	78	130912	8506	9835	2654	89830	77356
1988	440	76	261025	12132	24254	2731	144530	113841
1989	596	205	340761	15438	18225	11234	230527	204666
1990	704	250	438899	21413	26564	20835	350917	303836
1991	843	264	691407	31329	53232	22840	446067	378369
1992	922	248	961118	36358	75461	19529	625070	500880
1993	1121	315	1569523	53799	126578	40726	932432	646031
1994	1132	434	1934532	25660	129833	52358	1409582	1119846

表5-17续表1　　单位：万元

年份	7.固定资产净值	8.本年折旧	9.流动资产年末占用数	10.流动资产年平均余额	其中：定额流动资金	11.附	
						(1)现价工业总产值	(2)不变价工业总产值
1979	—	—	—	—	—	—	—
1980	—	—	—	—	—	—	—
1981	—	—	—	—	—	—	—
1982	—	—	—	—	—	—	—
1983	—	—	—	—	—	—	—
1984	—	—	—	—	—	—	—
1985	24016	2359	—	—	21097	57740	54896
1986	45253	3429	—	—	24186	71282	64151
1987	76411	5574	71791	62574	29280	126107	109896
1988	122811	8990	147888	132849	62794	268969	216603
1989	190208	17843	250390	214073	114262	353193	274094
1990	288204	22362	282735	243173	125159	482078	535570
1991	349922	29092	505265	448645	193309	783506	927195
1992	475231	44665	862740	697850	252232	1052966	1280796
1993	691932	67464	1266414	1039444	—	1582992	1712585
1994	940266	99205	1638583	1437686	—	2086319	2272795

注：1.1979-1989年采用1980年不变价，1990-1994年采用1990年不变价。

2.1979-1992年固定资产净值为年末数，1993-1994年为年平均余额。

表5-18 建市以来国有经济独立核算工业企业主要经济指标

单位: 万元

年份	1.企业单位数(个)	其中:亏损企业	2.产品销售收入	3.产品销售税金	4.盈利企业利润总额	5.亏损企业亏损总额	6.固定资产原值年末数	其中:工业生产用
1979	40	10	3172	455	179	164	3430	2958
1980	41	10	4211	596	294	214	3645	3122
1981	43	8	6353	805	788	35	4156	3203
1982	44	9	7103	737	635	114	6104	5105
1983	46	7	9857	1320	583	193	9520	8224
1984	57	8	19102	1793	1468	63	13127	11128
1985	57	12	33496	3391	3341	68	18830	15557
1986	62	13	39358	4367	3654	629	31041	26688
1987	68	11	69823	6338	5751	491	41840	32503
1988	85	13	130245	7552	12530	1211	67870	55773
1989	99	42	139489	9719	6120	4446	112217	95709
1990	135	53	185754	15515	8973	7453	145182	122717
1991	169	51	256641	17940	17649	4570	167821	140676
1992	144	40	274919	17359	25255	4179	205217	143041
1993	130	35	271664	15817	19743	6360	202003	161978
1994	121	48	251874	6670	11563	7154	195528	159462

表5-18续表1　　　　　　　　　　　　　　　　　　　　　　　　　　　　单位:万元

年　份	7.固定资产净值	8.本　年折　旧	9.流动资产年末占用　　数	10.流动资产年平均余　　额	其中：定额流动资金	11.附(1)现价工业总产值	(2)不变价工业总产值
1979	2402	149	—	—	1348	4583	4630
1980	2596	413	—	—	1408	5525	5579
1981	3033	260	—	—	2259	7657	6616
1982	4799	222	—	—	2930	7957	7100
1983	8064	332	—	—	3437	10609	9986
1984	11297	537	—	—	5798	23189	21870
1985	15233	1007	—	—	10159	35512	33885
1986	26356	1474	22736	22818	15227	42129	36388
1987	35277	1987	38107	35583	18041	72547	60300
1988	56562	4150	72293	69549	35509	135851	105670
1989	93763	6654	94474	85351	48001	155950	108806
1990	119513	7924	116135	94566	55716	200577	215056
1991	129544	8677	159567	148344	68394	309376	283280
1992	158306	13193	242485	192326	65502	292901	322376
1993	164882	9904	213591	187345	—	279920	271049
1994	131858	11445	155267	139977	—	244567	232402

注：1.1979-1989年采用1980年不变价，1990-1994年采用1990年不变价。

2.1979-1992年固定资产净值为年末数，1993-1994年为年平均余额。

表5-19 建市以来集体经济独立核算工业企业主要经济指标

单位: 万元

年份	1.企业单位数(个)	其中:亏损企业	2.产品销售收入	3.产品销售税金	4.盈利企业利润总额	5.亏损企业亏损总额	6.固定资产原值年末数	其中:工业生产用
1979	194	17	2204	99	367	16	1297	1140
1980	193	24	2875	102	606	45	1774	1555
1981	191	31	3323	118	472	35	2736	2310
1982	204	38	5225	236	610	78	3612	3215
1983	180	41	5481	237	483	143	4480	3359
1984	180	47	7184	260	895	180	5534	4923
1985	193	36	13302	460	1237	87	8766	6744
1986	204	55	19430	810	1008	478	11909	9462
1987	239	45	27455	1013	1688	421	16815	15251
1988	253	37	58701	1681	3660	847	30452	24811
1989	335	89	67171	2280	3155	1999	43958	39880
1990	346	105	69719	2092	3243	2156	55627	49687
1991	345	82	92560	3415	7788	1165	61110	51506
1992	357	74	138969	6200	13916	1529	96073	80220
1993	390	75	174413	10107	16588	2799	100094	63979
1994	358	125	163234	4827	11906	7696	123503	79623

表5-19续表1

单位:万元

年份	7.固定资产净值	8.本年折旧	9.流动资产年末占用数	10.流动资产年平均余额	其中:定额流动资金	11.附 (1)现价工业总产值	(2)不变价工业总产值
1979	937	—	—	—	306	4108	4062
1980	1335	214	—	—	705	5034	5019
1981	1408	183	—	—	851	6522	7730
1982	2735	302	—	—	1789	7675	8171
1983	3458	395	—	—	2132	8044	9377
1984	3982	434	—	—	2908	11112	11732
1985	5911	1189	—	—	9615	16137	16202
1986	8902	1278	—	—	6167	18427	17614
1987	12845	1533	13144	12340	7133	27170	24594
1988	24676	1803	31150	28235	11821	59247	48459
1989	34808	3709	54164	49345	23753	75624	60713
1990	44559	3372	49824	46665	20176	76507	69667
1991	47596	3918	71571	55755	25026	108890	108680
1992	75163	6747	96390	91724	37167	171006	169860
1993	68131	4792	116924	98074	—	201760	184274
1994	77519	6104	142436	123818	—	187670	172711

注：1.1979-1989年采用1980年不变价，1990-1994年采用1990年不变价。

2.1979-1992年固定资产净值为年末数，1993-1994年为年平均余额。

表5-20 建市以来其他经济类型独立核算工业企业主要经济指标

单位: 万元

年份	1.企业单位数(个)	其中:亏损企业	2.产品销售收入	3.产品销售税金	4.盈利企业利润总额	5.亏损企业亏损总额	6.固定资产原值年末数	其中:工业生产用
1979	—	—	—	—	—	—	—	—
1980	—	—	—	—	—	—	—	—
1981	—	—	—	—	—	—	—	—
1982	—	—	—	—	—	—	—	—
1983	—	—	—	—	—	—	—	—
1984	—	—	—	—	—	—	—	—
1985	26	7	6785	99	584	148	3216	2437
1986	52	12	12870	265	1351	317	12565	9683
1987	76	22	33634	1156	2396	1742	31175	29602
1988	102	26	72079	2899	8064	674	46209	33255
1989	162	74	134101	3439	8950	4789	74352	69078
1990	223	92	183425	3806	14348	11221	150108	131432
1991	329	131	342206	9974	27795	17106	217136	186187
1992	421	134	547230	12799	36290	13822	323780	277619
1993	601	205	1123446	27875	90247	31567	630335	420074
1994	653	261	1519424	14163	106364	37508	1090551	880761

表5-20续表1　　　　　　　　　　　　　　　　　　　　　　　　单位:万元

年份	7.固定资产净值	8.本年折旧	9.流动资产年末占用数	10.流动资产年平均余额	其中:定额流动资金	11.附 (1)现价工业总产值	(2)不变价工业总产值
1979	—	—	—	—	—	—	—
1980	—	—	—	—	—	—	—
1981	—	—	—	—	—	—	—
1982	—	—	—	—	—	—	—
1983	—	—	—	—	—	—	—
1984	—	—	—	—	—	—	—
1985	2872	163	—	—	1323	6091	4809
1986	9995	677	—	—	2792	10726	10149
1987	28290	2054	20539	17457	4107	26390	25001
1988	41572	3036	44445	35065	15465	7381	62474
1989	61637	7450	101302	79377	42509	121619	104575
1990	124132	11065	116776	101941	49266	204994	250846
1991	172782	16498	274128	244545	99889	391335	509139
1992	241762	26258	523865	413803	149563	589059	788561
1993	458919	52769	935899	754025	—	1096362	1257262
1994	730889	81656	1340880	1173891	—	1654082	1867682

注：1.1979-1989年采用1980年不变价，1990-1994年采用1990年不变价。

2.1979-1992年固定资产净值为年末数，1993-1994年为年平均余额。

表5-21 全部独立核算工业企业主要经济指标

单位:万元

指标	1993年		1994年		1994年比1993年±%	
	全市	特区	全市	特区	全市	特区
企业单位数(个)	1121	866	1132	859	1.0	0.8
其中:亏损企业	315	236	434	315	37.8	33.5
产品销售收入	1569523	1298843	1934532	1694851	23.3	30.5
产品销售税金	53799	41579	25660	18033	52.3	56.6
利润总额	85853	74505	77475	73756	-9.8	-1.0
亏损企业亏损总额	40726	36706	52358	40758	28.6	11.0
固定资产原值年末数	932432	757825	1409582	1166013	51.2	53.9
其中:工业生产用	646031	533929	1119846	982228	73.3	84.0
固定资产净值年平均余额	691932	573319	940266	793059	35.9	38.3
本年折旧	67465	57160	99205	85865	47.0	50.2
流动资产年末占用数	1266414	1087999	1638583	1437764	29.4	32.1
流动资产年平均余额	1039444	891572	1437686	1267844	38.3	42.2
附:现价工业总产值	1582992	1277328	2086319	1758612	31.8	37.7
90年不变价工业总产值	1712585	1437026	2272795	1995877	32.7	38.9

表5-22 各县、区全部独立核算工业企业主要经济指标

(1994年)

单位: 万元

指标	市属	香洲区	万山区	三灶区	横琴区	平沙区	红旗区	斗门县
企业单位数（个）	422	347	42	44	4	23	28	222
其中:亏损企业	162	105	20	24	4	12	17	90
产品销售收入	1350832	269302	30677	41130	2909	56987	13782	168912
产品销售税金及附加	11635	3720	1149	2559	4	201	384	7042
利润总额	51252	20517	570	1428	-11	10867	-1041	-6107
亏损企业亏损总额	33559	3263	2763	1162	11	1474	1318	8808
固定资产原值年末数	942295	158482	16178	48910	148	34707	40471	168391
其中:工业生产用	854453	66582	13484	47561	148	26027	10176	101416
固定资产净值年平均余额	647745	88300	12060	44841	113	19864	7300	120044
本年折旧	71336	10188	1511	2815	15	2013	663	10664
流动资产年末数	1142257	245453	25370	24521	163	39727	30179	130914
流动资产年平均余额	1042446	181937	20705	22556	200	40868	13428	115546
附:现价工业总产值	1337702	336950	30999	50052	2909	74197	17878	235633
90年不变价工业总产值	1571377	345155	30118	46345	2882	50549	14493	211876

表5-23 国有经济独立核算工业企业主要经济指标

单位:万元

指标	1993年		1994年	
	全市	特区	全市	特区
企业单位数(个)	130	82	121	72
其中:亏损企业	35	26	48	26
产品销售收入	271664	160594	251874	156951
产品销售税金及附加	15817	9865	6670	1281
利润总额	19743	13969	4408	3265
亏损企业亏损总数	6360	5699	7154	4559
固定资产原值年末数	202003	127444	195528	119107
其中:工业生产用	161978	105877	159462	107260
固定资产净值年平均余额	164882	111671	131858	80000
本年折旧	9904	5717	11445	6320
流动资产年末数	213591	135484	155267	93078
流动资产年平均余额	187345	117006	139977	85576
附:现价工业总产值	279920	162560	244567	128952
90年不变价工业总产值	271049	153808	232402	138588

表5-24 各县、区国有经济独立核算工业企业主要经济指标

(1994年)　　单位：万元

指　　标	市　属	香洲区	万山区	三灶区	横琴区	平沙区	红旗区	斗门县
企业单位数（个）	52	12	3	5	—	15	6	28
其中:亏损企业	19	2	1	4	—	6	3	13
产品销售收入	144104	12176	130	542	—	25012	5238	64673
产品销售税金及附加	1223	33	—	25	—	131	98	5160
利润总额	3276	12	-15	-89	—	2058	-77	-837
亏损企业亏损总额	4250	183	15	112	—	644	291	1661
固定资产原值年末数	113952	3843	69	1244	—	15388	4107	56927
其中:工业生产用	104339	1874	56	991	—	11734	3016	37452
固定资产净值年平均余额	74784	4098	49	1069	—	7712	2624	41521
本年折旧	6044	197	8	71	—	1519	170	3435
流动资产年末数	83519	8334	63	1162	—	12734	11626	37828
流动资产年平均余额	78775	5736	63	1003	—	9982	9643	34776
附:现价工业总产值	114616	13453	130	753	—	30193	5826	79596
90年不变价工业总产值	123213	14549	130	697	—	20438	4327	69050

表5-25 集体经济独立核算工业企业主要经济指标

单位:万元

指标	1993年		1994年	
	全市	特区	全市	特区
企业单位数（个）	390	272	358	245
其中:亏损企业	75	39	125	81
产品销售收入	174413	118342	163234	118756
产品销售税金及附加	10107	6745	4827	3988
利润总额	16588	14706	4210	7141
亏损企业亏损总额	2799	1373	7696	4028
固定资产原值年末数	100094	61367	123503	83686
其中:工业生产用	63979	44831	79623	55252
固定资产净值年平均余额	68131	44408	77519	49371
本年折旧	4792	3384	6104	4369
流动资产年末数	116924	82451	142437	101784
流动资产年平均余额	98074	69323	123818	87216
附:现价工业总产值	206710	140686	187670	126373
90年不变价工业总产值	184274	130884	172711	117438

表5-26 各县、区集体经济独立核算工业企业主要经济指标

(1994年)

单位: 万元

指标	市属	香洲区	万山区	三灶区	横琴区	平沙区	红旗区	斗门县
企业单位数(个)	61	151	15	13	3	—	6	107
其中: 亏损企业	24	44	5	5	3	—	5	39
产品销售收入	55182	53196	6996	2513	870	—	378	44099
产品销售税金及附加	1379	2524	45	39	—	—	28	811
利润总额	1607	5221	189	298	-3	—	-199	-2732
亏损企业亏损总额	2392	1420	169	44	3	—	200	3468
固定资产原值年末数	47592	33378	1135	1536	44	—	431	39386
其中: 工业生产用	41042	11876	1103	1287	44	—	349	24022
固定资产净值年平均余额	31369	15558	1127	1289	28	—	—	28147
本年折旧	2796	1369	100	100	4	—	30	1706
流动资产年末数	52655	42500	5435	1146	49	—	403	40250
流动资产年平均余额	49111	31370	5530	1146	60	—	32	36569
附: 现价工业总产值	54832	60916	7108	2648	870	—	357	60940
90年不变价工业总产值	47469	59698	6958	2452	862	—	391	54882

表5-27 独立核算“三资”工业企业主要经济指标

单位:万元

指标	1993年		1994年	
	全市	特区	全市	特区
企业单位数（个）	536	460	595	491
其中:亏损企业	194	163	231	183
产品销售收入	698410	640222	1142813	1072991
产品销售税金及附加	18224	16915	11706	10448
利润总额	16137	13180	20474	24289
亏损企业亏损总额	30889	29519	34632	29638
固定资产原值年末数	511420	467996	881210	772537
其中:工业生产用	341073	318007	711160	665071
固定资产净值年平均余额	368518	343576	578438	523411
本年折旧	45444	42660	71215	65222
流动资产年末数	561779	526062	985746	914327
流动资产年平均余额	459910	430586	830594	781668
附:现价工业总产值	766132	693654	1208117	1101596
90年不变价工业总产值	921106	854044	1437226	1340307

表5-28 各县、区独立核算“三资”工业企业主要经济指标

(1994年)　　单位: 万元

指　　标	市 属	香洲区	万山区	三灶区	横琴区	平沙区	红旗区	斗门县
企业单位数（个）	286	162	23	19	1	7	16	81
其中: 亏损企业	108	51	14	9	1	6	9	33
产品销售收入	859916	150215	23552	37271	2039	2710	8166	58946
产品销售税金及附加	7304	597	70	2474	3	3	258	998
利润总额	13432	9012	566	1287	-8	-830	-765	-2220
亏损企业亏损总额	24789	1430	2580	833	8	830	828	3337
固定资产原值年末数	635454	77047	14974	44958	104	2565	35933	7
其中: 工业生产用	591577	16831	12425	44134	104	890	6811	38388
固定资产净值年平均余额	434002	36796	10884	41644	85	1318	4675	49034
本年折旧	55164	6096	1404	2547	10	132	463	5398
流动资产年末数	713277	160013	19872	21050	115	2625	18150	50645
流动资产年平均余额	636477	110650	15112	19290	140	2303	3753	42870
附: 现价工业总产值	832861	197217	23761	45718	2039	3211	11695	91615
90年不变价工业总产值	106963	203294	23030	42332	2020	2153	9775	84992

表5-29 乡及乡以上独立核算工业企业分行业全员劳动生产率

(1994年)

指标	工业增加值（万元）	职工平均人数（人）	劳动生产率（元/人·年）
合计	**399303**	**150127**	**26598**
1.非金属矿采选业	5694	1420	40099
2.食品加工业	16212	4687	34589
3.食品制造业	26407	5680	46491
4.饮料制造业	17765	3399	52265
5.烟草加工业	1593	69	230870
6.纺织业	17119	8902	19231
7.服装及其他纤维制品制造业	11750	14712	7987
8.皮革、毛皮、羽绒及其制品业	8976	8447	10626
9.木材加工及竹、藤、棕、草制品业	1534	811	18915
10.家具制造业	710	1084	6550
11.造纸及纸制品业	6197	1692	36625
12.印刷业、记录媒介的复制	7247	2505	28930
13.文教体育用品制造业	3086	2560	12055
14.化学原料及化学制品制造业	25731	9093	28298
15.医药制造业	24684	2748	89825

表5-29续表1　　　　　　　　　　(1994年)

指　　标	工业增加值（万元）	职工平均人数（人）	劳动生产率（元/人·年）
16.化学纤维制造业	4383	1554	28205
17.橡胶制品业	100	350	2857
18.塑料制品业	15246	5722	26645
19.非金属矿物制品业	10270	5746	17873
20.黑色金属冶炼及压延加工业	290	1317	2202
21.有色金属冶炼及压延加工业	3367	530	63528
22.金属制品业	8711	3674	23710
23.普通机械制造业	3603	2386	15101
24.专用设备制造业	5125	2508	20435
25.交通运输设备制造业	19142	4044	47334
26.电气机械及器材制造业	49420	27797	17779
27.电子及通信设备制造业	50880	15231	33406
28.仪器仪表及文化、办公用机械制造业	16484	5497	29987
29.其他制造业	3567	3479	10253
30.电力、蒸汽、热水的生产和供应业	26654	1263	211037
31.自来水的生产和供应业	7246	1158	62573

表5-30 各县区乡及乡以上独立核算工业企业全员劳动生产率

(1994年)

指　　标	计算单位	市　属	香洲区	万山区	三灶区	横琴区	平沙区	红旗区	斗门县
一、工业增加值	**万元**	**267630**	**55349**	**5557**	**6095**	**77**	**23697**	**326**	**40573**
国有经济企业	万元	26385	884	15	288	—	10065	1647	19374
集体经济企业	万元	14922	13313	881	609	23	—	-69	8210
其他经济类型企业	万元	226323	41152	4661	5198	54	13632	-1252	12989
二、职工平均人数	**人**	**69008**	**28313**	**20129**	**2527**	**1237**	**5624**	**2577**	**20712**
全民所有制企业	人	9132	798	25	234	—	2517	737	5962
集体所有制企业	人	5711	7804	655	470	370	—	180	6867
其他经济类型企业	人	54165	19711	19449	1823	867	3107	1660	7883
三、全员劳动生产率	**元/人年**	**38782**	**19549**	**2761**	**24120**	**622**	**42135**	**1265**	**19589**
国有经济企业	元/人年	28893	11078	6	12308	—	39988	22347	32605
集体经济企业	元/人年	26129	17059	13450	12957	622	—	-3833	11956
其他经济类型企业	元/人年	41784	20878	2397	28513	623	43875	-8373	16477

表5-31 村办及个体工业主要指标

(1994年)

指标	单位	全市	香洲区	万山区	三灶区	横琴区	平沙区	红旗区	斗门县
一、村办工业									
1.企业单位数	个	866	575	—	—	—	—	—	291
其中:轻工业	个	788	567	—	—	—	—	—	221
2.工业总产值（现价）	万元	303579	240049	—	—	—	—	—	63530
其中:轻工业	万元	266317	238364	—	—	—	—	—	27953
3.从业人员	人	64609	58881	—	—	—	—	—	5728
其中:轻工业	人	62247	58422	—	—	—	—	—	3825
4.产品销售收入	万元	276121	226014	—	—	—	—	—	50107
其中:轻工业	万元	246515	224468	—	—	—	—	—	22047
5.利润总额	万元	27044	23956	—	—	—	—	—	3088
其中:轻工业	万元	25147	23788	—	—	—	—	—	1359
6.固定资产原值年末数	万元	110597	84862	—	—	—	—	—	25735
其中:轻工业	万元	103539	84266	—	—	—	—	—	19273
7.流动资金年末占用数	万元	61074	57560	—	—	—	—	—	3514
其中:轻工业	万元	58257	57096	—	—	—	—	—	1161
二、城镇及农村个体工业									
1.户数	户	1624	1092	—	—	—	—	—	532
2.从业人员	人	3199	2166	—	—	—	—	—	1033
3.总产值（现价）	万元	20339	11057	—	—	—	—	—	9282
4.上交税金	万元	679	370	—	—	—	—	—	309
5.自有资金	万元	4046	1815	—	—	—	—	—	2231

6

交通运输、邮电业

表6-1 建市以来全市运输工具拥有量

年份	1.汽车(辆)	(1)客车(辆)	(2)货车(辆)	2.其他机动车(辆)	3.机动船(艘)	4.驳船(艘)
1979	741	280	406	1821	755	319
1980	1375	552	698	2276	867	300
1981	2282	1332	786	2929	938	317
1982	2402	1402	891	3776	860	342
1983	2714	1569	983	4410	964	393
1984	4646	2957	1101	5554	984	449
1985	7929	4635	1895	9325	1086	372
1986	8335	4906	2950	10263	1387	337
1987	9815	5951	3726	10307	1287	337
1988	11726	6997	4569	11892	1105	223
1989	13106	7519	5398	13283	1168	204
1990	15740	9012	6539	19595	1005	231
1991	16534	8920	7420	19280	997	115
1992	20232	9811	10198	27019	971	235
1993	27992	12745	15111	29939	822	187
1994	33667	14972	18064	34291	869	190

表6-2 建市以来特区运输工具拥有量

年 份	1.汽 车 (辆)	(1)客 车 (辆)	(2)货 车 (辆)	2.其他机动车 (辆)	3.机 动 船 (艘)	4.驳 船 (艘)
1979	527	234	239	621	111	20
1980	1109	515	477	1041	154	2
1981	1912	1211	579	1646	183	2
1982	2004	1273	679	2412	172	2
1983	2231	1423	750	2721	168	6
1984	3669	2553	850	3426	170	13
1985	6596	3994	1215	6076	206	9
1986	6948	4232	2262	6762	400	10
1987	8356	5269	2978	6429	431	10
1988	10173	6346	3701	7251	231	10
1989	11731	7240	4354	8333	432	15
1990	13686	8195	5342	13916	221	16
1991	14197	8046	6018	12544	331	7
1992	17104	8827	8106	17965	286	115
1993	23859	11513	12256	20147	282	59
1994	29534	13740	14808	24499	329	60

表6-3 建市以来全市交通运输邮电情况

年 份	1.货运量（万吨）	其中：公路（万吨）	2.货物周转量（万吨公里）	其中：公路（万吨公里）	3.客运量（万人）	其中：公路（万人）
1979	87	—	2305	—	231	—
1980	113	—	3144	—	273	—
1981	106	—	3497	—	428	—
1982	118	—	1013	—	364	—
1983	133	—	1806	—	404	—
1984	169	—	4838	—	1427	—
1985	1568	—	38762	—	4757	—
1986	936	—	35390	—	5271	—
1987	1241	—	38488	—	6150	—
1988	1674	—	45801	—	6778	—
1989	1431	609	46047	18104	6517	6430
1990	1719	664	63775	21618	7330	7124
1991	2102	861	74387	51505	8305	7501
1992	2534	1193	102803	70119	10107	8969
1993	2553	1685	108952	75878	10297	8980
1994	2878	1362	123403	85666	11692	10309

表6-3续表1

年 份	4.旅客周转量（万人公里）	其中：公路（万人公里）	5.港口吞吐量(万吨)	6邮电业务总量(不变价)(万元)	7.电话用户（万户）	(1)城市（万户）	(2)农村（万户）
1979	6170	—	73	95	—	—	—
1980	8282	—	74	108	—	—	—
1981	13497	—	82	184	—	—	—
1982	16005	—	81	205	—	—	—
1983	19265	—	93	239	—	—	—
1984	43449	—	94	338	—	—	—
1985	128310	—	178	527	—	—	—
1986	170140	—	161	736	1	1	—
1987	199363	—	162	1081	1	1	—
1988	228203	—	217	3662	2	2	—
1989	214706	212862	232	5739	2	2	—
1990	246598	243088	626	12959	4	3	—
1991	280000	270978	757	18942	4	4	—
1992	368014	352521	876	27924	6.1	5.7	—
1993	386500	357558	1011	41950	8.4	7.9	0.5
1994	436558	407616	1150	57039	11.7	11.1	0.6

表6-4 建市以来特区交通运输邮电情况

年份	1.货运量（万吨）	其中：公路（万吨）	2.货物周转量（万吨公里）	其中：公路（万吨公里）	3.客运量（万人）	其中：公路（万人）
1979	22	—	311	—	147	—
1980	27	—	624	—	187	—
1981	23	—	506	—	299	—
1982	17	—	584	—	349	—
1983	23	—	1234	—	378	—
1984	24	—	1600	—	1417	—
1985	587	—	17795	—	4342	—
1986	384	—	18573	—	5032	—
1987	388	—	18933	—	5892	—
1988	605	—	32972	—	6464	—
1989	583	329	31133	14210	5976	5889
1990	816	361	43389	15860	6639	6448
1991	1615	704	61623	50167	7837	7033
1992	1889	1020	83628	68629	9620	8482
1993	1876	1513	90258	74280	9792	8481
1994	2201	1198	104349	84068	11187	9811

表6-4续表1

年 份	4.旅客周转量(万人公里)	其中:公 路(万人公里)	5.港口吞吐量(万吨)	6邮电业务总量(不变价)(万元)	7.电话用户(万户)	(1)城 市(万户)	(2)农 村(万户)
1979	3918	—	22	55	—	—	—
1980	5418	—	22	63	—	—	—
1981	9810	—	26	114	—	—	—
1982	11454	—	25	128	—	—	—
1983	13231	—	33	159	—	—	—
1984	35642	—	36	242	—	—	—
1985	114795	—	102	417	—	—	—
1986	161012	—	78	583	1	1	—
1987	187051	—	81	884	1	1	—
1988	213516	—	131	3458	2	2	—
1989	197297	195453	166	5384	2	2	—
1990	219112	218094	191	6904	3	3	—
1991	258292	249270	652	17790	4	4	—
1992	343919	328426	772	25742	5	5	—
1993	367638	339449	941	37479	7	7	—
1994	417696	389507	1080	51758	10.5	10.5	—

表6-5 运输工具拥有量

指标	计算单位	1993年		1994年	
		全市	市区	全市	市区
一、汽车	辆	**27992**	**23859**	**33667**	**29534**
客车	辆	12745	11513	14972	13740
其中：大型	辆	1561	1420	1676	1535
小型	辆	11184	10093	13296	12205
货车	辆	15111	12256	17663	14808
其中：大型	辆	6589	5087	7111	5609
小型	辆	8522	7169	10552	9199
二、其他机动车	辆	**29939**	**20147**	**34291**	**24499**
手扶拖拉机	辆	5096	1830	5491	2225
摩托车	辆	24439	18126	28800	22487
三、机动船	艘	**822**	**282**	**869**	**329**
货船	艘	707	211	750	254
	吨位	263895	217881	337632	291618
客船	艘	102	58	109	65
	客位	7952	5704	9373	7125
四、驳船	艘	**189**	**59**	**190**	**60**
	吨位	14487	4722	15700	5935

表6-6 全社会客货运输及港口吞吐量

指标	计算单位	1993年		1994年	
		全市	市区	全市	市区
货运量	**万吨**	**2553**	**1876**	**2878**	**2201**
其中：公路	万吨	1206	1042	1362	1198
水路	万吨	1347	834	1516	1102
货物周转量	**万吨公里**	**108952**	**89898**	**123403**	**104349**
其中：公路	万吨公里	75878	74280	85666	84068
水路	万吨公里	33074	15618	37737	20281
客运量	**万人**	**10297**	**9792**	**11692**	**11187**
其中：公路	万人	8980	8482	10309	9811
水路	万人	1317	1310	1383	1376
旅客周转量	**万人公里**	**386500**	**367638**	**436558**	**417696**
其中：公路	万人公里	357558	339449	407616	389507
水路	万人公里	28942	28189	37871	37223
按管理系统分					
1. 交通系统					
货运量	万吨	568	67	561	55
客运量	万人	2753	2370	2156	1946
2. 非交通系统					
货运量	万吨	1985	1809	2317	2146
客运量	万人	7544	7422	9536	9241
港口吞吐量					
1. 货物进出口量	万吨	1011	941	1150	1080
2. 旅客进出口量	万人	512	467	543	498

表6-7 邮电业务总量

指 标	计算单位	1993年		1994年	
		全市	市区	全市	市区
一、邮电业务总量					
（1990年不变价）	万元	41950	37479	57039	51758
函件	万件	2390	2138	2750	2522
包件	万件	36	34	34	31.62
订销报纸累计份数	万份	3701	3072	3860	3224
订销杂志累计份数	万份	142	116	157	125
电报	万份	87	74	57	49.3
长途电话	万次	6013	5101	8351	7114
特快专递	万件	19	19	23.19	23.19
二、电话用户	**万户**	**8.4**	**7.0**	**11.7**	**10.5**
其中：城市	万户	7.9	7.0	11.1	10.5
农村	万户	0.5	—	0.6	—

7

商业

表7-1 建市以来全市社会消费品零售总额

单位:万元

年份	社会消费品零售总额	1.按经济类型分				
		1.国有经济	2.集体经济	3.联营经济	4.个体经济	5.其他经济
1979	13573	11838	1220	—	31	484
1980	20239	17069	1970	138	30	1032
1981	25236	21654	1855	249	283	1195
1982	30403	23631	2928	1678	870	1296
1983	37172	26270	2238	5576	1385	1703
1984	78539	37743	12836	22020	3777	2163
1985	104593	54336	20516	17766	7941	4034
1986	93505	52065	11400	11385	15035	3620
1987	113857	64194	12720	12996	17761	6186
1988	170679	99417	17641	19097	23899	10625
1989	192456	98044	26623	27769	27352	12667
1990	217570	130043	23487	18835	27095	18110
1991	295881	166637	28726	28624	39809	32085
1992	385656	203284	31229	38552	68374	44217
1993	516958	259564	48692	52484	99259	56595
1994	710252	264451	110707	62299	180055	92740

表7-1续表1

年份	2.按行业分				
	批发零售贸易业	餐 饮 业	制 造 业	其他行业	农民对非农业居民
1979	11917	737	93	342	484
1980	16668	1304	589	646	1032
1981	20697	1718	811	815	1195
1982	22286	1699	1611	3511	1296
1983	25040	2571	2129	5729	1703
1984	35308	6233	3137	31698	2163
1985	46742	12231	6825	34761	4034
1986	50996	13928	5233	19728	3620
1987	64384	15516	4695	23076	6186
1988	106021	16945	10150	26938	10625
1989	102187	25192	15669	36741	12667
1990	131773	20751	14925	32002	18119
1991	197837	31114	24987	9858	32085
1992	255194	49731	30199	6315	44217
1993	352380	72260	35822	—	56496
1994	518567	88803	30307	72575	68755

表7-2 建市以来特区消费品零售总额

单位:万元

年份	社会消费品零售总额	1.按经济类型分				
		1.国有经济	2.集体经济	3.联营经济	4.个体经济	5.其他经济
1979	7506	6130	1002	—	13	361
1980	12782	10109	1625	133	21	894
1981	15304	12576	1309	249	190	980
1982	19285	14857	1409	1678	276	1065
1983	25607	16822	1182	5576	664	1363
1984	64578	27542	10576	22020	2715	1725
1985	86693	42056	17283	17766	6327	3261
1986	75093	39444	8499	11385	13025	2740
1987	90845	48998	8450	12996	15287	5114
1988	137722	81838	8431	19097	21848	6508
1989	148949	80890	9608	27769	21265	9417
1990	165819	105845	9134	18835	19239	12766
1991	236612	140515	13646	28624	30073	23754
1992	307688	165883	17544	38552	52113	33596
1993	393651	207558	19683	52609	77190	36611
1994	559036	223432	80546	62118	135569	57371

表7-2续表1

年份	2.按行业分				
	批发零售贸易业	餐饮业	制造业	其他行业	农民对非农业居民
1979	6391	494	30	230	361
1980	9963	1012	452	461	894
1981	12173	1339	462	350	980
1982	13492	1198	940	2590	1065
1983	16145	2051	973	5075	1363
1984	25830	5603	1144	30276	1725
1985	35446	11395	2772	33819	3261
1986	38423	12737	2650	18543	2740
1987	49287	13870	2450	20124	5114
1988	89389	14024	6564	21237	6508
1989	82229	22092	5655	29556	9417
1990	105427	17072	4479	26075	12766
1991	167531	26872	15293	3162	23754
1992	211483	42215	15925	4469	33596
1993	278015	62371	16753	—	36512
1994	422082	74894	18566	43494	43364

表7-3 社会消费品零售总额

单位:万元

指标	1993年		1994年		1994年比1993年±%	
	全市	特区	全市	特区	全市	特区
社会消费品零售总额	**516958**	**393651**	**710252**	**559036**	**37.4**	**42.0**
一、按销售地区分						
(1)市的零售额	381218	381218	539286	539286	41.5	41.5
(2)县的零售额	65887	—	80317	—	21.9	—
(3)县以下的零售额	69853	12433	90649	19750	29.8	58.9
二、按经济类型分						
1.国有经济	259564	207558	264451	223432	1.9	7.6
2.集体经济	48692	19683	110707	80546	1.3倍	3.1倍
3.合营经济	52848	52609	62299	62118	17.9	18.1
4.个体经济	99259	77190	180055	135569	81.4	75.6
5.其他经济	56595	36611	92740	57371	63.9	56.7
三、按行业分						
1.批发零售贸易业	352380	278015	518567	422082	47.2	51.8
2.餐饮业	72260	62371	88803	74894	22.9	20.1
3.制造业	35822	16753	30307	18566	-15.4	10.8
4.其他	—	—	72575	43494	—	—
5.农民对非农业居民	56496	36512	68755	43364	21.7	18.8

表7-4 建市以来全市集市贸易成交额

单位: 万元

年 份	集市贸易成交额	1.粮油类	2.肉禽蛋类	3.水产品类	4.蔬菜类	5.其他
1979	874	4	308	44	110	408
1980	896	5	316	45	113	417
1981	1635	12	985	227	236	175
1982	1778	14	874	355	291	244
1983	3153	9	1231	358	203	1352
1984	4316	11	1772	537	264	1732
1985	8401	18	5417	1453	536	977
1986	12742	146	7181	2135	1020	2260
1987	23868	255	10780	3610	2744	6479
1988	38747	424	15921	5007	4990	12405
1989	55476	746	21626	8402	7379	17323
1990	63033	1196	26050	6557	10646	18584
1991	83727	2866	32862	11317	11501	25181
1992	107470	5468	44130	15194	16518	26160
1993	164913	7596	64563	25182	29580	37992
1994	229388	21316	88543	33176	31665	54688

表7-5 建市以来特区集市贸易成交额

单位：万元

年 份	集市贸易成交额	1.粮油类	2.肉禽蛋类	3.水产品类	4.蔬菜类	5.其他
1979	874	4	308	44	110	408
1980	896	5	316	45	113	417
1981	1635	12	985	227	236	175
1982	1778	14	874	355	291	244
1983	987	4	614	232	40	97
1984	1448	6	998	279	66	99
1985	3322	12	2502	420	124	264
1986	6991	37	3856	1205	551	1342
1987	10562	166	4461	1872	1316	2747
1988	15249	242	7235	2198	2935	2639
1989	21934	524	10745	2824	3392	4449
1990	24609	590	11868	2673	3126	6352
1991	36832	1319	16524	4707	4407	9875
1992	86198	3636	41467	14233	15549	11313
1993	94038	3859	35598	12624	17958	23999
1994	171164	15562	65732	24185	25892	39793

表7-6 各县区社会消费品零售总额

(1994年)

单位：万元

指标	市属	香洲区	万山区	三灶区	横琴区	珠海港区	平沙区	红旗区	斗门县
社会消费品零售总额	**355952**	**180616**	**5005**	**12148**	**599**	**4716**	**23161**	**17857**	**110198**
一、按销售地区分									
(1)市的零售额	355952	180616	2718	—	—	—	—	—	—
(2)县的零售额	—	—	—	—	—	—	—	—	80317
(3)县以下的零售额	—	—	2287	12148	599	4716	23161	17857	29881
二、按经济类型分									
1.国有经济	219467	1317	1070	1578	—	—	13000	2718	25301
2.集体经济	64272	9568	1526	1649	313	3218	1300	4856	24005
3.合营经济	60544	1574	—	—	—	—	—	—	181
4.个体经济	—	129613	1696	4017	143	100	1100	2103	41283
5.其他经济	11669	38544	713	4904	143	1398	7761	8180	19428
三、按行业分									
1.批发零售贸易业	278025	130054	2846	7466	373	3318	14300	11874	70311
2.餐饮业	60030	12305	2159	277	83	40	1800	2003	10106
3.制造业	17897	669	—	—	—	—	—	—	11741
4.其他	—	37588	—	4405	143	1358	7061	3980	18040
5.农民对非农业居民	—	37516	—	4405	143	1300	7061	3980	14350

表7-7 批发零售贸易业商品购销存总额

单位:万元

指标	1993年		1994年		1994年比1993年 ±%	
	全市	特区	全市	特区	全市	特区
一、商品购进总额	1407908	1222128	1559383	1242552	10.8	1.7
二、商品销售总额	1546569	1333248	1683903	1350225	8.9	1.3
三、期末库存总额	142954	120072	158241	124401	10.7	3.6

表7-8 各县区批发零售贸易业商品购销存总额

(1994年)

单位:万元

指标	市属	香洲区	万山区	三灶区	横琴区	珠海港区	平沙区	红旗区	斗门县
一、商品购进总额	996291	198533	30278	9016	4847	3587	23500	7491	285840
二、商品销售总额	1071244	230927	30853	7852	5409	3940	23161	15263	295254
三、期末库存总额	109767	12860	615	587	208	364	526	586	32728

表7-9 批发零售贸易企业商品分类销售库存

(1994年)

单位: 万元

项　　目	批发额	零售额	年末库存额
食品、饮料、烟酒类	216924	207488	25633
纺织品类	90435	15872	6724
服装、鞋帽类	56344	53503	13859
日用品类	104570	85917	15580
家用电器类	81829	22173	12109
文化体育用品类	7417	6819	2345
化妆品类	7396	6383	2473
首饰类	896	7895	3233
中西药品类	69512	9993	9286
书报、杂志类	500	3481	646
石油及制品类	113469	53188	12833
煤炭及制品类	8938	299	1909
化工材料及制品类	60635	1669	1484
木材类	2174	841	1559
建筑材料类	24457	8698	4539
黑色金属材料类	31717	1204	3758
有色金属材料类	38181	1969	1510
机电设备类	111064	10764	19482
其他类	138881	20411	19279
其中: 生活消费品	15070	6951	1424

表7-10 批发零售贸易企业主要商品销售量

指标	单位	1993年		1994年		1994年比1993年±%	
		全市	特区	全市	特区	全市	特区
粮食	吨	69169	29498	176811	63688	155.6	115.9
猪和猪肉	吨	32088	24453	67195	55153	109.4	125.5
鲜蛋	吨	5850	4140	13289	13109	127.2	216.6
水产品	吨	21510	12320	39998	38835	85.9	215.2
盐	吨	20336	17555	25842	23811	27.1	35.6
食糖	吨	35591	6230	20645	5474	-41.9	-12.1
卷烟	箱	278803	122819	219898	85905	-21.1	-30.1
酒	吨	4709	3543	6343	3911	34.7	10.4
自行车	辆	141005	103695	37092	9930	-73.7	-90.4
电视机	台	67672	61001	34592	30574	-48.9	-49.9
电风扇	台	314407	287298	76844	56462	-75.6	-80.3
洗衣机	台	32142	24375	13832	9739	-57.0	-60.0
电冰箱	台	22864	18690	13923	12432	-39.1	-33.5
录音机	台	62726	55034	23706	19375	-62.2	-64.8
布	百米	154823	67369	109248	100723	-29.4	49.5
各种服装	百件	100835	82849	299900	296533	197.4	257.9
化学肥料	吨	454838	85882	149268	91631	-67.2	6.7
化学农药	吨	679	96	2276	1904	235.2	18.8倍

表7-11 各县区批发零售贸易企业主要商品销售量

(1994年)

指标	单位	市属	香洲区	万山区	三灶区	横琴区	珠海港区	平沙区	红旗区	斗门县
粮食	吨	29515	33221	50	152	720	30	13	450	112660
猪和猪肉	吨	30952	23780	—	145	60	216	—	270	11772
鲜蛋	吨	4770	8309	25	—	5	—	—	9	171
水产品	吨	9380	29186	250	1	18	—	1	—	1162
盐	吨	22655	1137	1	8	6	4	757	6	1268
食糖	吨	5368	102	1	2	1	—	586	12	14573
卷烟	箱	85369	3	112	251	150	20	2857	6162	124974
酒	吨	3667	215	1	2	8	18	1426	228	778
布	百米	96417	4195	—	51	—	60	565	2500	5460
服装	百件	290999	1049	4331	21	13	120	60	27	3280
鞋	百双	47620	686	5	194	2	420	15279	80	3425
黄金饰品	万元	679	—	—	—	—	—	2	—	461
自行车	辆	8628	923	—	331	—	48	4474	250	22438
摩托车	辆	42	12	—	43	—	—	—	—	867
电视机	台	28995	436	1100	—	13	30	206	2	3810
录音机	台	16581	1774	1000	10	—	10	216	200	3915

表7-11续表1　　　　　　　　　　　　(1994年)

指　标	单　位	市　属	香洲区	万山区	三灶区	横琴区	珠海港区	平沙区	红旗区	斗门县
录像机	台	56712	9	30	—	—	—	—	—	198
照相机	架	7482	131	—	—	—	—	—	20	631
家用电风扇	台	49123	5042	1900	329	20	48	2647	1110	16625
家用洗衣机	台	9246	371	—	86	—	36	387	50	3656
家用电冰箱	台	11832	330	220	30	—	20	70	4	1417
房间空调	台	3449	18	370	—	—	—	—	—	672
抽油烟机	台	6515	1196	—	8	—	15	173	99	1331
化学肥料	吨	68639	22136	12	819	—	25	3739	—	53898
化学农药	吨	1821	62	—	17	—	4	15	18	339
汽车	辆	391	-	32	—	—	—	—	—	182
钢材	吨	42259	4789	100	221	90	600	—	—	15185
水泥	吨	5439	17567	100	303	1350	7134	—	5260	11617
煤炭	吨	120000	-	—	—	—	—	—	—	310000
汽油	吨	59526	52409	200	55	114	969	1158	734	4920
柴油	吨	107369	15608	688	101	737	3801	517	619	11780
燃料油	吨	52845	502	—	—	—	—	—	—	11605

表7-12 各县区批发零售贸易、餐饮业网点数

(1994年) 单位：个

指标	全市合计	市属	香洲区	万山区	三灶区	横琴区	珠海港区	平沙区	红旗区	斗门县
一、按经济类型分	**27824**	**3109**	**14776**	**310**	**2218**	**215**	**316**	**683**	**510**	**5687**
1.国有经济	1150	637	99	17	25	—	—	48	41	283
2.集体经济	1128	318	302	56	25	19	18	4	8	378
3.联营经济	76	51	20	—	—	—	—	—	—	5
4.其他经济	91	37	5	2	—	—	—	2	—	45
5.私营经济	2555	2066	422	—	—	—	—	—	—	67
6.个体经济	22824	—	13928	235	2168	196	298	629	461	4909
二、按企业规模分										
1.大型商业	34	34	—	—	—	—	—	—	—	—
2.中型商业	295	127	24	—	—	—	—	—	—	144
3.小型商业	27244	2900	14752	310	2218	33	316	683	510	5522
4.附营单位	251	48	—	—	—	182	—	—	—	21

表7-13 各县区批发零售贸易、餐饮业人员数

(1994年)

单位：人

指标	全市合计	市属	香洲区	万山区	三灶区	横琴区	珠海港区	平沙区	红旗区	斗门县
一、按经济类型分	**90661**	**34450**	**31146**	**1075**	**3902**	**646**	**553**	**1447**	**1522**	**15920**
1.国有经济	13629	9229	674	169	250	—	—	337	188	2782
2.集体经济	10506	4385	2341	444	204	334	185	46	24	2543
3.联营经济	2617	2340	205	—	—	—	—	—	—	72
4.其他经济	2209	1625	139	133	—	—	—	90	—	222
5.私营经济	19799	16871	2290	—	—	—	—	—	—	638
6.个体经济	41901	—	25497	329	3448	312	368	974	1310	9663
二、按企业规模分										
1.大型商业	1781	1781	—	—	—	—	—	—	—	—
2.中型商业	4323	1905	685	—	—	—	—	—	—	1733
3.小型商业	82014	28640	30461	1075	3902	425	553	1447	1522	13989
4.附营单位	2543	2124	—	—	—	221	—	—	—	198

表7-14 各县区批发贸易业网点数

(1994年) 单位：个

指标	全市合计	市属	香洲区	万山区	三灶区	横琴区	珠海港区	平沙区	红旗区	斗门县
一、按经济类型分	**4762**	**2046**	**681**	**123**	**14**	**14**	**—**	**3**	**3**	**1878**
1.国有经济	575	364	46	15	6	—	—	3	—	141
2.集体经济	739	243	194	51	8	14	—	—	3	226
3.联营经济	56	33	19	—	—	—	—	—	—	4
4.其他经济	43	19	3	1	—	—	—	—	—	20
5.私营经济	1840	1387	419	—	—	—	—	—	—	34
6.个体经济	1509	—	—	56	—	—	—	—	—	1453
二、按企业规模分										
1.大型商业	1	1	—	—	—	—	—	—	—	—
2.中型商业	131	58	11	—	—	—	—	—	—	62
3.小型商业	4628	1987	670	123	14	14	—	3	3	1814
4.附营单位	2	—	—	—	—	—	—	—	—	2

表7-15 各县区批发贸易业人员数

(1994年)　　　　单位：人

指标	全市合计	市属	香洲区	万山区	三灶区	横琴区	珠海港区	平沙区	红旗区	斗门县
一、按经济类型分	**31313**	**20134**	**3709**	**655**	**85**	**268**	**—**	**30**	**14**	**6418**
1.国有经济	6996	5237	266	147	69	—	—	30	—	1247
2.集体经济	6163	2850	1200	416	16	268	—	—	14	1399
3.联营经济	744	578	140	—	—	—	—	—	—	26
4.其他经济	634	512	13	20	—	—	—	—	—	89
5.私营经济	13362	10957	2090	—	—	—	—	—	—	315
6.个体经济	3414	—	—	72	—	—	—	—	—	3342
二、按企业规模分										
1.大型商业	187	187	—	—	—	—	—	—	—	—
2.中型商业	1416	630	119	—	—	—	—	—	—	667
3.小型商业	29698	19317	3590	655	85	268	—	30	14	5739
4.附营单位	12	—	—	—	—	—	—	—	—	12

表7-16 各县区零售贸易业网点数

(1994年)

单位：个

指标	全市合计	市属	香洲区	万山区	三灶区	横琴区	珠海港区	平沙区	红旗区	斗门县
一、按经济类型分	**21066**	**935**	**12848**	**149**	**2203**	**182**	**296**	**630**	**447**	**3376**
1.国有经济	543	257	50	2	18	—	—	45	41	130
2.集体经济	371	75	100	5	17	3	18	3	5	145
3.联营经济	6	6	—	—	—	—	—	—	—	—
4.其他经济	17	2	—	—	—	—	—	—	—	15
5.私营经济	625	595	—	—	—	—	—	—	—	30
6.个体经济	19504	—	12698	142	2168	179	278	582	401	3056
二、按企业规模分										
1.大型商业	23	23	—	—	—	—	—	—	—	—
2.中型商业	157	69	9	—	—	—	—	—	—	79
3.小型商业	20664	813	12839	149	2203	—	296	630	447	3287
4.附营单位	222	30	—	—	—	182	—	—	—	10

表7-17 各县区零售贸易业人员数

(1994年)　　　　单位：人

指标	全市合计	市属	香洲区	万山区	三灶区	横琴区	珠海港区	平沙区	红旗区	斗门县
一、按经济类型分	**47643**	**9578**	**23028**	**226**	**3795**	**221**	**493**	**1191**	**1298**	**7813**
1.国有经济	5117	2870	388	22	159	—	—	307	188	1183
2.集体经济	3631	1535	587	28	188	11	185	16	10	1071
3.联营经济	46	46	—	—	—	—	—	—	—	—
4.其他经济	76	13	—	—	—	—	—	—	—	63
5.私营经济	5394	5114	—	—	—	—	—	—	—	280
6.个体经济	33379	—	22053	176	3448	210	308	868	1100	5216
二、按企业规模分										
1.大型商业	1003	1003	—	—	—	—	—	—	—	—
2.中型商业	2375	1275	146	—	—	—	—	—	—	954
3.小型商业	43857	7174	22882	226	3795	—	493	1191	1298	6798
4.附营单位	408	126	—	—	—	221	—	—	—	61

表7-18 各县区餐饮业网点数

(1994年)　　单位：个

指标	全市合计	市属	香洲区	万山区	三灶区	横琴区	珠海港区	平沙区	红旗区	斗门县
一、按经济类型分	**1996**	**128**	**1247**	**38**	**1**	**19**	**20**	**50**	**60**	**433**
1.国有经济	32	16	3	—	1	—	—	—	—	12
2.集体经济	18	—	8	—	—	2	—	1	—	7
3.联营经济	14	12	1	—	—	—	—	—	—	1
4.其他经济	31	16	2	1	—	—	—	2	—	10
5.私营经济	90	84	3	—	—	—	—	—	—	3
6.个体经济	1811	—	1230	37	—	17	20	47	60	400
二、按企业规模分										
1.大型商业	10	10	—	—	—	—	—	—	—	—
2.中型商业	7	—	4	—	—	—	—	—	—	3
3.小型商业	1952	100	1243	38	1	19	20	50	60	421
4.附营单位	27	18	—	—	—	—	—	—	—	9

表7-19 各县区餐饮业人员数

(1994年)　　单位：人

指　标	全市合计	市属	香洲区	万山区	三灶区	横琴区	珠海港区	平沙区	红旗区	斗门县
一、按经济类型分	**11705**	**4738**	**4409**	**194**	**22**	**157**	**60**	**226**	**210**	**1689**
1.国有经济	1516	1122	20	—	22	—	—	—	—	352
2.集体经济	712	—	554	—	—	55	—	30	—	73
3.联营经济	1827	1716	65	—	—	—	—	—	—	46
4.其他经济	1499	1100	126	113	—	—	—	90	—	70
5.私营经济	1043	800	200	—	—	—	—	—	—	43
6.个体经济	5108	—	3444	81	—	102	60	106	210	1105
二、按企业规模分										
1.大型商业	591	591	—	—	—	—	—	—	—	—
2.中型商业	532	—	420	—	—	—	—	—	—	112
3.小型商业	8459	2149	3989	194	22	157	60	226	210	1452
4.附营单位	2123	1998	—	—	—	—	—	—	—	125

表7-20 城乡集市贸易情况

(1994年)

指标	单位	全市	城市	农村
一、集市总数	个	**57**	**21**	**36**
1.综合集市贸易市场	个	40	19	21
2.工业品市场	个	1	1	—
3.废旧物资和其他市场	个	16	1	15
二、集市贸易成交额	万元	**229388**	**171164**	**58224**
1.综合集市贸易成交额	万元	214690	165036	49654
2.工业品市场成交额	万元	6128	6128	—
3.废旧物资和其他成交额	万元	8570	—	8570
成交额中:				
(1)粮油类	万元	21316	15562	5754
(2)肉禽蛋品类	万元	88543	65732	22811
(3)水产品类	万元	33176	24185	8991
(4)蔬菜类	万元	31665	25892	5773
(5)干鲜果类	万元	27235	22568	4667
(6)饲料农具种苗类	万元	213	5	208
(7)家禽幼畜类	万元	2234	46	2188
(8)工业品类	万元	16512	9452	7060
(9)其他	万元	8494	7722	772

表7-21 全市城乡个体商业、饮食业、服务业、修理业情况

(1994年)

指标	户数（户）	人数（人）	销售总额或营业收入（万元）
一、商业	**20244**	**28457**	**346684**
其中：食品商业	11896	15743	125123
百货商业	6274	8584	81039
废旧物资收购	133	227	849
图书商业	64	108	396
二、饮食业	**2206**	**5680**	**55882**
三、服务业	**1620**	**3602**	**41004**
四、修理业	**1150**	**1756**	**8840**

8

外经、外贸旅游

表8-1 建市以来全市外经、外贸、旅游情况

年份	1.利用外资签订协议数（宗）	(1)对外借款（宗）	(2)外商直接投资（宗）	(3)外商其它投资（宗）	2.协议规定利用外资额（万美元）	(1)对外借款（万美元）	(2)外商直接投资（万美元）
1979	42	—	10	32	6520	—	4925
1980	85	—	9	76	6358	—	5552
1981	160	—	25	135	11653	—	11330
1982	165	—	15	150	103930	—	103515
1983	267	—	22	245	5863	—	5220
1984	626	—	127	499	11595	—	10538
1985	215	31	137	47	18637	5000	12787
1986	171	1	76	94	8111	2000	4819
1987	258	2	95	161	8836	4000	4205
1988	351	45	252	54	31187	16174	14036
1989	305	42	225	38	24182	11012	12840
1990	424	22	385	17	30085	3775	25584
1991	587	28	547	12	55415	3235	51751
1992	762	40	718	4	131468	12714	118684
1993	885	39	845	1	161311	12034	149238
1994	582	65	516	1	127266	24949	102287

表8-1续表1

年份	(3)外商其他投资（万美元）	3.实际利用外资额（万美元）	(1)对外借款（万美元）	(2)外商直接投资（万美元）	(3)外商其他投资（万美元）
1979	1595	418	—	—	418
1980	806	1575	—	1065	510
1981	323	1377	—	1308	69
1982	415	5649	—	5536	113
1983	643	2938	—	2593	345
1984	1057	12694	—	12457	237
1985	850	9104	3759	5262	83
1986	1292	7568	2591	4518	459
1987	631	6963	3088	3382	493
1988	977	21762	16174	4740	848
1989	330	16947	11012	5328	607
1990	746	10828	3755	6910	163
1991	429	16979	3235	13433	311
1992	70	32704	12714	19924	66
1993	39	56277	12034	44212	31
1994	30	76289	24949	51310	30

表8-1续表2

年份	4.外贸出口总值（万美元）	5.外贸进口总值（万美元）	6.接待旅游人数（万人）	7.旅游外汇收入（兑换券）（万元）	8.全市口岸出入境人数（万人）
1979	937	—	—	—	—
1980	1309	625	2.61	148	446
1981	1880	1250	4.80	620	504
1982	2098	1643	6.40	1377	466
1983	2448	4241	13.90	5193	544
1984	2319	4524	28.96	25405	732
1985	3337	11158	29.80	13520	1166
1986	7072	14260	34.30	21975	1687
1987	27372	16445	40.30	23524	1879
1988	42105	21520	38.30	32262	2141
1989	36508	16450	24.5	23303	1572
1990	48865	15967	37.7	43120	1550.5
1991	69903	42807	46.0	74815	1727.7
1992	92278	60291	44.2	85046	1896.3
1993	106008	74761	43.6	84594	2296.0
1994	148777	109634	41.9	101621	—

表8-2　建市以来特区外经、外贸、旅游情况

年份	1.利用外资签订协议数(宗)	(1)对外借款(宗)	(2)外商直接投资(宗)	(3)外商其它投资(宗)	2.协议规定利用外资额(万美元)	(1)对外借款(万美元)	(2)外商直接投资(万美元)
1979	42	—	10	31	6512	—	4925
1980	83	—	9	74	6346	—	5552
1981	150	—	24	126	11637	—	1330
1982	148	—	14	134	103873	—	103476
1983	251	—	18	233	5573	—	5040
1984	567	—	104	463	10850	—	9903
1985	137	2	114	21	17021	5000	11990
1986	100	1	70	29	6437	2000	4411
1987	132	2	73	57	7551	4000	3358
1988	290	45	197	48	27744	16174	10636
1989	268	42	192	34	20715	11012	9416
1990	386	22	347	17	28294	3755	23793
1991	536	28	496	12	53263	3235	49599
1992	670	40	626	4	122656	12714	109872
1993	735	39	695	1	144608	12034	132535
1994	503	65	437	1	112539	24949	87560

表8-2续表1

年份	(3)外商其他投资(万美元)	3.实际利用外资额(万美元)	(1)对外借款(万美元)	(2)外商直接投资(万美元)	(3)外商其他投资(万美元)
1979	1587	418	—	—	418
1980	794	1575	—	1065	510
1981	307	1367	—	1303	64
1982	397	5631	—	5528	103
1983	533	2905	—	2572	333
1984	947	12581	—	12356	225
1985	31	8834	3759	5017	58
1986	26	6950	2591	4333	26
1987	193	6338	3088	3115	135
1988	934	20198	16174	3587	437
1989	287	15578	11012	4296	270
1990	746	9605	3223	6219	163
1991	429	15660	3235	12114	311
1992	70	30033	12714	17253	66
1993	39	50633	12034	38568	31
1994	30	67239	24949	42260	30

表8-2续表2

年　份	4.外贸出口总值（万美元）	5.外贸进口总值（万美元）	6.接待旅游人数（万　人）	7.旅游外汇收入（兑换券）（万　元）
1979	—	—	—	—
1980	—	—	—	—
1981	—	—	—	—
1982	—	—	—	—
1983	—	—	—	—
1984	—	—	—	—
1985	2633	11142	27.8	13506
1986	5436	14151	33.1	21841
1987	25669	16029	37.1	23367
1988	40293	21003	36.3	32175
1989	34278	15953	23.5	23286
1990	45634	14777	34.3	43023
1991	62716	42505	44.5	74797
1992	86378	55753	42.3	85029
1993	—	—	41.7	84576
1994	—	—	—	—

表8-3 全市利用外资签约情况

单位:宗

指标	1993年		1994年		1994年比1993年±%	
	全市	特区	全市	特区	全市	特区
签订协议(合同)数	**885**	**735**	**582**	**503**	**-34.3**	**-31.6**
一、按投资方式分						
1.对外借款	39	39	65	65	66.7	66.7
其中:外国商业银行贷款	39	39	65	65	66.7	66.7
2.外商直接投资	845	695	516	437	-38.9	-37.1
(1)合资经营企业	448	372	262	228	-41.5	-38.7
(2)合作经营企业	246	193	148	122	-39.8	-36.8
(3)独资企业	151	130	106	87	-29.8	-33.0
3.外商其他投资	1	1	1	1	0	0
(1)补偿贸易	—	—	—	—	—	—
(2)加工装配引进设备	1	1	1	1	0	0
二、按国民经济行业分						
1.农林牧渔水利业	22	2	8	3	-63.6	50.0
2.工业	608	502	408	346	-32.9	-31.1
其中:(1)食品制造业	26	24	15	9	-42.3	-62.5
(2)饮料制造业	10	7	3	3	-70.0	-57.1
(3)纺织业	25	15	7	2	-72.0	-86.7
(4)缝纫业	79	58	54	38	-31.6	-34.5

表8-3续表1　　　　单位:宗

指　　标	1993年 全市	1993年 特区	1994年 全市	1994年 特区	1994年比1993年±% 全市	1994年比1993年±% 特区
(5)塑料制造业	32	24	16	15	-50.0	-37.5
(6)机械工业	55	48	31	29	-43.6	-39.6
(7)电子及通讯制造业	63	61	77	71	22.2	16.4
3.建筑业	55	51	40	38	-27.3	-25.5
4.交通运输邮电通讯业	2	1	4	4	100.0	300.0
5.商业、公共饮食业物资供销仓储业	57	45	41	37	-28.1	-17.8
6.房产、居民服务业、公共事业	101	94	54	48	-46.5	-48.9
7.教育、文化、广播电视事业	18	18	5	5	-72.2	-72.2
8.科研、综合技术、服务业	17	17	11	11	-35.3	-35.3
9.其它行业	5	5	11	11	120.0	120.0
三、按国别（地区）分						
香　港	419	361	267	233	-36.3	-35.5
澳　门	329	247	196	159	-40.4	-35.6
台　湾	41	36	26	24	-36.6	-33.3
日　本	26	26	36	36	38.5	38.5
新加坡	2	2	11	10	450.0	400.0
法　国	2	2	—	—	—	—
英　国	2	2	5	5	150.0	150.0

表8-3续表2 单位:宗

指标	1993年		1994年		1994年比1993年±%	
	全市	特区	全市	特区	全市	特区
加拿大	3	3	3	3	持平	持平
美国	37	34	19	16	-48.6	-52.9
澳大利亚	2	1	2	2	0	100.0
马来西亚	2	2	2	2	0	持平
泰国	8	7	2	1	-75.0	-85.7
新西兰	—	—	1	1	—	—
德国	1	1	1	1	0	0
朝鲜	—	—	—	—	—	—
巴拿马	—	—	1	—	—	—
印度尼西亚	1	1	—	—	—	—
洪都拉斯	—	—	—	—	—	—
荷兰	—	—	—	—	—	—
菲律宾	1	1	—	—	—	—
韩国	2	2	3	3	50.0	50.0
匈牙利	1	1	—	—	—	—
比利时	1	1	—	—	—	—
乌克兰	1	1	—	—	—	—
俄罗斯	2	2	—	—	—	—
英属维尔京	2	2	6	6	200.0	200.0
葡萄牙	—	—	1	1	—	—

表8-4 各县区利用外资签约情况

(1994年) 单位:宗

指标	市属	香洲区	万山区	三灶区	横琴区	珠海港区	平沙区	红旗区	斗门县
签订合同协议数	**355**	**88**	**18**	**15**	**10**	**3**	**7**	**7**	**79**
一、按投资方式分									
1.对外借款	65	—	—	—	—	—	—	—	—
其中:外国银行商业贷款	65	—	—	—	—	—	—	—	—
2.外商直接投资	289	88	18	15	10	3	7	7	79
(1)合资经营企业	162	27	14	6	8	2	6	3	34
(2)合作经营企业	46	59	4	6	2	—	1	3	26
(3)独资企业	81	2	—	3	—	1	—	1	19
3.外商其它投资	1	—	—	—	—	—	—	—	—
(1)补偿贸易	—	—	—	—	—	—	—	—	—
(2)加工装配引进设备	1	—	—	—	—	—	—	—	—
二、按国民经济行业分									
1.农林牧渔水利业	2	1	—	—	—	—	—	—	5
2.工业	237	76	9	10	3	2	3	6	62
其中:(1)食品制造业	6	3	—	—	—	—	—	—	6
(2)饮料制造业	2	—	—	1	—	—	—	—	—
(3)纺织业	2	—	—	—	—	—	—	—	5
(4)缝纫业	13	20	2	2	—	—	1	—	16
(5)塑料制造业	8	6	—	—	—	—	—	1	1
(6)机械工业	23	2	2	1	—	—	—	1	2
(7)电子及通讯制造业	58	8	2	—	1	—	1	1	6
3.建筑业	26	5	1	—	3	1	1	1	2
4.交通运输、邮电通讯业	3	—	1	—	—	—	—	—	—
5.商业、公共饮食业、物资供销业	29	3	1	1	1	—	2	—	4

表8-4续表1　　　　　　　　(1994年)　　　　　　　　单位:宗

指　　标	市属	香洲区	万山区	三灶区	横琴区	珠海港区	平沙区	红旗区	斗门县
6.房产、居民服务及公共事业	36	1	4	4	3	—	—	—	6
7.教育、文化、广播事业	5	—	—	—	—	—	—	—	—
8.科研、综合技术服务	7	2	2	—	—	—	—	—	—
9.其它	10	—	—	—	—	—	1	—	—
三、按国别(地区)分									
香港	163	35	10	9	4	2	5	5	34
澳门	100	47	4	4	5	—	—	2	37
台湾	19	2	2	—	—	1	—	—	2
日本	33	1	—	1	1	—	—	—	—
菲律宾	—	—	—	—	—	—	—	—	—
新加坡	8	1	—	—	—	—	1	—	1
法国	—	—	—	—	—	—	—	—	—
英国	5	—	—	—	—	—	—	—	—
加拿大	1	1	1	—	—	—	—	—	—
美国	15	—	1	—	—	—	—	—	3
比利时	—	—	—	—	—	—	—	—	—
意大利	—	—	—	—	—	—	—	—	—
马来西亚	2	—	—	—	—	—	—	—	—
澳大利亚	1	—	—	—	—	—	1	—	—
泰国	1	—	—	—	—	—	—	—	1
德国	1	—	—	—	—	—	—	—	—
印尼	—	—	—	—	—	—	—	—	—
其他	6	1	—	1	—	—	—	—	1

表8-5 协议(合同)规定利用外资额

单位:万美元

指标	1993年		1994年		1994年比1993年±%	
	全市	特区	全市	特区	全市	特区
协议(合同)规定利用外资额	**161131**	**144608**	**127266**	**112539**	**-21.0**	**-22.2**
一、按投资方式分						
1.对外借款	12034	12034	24949	24949	107.3	107.3
其中:外国银行商业贷款	12034	12034	24949	24949	107.3	107.3
2.外商直接投资	149238	132535	102287	87560	-31.5	-33.9
(1)合资经营企业	66212	54559	40315	33435	-39.1	-38.7
(2)合作经营企业	40517	37088	33655	30726	-16.9	-17.1
(3)独资企业	42509	40888	28317	23399	-33.4	-42.8
3.外商其它投资	39	39	30	30	-23.1	-23.1
(1)补偿贸易	—	—	—	—	—	—
(2)加工装配引进设备	39	39	30	30	-23.1	-23.1
二、按国民经济行业分						
1.农林牧渔水利业	694	114	752	526	8.4	361.4
2.工业	78900	69527	74714	66307	-5.3	-4.6
其中:(1)食品制造业	2181	2060	1556	1142	-28.7	-44.6
(2)饮料制造业	2209	539	95	95	-95.7	-82.4
(3)纺织业	4808	4089	6006	1183	24.9	-71.1
(4)缝纫业	4943	4133	3285	2189	-33.5	-47.0
(5)塑料制造业	2084	1492	1282	1102	-38.5	-26.1
(6)机械工业	15446	14817	5868	5542	-62.0	-62.6
(7)电子及通讯制造业	11795	11743	9814	7519	-16.8	-35.9
3.建筑业	12678	12098	5828	4202	-54.0	-65.3
4.交通运输、邮电通讯业	106	14	7676	7676	7141.5	54728.6
5.商业、公共饮食业、物资供销仓储业	8458	7311	5227	4860	-38.2	-33.5
6.房产、居民服务及公共事业	53460	49047	26801	22700	-49.9	-53.7
7.教育、文化、广播、电视事业	1188	1188	827	827	-30.4	-30.4
8.科研、综合技术服务业	1559	1559	446	446	-71.4	-71.4
9.其它行业	4268	3750	4995	4995	17.0	33.2

表8-5续表1 单位:万美元

指标	1993年		1994年		1994年比1993年±%	
	全市	特区	全市	特区	全市	特区
三、按国别(地区)分						
香港	75709	66630	59926	47358	-20.8	-28.9
澳门	48100	42527	25874	24357	-37.8	-42.7
台湾	4679	4225	1505	1246	-67.8	-70.5
日本	18038	18038	13737	13737	-23.8	-23.8
菲律宾	24	24	—	—	—	—
新加坡	147	147	9278	9217	6211.6	6170.1
法国	857	857	—	—	—	—
英国	2289	2289	1050	1050	-54.1	-54.1
加拿大	191	191	35	35	-81.7	-81.7
美国	5697	5514	2857	2574	-40.8	-53.3
韩国	130	130	45	45	-65.4	-65.4
澳大利亚	1457	77	2637	2637	80.9	3324.7
马来西亚	92	92	936	936	917.4	917.4
泰国	1230	1196	53	14	-95.7	-98.8
比利时	5	5	—	—	—	—
匈牙利	8	8	—	—	—	—
德国	80	80	278	278	247.5	247.5
新西兰	—	—	12	12	—	—
朝鲜	—	—	—	—	—	—
巴拿马	—	—	1138	1138	—	—
印度尼西亚	22	22	—	—	—	—
洪都拉斯	—	—	—	—	—	—
俄罗斯	1539	1539	—	—	—	—
乌克兰	8	8	—	—	—	—
英属维尔京	1009	1009	3534	3534	250.2	250.2
荷兰	—	—	—	—	—	—
其它	—	—	4371	4371	—	—

表8-6 各县、区协议(合同)规定利用外资额

(1994年)　　单位：万美元

指　　标	市属	香洲区	万山区	三灶区	横琴区	珠海港区	平沙区	红旗区	斗门县
协议（合同）规定利用外资额	86593	8251	5592	5553	774	1639	968	3069	14827
一、按投资方式分									
1.对外借款	24949	—	—	—	—	—	—	—	—
其中:外国银行商业贷款	24949	—	—	—	—	—	—	—	—
2.外商直接投资	61614	8251	5592	5553	774	1639	968	3069	14827
(1)合资经营企业	23448	3783	2088	631	498	969	832	343	7723
(2)合作经营企业	16096	4107	3504	4677	276	—	136	2710	2149
(3)独资企业	22070	361	—	245	—	670	—	16	4955
3.外商其它投资	30	—	—	—	—	—	—	—	—
(1)补偿贸易	—	—	—	—	—	—	—	—	—
(2)加工装配引进设备	30	—	—	—	—	—	—	—	—
二、按国民经济行业分									
1.农林牧渔水利业	134	392	—	—	—	—	—	—	226
2.工业	51993	7074	1437	649	307	1535	267	3045	8507
其中:(1)食品制造业	544	223	—	375	—	—	—	—	414
(2)饮料制造业	35	—	—	60	—	—	—	—	—
(3)纺织业	1183	—	—	—	—	—	—	—	4823
(4)缝纫业	711	993	32	33	—	—	136	284	1096
(5)塑料制造业	550	552	—	—	—	—	—	—	180
(6)机械工业	4918	329	79	200	—	—	—	16	326
(7)电子及通讯制造业	4403	1988	1077	—	23	—	19	9	2295
3.建筑业	3775	248	14	—	38	104	—	24	1625
4.交通运输、邮电通讯业	4676	—	3000	—	—	—	—	—	—

表8-6续表1　　(1994年)　　单位:万美元

指　　标	市属	香洲区	万山区	三灶区	横琴区	珠海港区	平沙区	红旗区	斗门县
5.商业、公共饮食业、物资供销仓储业	4108	517	47	14	60	—	114	—	367
6.房产、居民服务及公共事业	15935	520	986	4890	369	—	—	—	4101
7.教育、文化、广播、电视事业	827	—	—	—	—	—	—	—	—
8.科研、综合技术服务业	338	—	108	—	—	—	—	—	—
9.其它行业	4408	—	—	—	—	—	587	—	—
三、按国别(地区)分									
香　港	29747	3986	3793	4894	417	1369	367	2785	12568
澳　门	19850	2980	670	434	139	—	—	284	1517
台　湾	963	106	77	—	—	100	—	—	259
日　本	12869	450	—	200	218	—	—	—	—
澳大利亚	2623	—	—	—	—	—	15	—	—
新加坡	8625	5	—	—	—	—	587	—	61
法　国	—	—	—	—	—	—	—	—	—
英　国	1050	—	—	—	—	—	—	—	—
加拿大	12	17	6	—	—	—	—	—	—
美　国	1528	—	1046	—	—	—	—	—	283
比利时	—	—	—	—	—	—	—	—	—
意大利	—	—	—	—	—	—	—	—	—
马来西亚	936	—	—	—	—	—	—	—	—
泰　国	14	—	—	—	—	—	—	—	39
德　国	278	—	—	—	—	—	—	—	—
印　尼	—	—	—	—	—	—	—	—	—
其　他	8098	707	—	25	—	170	—	—	100

表8-7 实际利用外资情况

单位:万美元

指标	1993年		1994年		1994年比1993年±%	
	全市	特区	全市	特区	全市	特区
实际利用外资额	56277	50633	76289	67239	35.6	32.8
一、按投资方式分						
1.对外借款	12034	12034	24949	24949	107.3	107.3
其中:外国银行商业贷款	12034	12034	24949	24949	107.3	107.3
2.外商直接投资	44212	38568	51310	42260	16.1	9.6
(1)合资经营企业	17507	15272	19362	15737	10.6	3.0
(2)合作经营企业	10659	9298	14443	11331	35.5	21.9
(3)独资企业	16046	13997	17505	15192	9.1	8.5
3.外商其它投资	31	31	30	30	-3.2	-3.2
(1)补偿贸易	—	—	—	—	—	—
(2)加工装配引进设备	31	31	30	30	-3.2	-3.2
二、按国民经济行业分						
1.农林牧渔水利业	28	28	30	30	7.1	7.1
2.工业	35004	—	61275	52280	75.1	—
其中:(1)食品制造业	483	—	—	—	—	—
(2)饮料制造业	67	—	—	—	—	—
(3)纺织业	155	—	—	—	—	—
(4)缝纫业	497	—	25	25	-94.9	—
(5)塑料制造业	588	—	120	120	-79.6	—
(6)机械工业	7282	—	—	—	—	—
(7)电子及通讯制造业	4403	—	—	—	—	—
3.建筑业	5025	—	840	840	-83.3	—
4.交通运输、邮电通讯业	2781	—	127	127	-95.4	—

表8-7续表1

单位:万美元

指标	1993年		1994年		1994年比1993年±%	
	全市	特区	全市	特区	全市	特区
5.商业公共饮食业物资供销仓储业	1351	—	1311	1256	-2.9	—
6.房产、居民服务及公共事业	10344	—	6793	6793	-34.3	—
7.教育、文化、广播电视事业	82	—	35	35	-57.3	—
8.科研、综合技术服务业	42	—	25	25	-40.5	—
9.其它行业	1620	—	5853	5853	261.3	—
三、按国别(地区)分						
香港	24978	—	40815	31910	63.4	—
澳门	18569	—	12285	12140	-33.8	—
台湾	1089	—	511	511	-53.1	—
日本	9319	—	9379	9379	0.6	—
泰国	157	—	2	2	-98.7	—
新加坡	74	—	9103	9103	12201.4	—
法国	25	—	—	—	—	—
英国	—	—	1050	1050	—	—
韩国	30	—	100	100	233.3	—
美国	1654	—	1860	1860	12.5	—
俄罗斯	38	—	—	—	—	—
德国	31	—	—	—	—	—
荷兰	—	—	—	—	—	—
朝鲜	—	—	—	—	—	—
洪都拉斯	21	—	—	—	—	—
巴拿马	197	—	86	86	-56.3	—
澳大利亚	95	—	622	622	554.7	—
其他	—	—	476	476	—	—

表8-8 外商直接投资项目情况

单位:万美元

指标	1993年		1994年		1994年比1993年±%	
	全市	特区	全市	特区	全市	特区
一、新签订协议(合同)数(宗)	**845**	**659**	**516**	**437**	**-38.9**	**-33.7**
(一)按国民经济行业分						
1.农林牧渔水利业	22	2	8	3	-63.6	50.0
2.工业	571	465	344	282	-39.8	-39.4
其中:(1)食品制造业	26	24	15	9	-42.3	-62.5
(2)饮料制造业	10	7	3	3	-70.0	-57.1
(3)纺织业	25	15	7	2	-72.0	-86.7
(4)缝纫业	79	58	54	38	-31.6	-34.5
(5)塑料制造业	32	24	16	14	-50.0	-41.7
(6)机械工业	55	48	31	29	-43.6	-39.6
(7)电子及通讯制造业	63	61	77	71	22.2	16.4
3.建筑业	55	51	40	38	-27.3	-25.5
4.交通运输邮电通讯业	2	1	4	4	100.0	300.0
5.商业公共饮食物资供销仓储业	57	45	41	37	-28.1	-17.7
6.房屋、居民服务及公共事业	101	94	54	48	-46.5	-48.9
7.教育、文化、广播电视事业	18	18	5	5	-72.2	-72.2
8.科研、综合技术服务业	17	17	9	9	-47.1	-47.1
9.其他	2	2	11	11	450.0	450.0
(二)按国别分						
香港	408	350	263	229	-35.5	-34.6
澳门	319	237	174	137	-45.5	-42.2
台湾	41	36	25	23	-39.0	-36.1
日本	7	7	8	8	14.3	14.3

表8-8续表1

指标	1993年		1994年		1994年比1993年±%	
	全市	特区	全市	特区	全市	特区
菲律宾	1	1	—	—	—	—
泰国	8	7	2	1	-75.0	-85.7
印尼	1	1	—	—	—	—
朝鲜	—	—	—	—	—	—
韩国	2	2	3	3	50.0	50.0
英国	2	2	—	—	—	—
新加坡	2	2	9	8	350.0	300.0
法国	2	2	—	—	—	—
马来西亚	2	2	2	2	持平	持平
加拿大	3	3	3	3	持平	持平
美国	37	34	16	13	-56.8	-61.8
澳大利亚	2	1	2	2	持平	100.0
德国	1	1	1	1	持平	持平
比利时	1	1	—	—	—	—
匈牙利	1	1	—	—	—	—
俄罗斯	2	2	—	—	—	—
乌克兰	1	1	—	—	—	—
巴拿马	—	—	1	—	—	—
英属维尔京	2	2	6	6	200.0	200.0
新西兰	—	—	1	1	—	—
二、协议(合同)规定外商投资额(万美元)	**149238**	**132535**	**102287**	**87560**	**-31.5**	**-33.9**
(一)按国民经济行业分						
1.农林牧渔水利业	694	114	752	526	8.4	361.4
2.工业	71209	61834	49993	41328	-29.8	-33.2

表8-8续表2　　单位:万美元

指标	1993年		1994年		1994年比1993年±%	
	全市	特区	全市	特区	全市	特区
其中:(1)食品制造业	2181	2060	1556	1142	-28.7	-44.6
(2)饮料制造业	2209	539	95	95	-95.7	-82.4
(3)纺织业	4808	4089	6006	1183	24.9	-71.2
(4)缝纫业	4943	4133	3285	2189	-32.2	-47.0
(5)塑料制造业	2084	1492	1282	1102	-38.5	-26.1
(6)机械工业	15446	14817	5868	5542	-62.0	-62.6
(7)电子及通讯制造业	11795	11743	9814	7519	-16.8	-35.9
3.建筑业	12418	11838	5828	4202	-16.8	-64.5
4.交通运输邮电通讯业	106	14	7676	7676	7141.5	54728.6
5.商业、公共饮食业、物资供销仓储业	8386	7239	5227	4860	-37.7	-32.7
6.房屋、居民服务及公共事业	53062	48133	26543	22700	-49.9	-52.8
7.教育、文化、广播电视业	1804	1804	827	827	-54.2	-54.2
8.科研、综合技术服务业	1559	1559	446	446	-71.4	-71.4
9.其他	—	—	4995	4995	—	—
(二)按国别(地区)分						
香港	74124	65044	56997	47311	-23.1	-25.9
澳门	43920	38347	21477	19960	-51.1	-53.9
台湾	4796	4342	1275	1016	-73.4	-76.6
日本	14796	14796	5911	5911	-60.1	-60.1
泰国	1230	1199	53	14	-95.7	-98.8
印尼	22	22	—	—	—	—
新加坡	148	148	5977	5959	3938.5	3926.4
朝鲜	—	—	—	—	—	—

表8-8续表3　　单位:万美元

指标	1993年		1994年		1994年比1993年±%	
	全市	特区	全市	特区	全市	特区
菲律宾	24	24	—	—	—	—
马来西亚	92	92	936	936	917.4	917.4
韩国	130	130	45	45	-65.4	-65.4
法国	38	38	—	—	—	—
巴拿马	—	—	1138	661	—	—
加拿大	191	191	35	35	-81.7	-81.7
美国	5697	5512	1982	1699	-65.2	-69.2
匈牙利	9	9	—	—	—	—
比利时	5	5	—	—	—	—
俄罗斯	1456	1456	—	—	—	—
乌克兰	8	8	—	—	—	—
德国	81	81	278	278	243.2	243.2
英国	1014	1014	—	—	—	—
澳大利亚	1457	77	2637	2637	—	—
其它	—	—	3546	1098	—	—
三、实际利用外资额(万美元)						
(一)按国民经济行业分						
1.农、林、牧、渔水利业	28	—	30	30	7.1	—
2.工业	12826	—	36296	36151	182.9	—
其中:(1)食品制造业	482	—	—	—	—	—
(2)饮料制造业	67	—	3	3	-95.5	—
(3)纺织业	155	—	7	7	-95.5	—
(4)缝纫业	497	—	308	283	-38.0	—
(5)塑料制造业	589	—	354	234	-39.9	—

表8-8续表4 单位:万美元

指标	1993年		1994年		1994年比1993年±%	
	全市	特区	全市	特区	全市	特区
(6)机械工业	7284	—	455	455	-93.8	—
(7)电子及通讯制造业	4403	—	1458	1458	-66.9	—
3.建筑业	5025	—	840	840	-83.3	—
4.交通运输邮电通讯业	2781	—	127	127	-95.4	—
5.商业、公共饮食业、物资供销仓储业	1351	—	1311	1256	-2.9	—
6.房屋、居民服务及公共事业	9801	—	6793	6793	-30.6	—
7.教育、文化、广播电视业	82	—	35	35	-57.3	—
8.科研、综合技术服务业	42	—	25	25	-40.5	—
9.其他	—	—	5853	5853	—	—
(二)按国别(地区)分						
香港	21017	—	37885	37830	80.3	—
澳门	13708	—	4432	4287	-67.7	—
台湾	1089	—	281	281	-74.2	—
日本	6077	—	1553	1553	-74.4	—
俄罗斯	38	—	—	—	—	—
新加坡	73	—	5803	5803	7849.3	—
法国	25	—	—	—	—	—
德国	31	—	—	—	—	—
韩国	30	—	100	100	233.3	—
美国	1654	—	470	470	-71.6	—
巴拿马	197	—	86	86	-56.3	—
洪都拉斯	21	—	—	—	—	—
泰国	157	—	2	2	-98.7	—
其它	—	—	698	698	—	—

表8-9 各县、区外商直接投资项目情况

(1994年)　　　　单位:宗

指　　标	市 属	香洲区	万山区	三灶区	横琴区	珠海港区	平沙区	红旗区	斗门县
新签协议(合同)数	**289**	**88**	**18**	**15**	**10**	**3**	**7**	**7**	**79**
一、按国民经济行业分									
1.农、林、牧、渔水利业	2	1	—	—	—	—	—	—	5
2.工业	171	78	9	10	3	2	3	6	62
其中:(1)食品制造业	5	3	—	1	—	—	—	—	6
(2)饮料制造业	2	—	—	1	—	—	—	—	—
(3)纺织业	2	—	—	—	—	—	—	—	5
(4)缝纫业	13	20	2	2	—	—	1	2	16
(5)塑料制造业	8	6	—	—	—	—	—	1	1
(6)机械工业	7	2	2	1	—	—	—	1	2
(7)电子及通讯制造业	31	8	2	—	1	—	1	1	6
3.建筑业	26	5	1	—	3	1	1	1	2
4.交通运输邮电通讯业	3	—	1	—	—	—	—	—	—
5.商业、公共饮食业、物资供销仓储业	29	3	1	1	1	—	2	—	4
6.房屋、居民服务及公共事业	26	1	4	4	3	—	—	—	6
7.教育、文化、广播电视业	5	—	—	—	—	—	—	—	—
8.科研、综合技术服务业	7	—	2	—	—	—	—	—	—
9.其他	20	—	—	—	—	—	1	—	—
(二)按国别(地区)分									
香　港	159	35	10	9	4	2	5	5	34
澳　门	75	47	4	4	5	—	1	2	37
台　湾	18	2	2	—	—	1	—	—	2
日　本	5	1	—	1	1	—	—	—	—
英　国	—	—	—	—	—	—	—	—	—

表8-9续表1　　(1994年)　　单位:宗

指　　　标	市属	香洲区	万山区	三灶区	横琴区	珠海港区	平沙区	红旗区	斗门县
印　尼	—	—	—	—	—	—	—	—	—
泰　国	1	—	—	—	—	—	—	—	1
马来西亚	2	—	—	—	—	—	—	—	—
新加坡	6	1	—	—	—	—	1	—	1
法　国	—	—	—	—	—	—	—	—	—
德　国	1	—	—	—	—	—	—	—	—
加拿大	1	1	1	—	—	—	—	—	—
美　国	12	—	1	—	—	—	—	—	3
澳大利亚	1	—	—	—	—	—	1	—	—
其　他	8	1	—	1	—	—	—	—	1
二、协议(合同)规定外商投资额	**61614**	**8251**	**5592**	**5553**	**774**	**1639**	**968**	**3069**	**14827**
(一)按国民经济行业分									
1.农林牧渔水利业	138	388	—	—	—	—	—	—	226
2.工业	27668	6578	1437	649	307	1535	267	3045	8507
其中:(1)食品制造业	544	223	—	375	—	—	—	—	414
(2)饮料制造业	35	—	—	60	—	—	—	—	—
(3)纺织业	1183	—	—	—	—	—	—	—	4823
(4)缝纫业	711	993	32	33	—	—	136	284	1096
(5)塑料制造业	550	552	—	—	—	—	—	—	180
(6)机械工业	4918	329	79	200	—	—	—	16	326
(7)电子及通讯制造业	4403	1988	1077	—	23	—	19	9	2295
3.建筑业	3775	248	14	—	38	104	—	24	1625
4.交通运输邮电通讯业	4676	—	3000	—	—	—	—	—	—
5.商业、公共饮食业、物资供销仓储业	4108	517	47	14	60	—	114	—	367

表8-9续表2　　　　(1994年)　　　　单位:宗

指标	市属	香洲区	万山区	三灶区	横琴区	珠海港区	平沙区	红旗区	斗门县
6.房屋、居民服务及公共事业	15935	520	986	4890	369	—	—	—	4101
7.教育、文化、广播电视业	827	—	—	—	—	—	—	—	—
8.科研、综合技术服务业	338	—	108	—	—	—	—	—	—
9.其他	4408	—	—	—	—	—	587	—	—
(二)按国别(地区)分	61614	8251	5592	5553	774	1639	968	3069	14827
香港	29753	3933	3793	4894	417	1369	367	2785	9686
澳门	15453	2980	670	434	139	—	—	284	1517
台湾	733	106	77	—	—	100	—	—	259
日本	5043	450	—	200	218	—	—	—	—
泰国	14	—	—	—	—	—	—	—	39
马来西亚	936	—	—	—	—	—	—	—	—
菲律宾	—	—	—	—	—	—	—	—	—
新加坡	5368	5	—	—	—	—	587	—	18
印尼	—	—	—	—	—	—	—	—	—
澳大利亚	2623	—	—	—	—	—	15	—	—
韩国	21	—	—	25	—	—	—	—	—
法国	—	—	—	—	—	—	—	—	—
英国	—	—	—	—	—	—	—	—	—
加拿大	12	17	6	—	—	—	—	—	—
美国	653	—	1046	—	—	—	—	—	283
匈牙利	—	—	—	—	—	—	—	—	—
比利时	—	—	—	—	—	—	—	—	—
乌克兰	—	—	—	—	—	—	—	—	—
俄罗斯	—	—	—	—	—	—	—	—	—
德国	278	—	—	—	—	—	—	—	—
其它	727	760	—	—	—	170	—	—	3025

表8-10 对外贸易进出口情况

单位:万美元

指标	1993年	1994年
	全市	全市
一、外贸出口总值	**106008**	**148777**
1.外贸专业公司	9883	10022
2.地方进出口公司	26496	53125
3.“三资”企业	66453	83691
4.来料加工	1396	1939
5.补偿贸易	410	—
6.边境小额贸易	1370	—
二、外贸进口总值	**74761**	**109634**
1.外贸专业公司	966	995
2.地方进出口公司	23831	40117
3.“三资”企业	49964	68522
4.补偿贸易	—	—

表8-11 全市涉外宾馆(酒店)接待过夜外国人数

单位:人

国别	1993年	1994年	1994年比1993年 ±%
合计	**51427**	**74658**	**45.2**
日本	18490	33509	81.2
菲律宾	897	2447	172.8
新加坡	1530	1844	20.5
泰国	893	694	-22.3
印尼	232	441	90.1
美国	4071	6898	69.4
加拿大	1484	1385	-6.7
英国	1373	2602	89.5
法国	5925	2219	-62.5
德国	3275	2397	-26.8
意大利	817	1629	99.4
俄罗斯	173	204	17.9
澳大利亚	1442	5183	259.4
新西兰	216	274	26.9
其他	5274	7605	44.9

表8-12 接待旅游人数及旅游外汇收入

指标	单位	1993年			1994年		
		全市	市区	斗门	全市	市区	斗门
一、接待旅游人数	**万人**	**43.6**	**41.7**	**1.9**	**41.9**	**40.1**	**1.8**
1.外国人	万人	5.1	5.1	—	7.5	7.5	—
2.华侨	万人	0.3	0.3	—	0.7	0.7	—
3.港澳台同胞	万人	38.2	36.3	1.9	31.4	29.6	1.8
二、旅游外汇收入(外汇券)	**万元**	**84594**	**84576**	**18**	**101621**	**101600**	**21**
1.商品性外汇收入	万元	76763	76761	2	87878	87877	1
⑴商品销售外汇收入	万元	74914	74914	—	84633	84633	—
⑵饮食销售外汇收入	万元	1724	1722	2	3245	3244	1
2.劳务性外汇收入	万元	7831	7815	16	13743	13723	20
⑴旅行社旅游业务费	万元	1077	1077	—	1189	1189	—
⑵宿费	万元	4746	4730	16	9077	9060	17
⑶市内及长途交通费	万元	825	825		810	810	—
⑷邮政电讯费	万元	136	136	—	255	255	—
⑸文化娱乐费	万元	794	794	—	1431	1428	3
⑹其他	万元	253	253	—	981	981	—

表8-13 主要商品出口金额

单位:万美元

商品	合计	市属地方公司	三资企业
豆类	128	128	—
活畜禽类	3484	2297	1187
肉食类	232	—	232
水产类	818	693	125
水果	—	—	—
果干果葡类	—	—	—
干果及制品	—	—	—
蔬菜	776	397	379
干菜及制品	—	—	—
罐头	—	—	—
糖类	—	—	—
糖果饼干类	—	—	—
酒	—	—	—
调味品	—	—	—
米、面、豆制品	71	71	—
食品工业原料	—	—	—
其他食品	2189	1683	506
植物性饲料	73	—	73
茶叶	—	—	—
香调料	—	—	—
竹、叶、棕及制品	—	—	—
花类及观赏动物	—	—	—
羽绒及制品	—	—	—

表8-13续表1

单位:万美元

商品	合计	市属地方公司	三资企业
革皮及制品	—	—	—
裘皮及制品	1142	—	1142
绒毛	—	—	—
成材	—	—	—
板及制品	—	—	—
生药	204	204	—
中成药	—	—	—
丝类	—	—	—
化学纤维	777	354	423
废棉及纤维	—	—	—
毛纱及毛线	800	—	800
棉布	3608	2804	804
化纤混纺布	—	—	—
棉织品	1064	1064	—
棉针织品	4513	3135	1378
毛针织品	1635	—	1635
其他纺织品	3672	1738	1934
绸缎	—	—	—
真丝针织品	329	329	—
棉布服装	5879	3847	2032
棉涤纶服装	608	608	—
化纤服装	1419	—	1419

表8-13续表2 单位:万美元

商品	合计	市属地方公司	三资企业
真丝绸服装	1738	670	1068
其它服装	5523	2858	2665
其它抽纱品	—	—	—
金属器具	—	—	—
鞋类	4755	—	4755
皮件	—	—	—
钟表	934	—	934
日用五金、百货	1042	—	1042
塑料制品	524	212	312
纸张、纸浆	360	—	360
纸制品	—	—	—
文教用品	288	—	288
办公用品	219	—	219
玩具	1048	325	723
建材杂品	—	—	—
家用电器	4936	2674	2262
电视机、音响设备	5092	771	4321
照相机、电影器材	9466	128	9338
其它轻工产品	8340	2759	5581
新花日用瓷	495	376	119
其它瓷	514	419	95
特种工艺品	614	—	614

表8-13续表3 单位:万美元

商品	合计	市属地方公司	三资企业
日用工艺品	1237	643	594
家具类	413	413	—
草柳竹藤制品	—	—	—
其它工艺品	1344	1135	209
钢材	204	204	—
金属制品	110	110	—
小五金	1942	721	1221
有色金属矿产品	813	813	—
有色金属材及制品	1506	1506	—
建筑材料	2648	922	1726
耐火材料	547	547	—
其它非金属矿产品制品	—	434	60
化工原料	1262	687	575
橡胶制品	—	—	—
医药原料	1014	859	155
船舶	—	—	—
汽车零件	—	—	—
动力机械	667	667	—
金工机械	—	—	—
其它机械	—	—	—
工具	—	—	—
电讯设备	30655	3529	27126
其他	12651	9391	3260

9

财政、金融、保险

表9-1 建市以来全市财政收支情况

单位: 万元

年份	一、预算内财政收入	1.工商税收	2.农业税及农林特产税	3.耕地占用税	4.契税	5.国营企业所得税及调节税	6.国营企业上缴利润
1979	2388	2006	299	—	—	54	-46
1980	3652	2745	297	—	—	43	503
1981	6696	5528	282	—	—	232	523
1982	7647	6302	311	—	—	198	507
1983	8944	7758	317	—	—	274	442
1984	17308	14756	300	—	—	700	1064
1985	30333	28351	357	—	—	1706	23
1986	17231	14067	375	—	—	850	411
1987	21723	18338	414	14	—	1659	30
1988	43750	39425	419	112	2	1796	226
1989	54530	49977	494	68	2	1810	496
1990	44434	38448	582	26	64	1734	651
1991	62241	49626	674	173	433	2119	657
1992	80706	69084	858	99	723	2009	623
1993	147781	127173	845	451	784	2099	542
1994	131649	93733	1471	327	1895	1121	1155

表9-1续表1　　单位: 万元

年份	7.教育附加费收入	8.国营企业计划亏损补贴	二、上级补助收入	三、预算内财政支出	1.基本建设支出	2.企业挖潜改造资金	3.科技三项费用
1979	—	—	—	2338	—	35	—
1980	—	—	—	2980	462	43	—
1981	—	—	—	5092	1637	195	—
1982	—	—	—	6178	1831	61	—
1983	—	—	—	7757	2129	62	—
1984	—	-411	—	16959	6865	232	—
1985	—	-1111	1998	27307	18158	1985	35
1986	—	-826	2086	18383	6773	824	55
1987	—	-748	2258	23393	9490	800	88
1988	—	-835	3472	41935	21631	563	116
1989	—	-874	4015	51674	15287	1162	280
1990	223	-825	17983	55425	6817	4086	240
1991	787	-625	16495	70881	12179	1376	424
1992	948	-609	18684	87989	13501	949	1274
1993	1861	-1106	16607	157753	14814	5895	999
1994	2767	-674	46582	145704	9966	1371	1127

注: 1994年财政收入按新口径计算。

表9-1续表2 单位:万元

年份	4.支援农村生产支出	5.城市维护费	6.文教卫生事业费	7.科学事业费	8.行政管理费	9.价格补贴支出	10.环境保护补助资金	11.教育附加费支出
1979	411	168	443	—	329	—	—	—
1980	336	259	615	—	474	—	—	—
1981	511	281	754	—	549	—	—	—
1982	428	985	882	—	572	—	—	—
1983	197	1200	1110	—	825	—	—	—
1984	1285	2436	1475	—	1367	—	—	—
1985	1082	1093	2351	31	1666	162	—	—
1986	803	897	2919	31	2032	485	66	—
1987	1528	935	3282	55	2034	985	94	—
1988	1482	1354	4775	88	2050	1032	83	—
1989	1674	1772	6063	135	2814	1154	55	—
1990	2201	2153	7539	169	3210	1210	108	223
1991	2529	2501	8743	241	4092	1017	206	787
1992	2623	3624	14612	810	6396	680	401	948
1993	4078	6712	21756	628	10663	1744	655	1861
1994	2982	7723	28510	611	13786	2009		

表9-2 建市以来市区财政收支情况

单位:万元

年份	一、预算内财政收入	1.工商税收	2.农业税及农林特产税	3.耕地占用税	4.契税	5.国营企业所得税及调节税	6.国营企业上缴利润
1979	781	567	82	—	—	136	58
1980	1522	1010	88	—	—	130	323
1981	3838	3003	67	—	—	299	417
1982	4993	3930	84	—	—	282	464
1983	6291	4907	87	—	—	322	552
1984	14805	13268	88	—	—	1010	139
1985	28452	26930	84	—	—	614	—
1986	14012	11815	103	—	—	1165	372
1987	17783	15570	116	—	—	175	29
1988	38978	35931	66	—	—	910	219
1989	49422	46061	147	32	—	1056	487
1990	38951	34314	239	16	23	1091	643
1991	54035	44324	273	88	366	1360	654
1992	70710	61817	354	66	578	1458	622
1993	130179	111171	320	366	669	1588	542
1994	119735	84767	546	237	1735	—	1155

表9-2续表1　　　　单位:万元

年　份	7.教育附加费收入	8.国营企业计划亏损补　贴	二、上级补助　收　入	三、预算内财政支出	1.基本建设支　　出	2.企业挖潜改造资金	3.科技三项费　　用
1979	—	—	—	1373	—	35	—
1980	—	—	—	2017	462	37	—
1981	—	—	—	3888	1637	175	—
1982	—	—	—	4979	1831	41	—
1983	—	—	—	6236	2129	59	—
1984	—	-51	—	14869	6728	227	—
1985	—	-665	—	24478	17680	2325	—
1986	—	-592	—	14130	5815	800	—
1987	—	-537	—	18537	8621	735	—
1988	—	-588	—	36092	20897	453	—
1989	—	-624	2652	45550	14934	1099	274
1990	197	-583	16527	48882	6281	4043	234
1991	611	-409	15112	60874	11888	1246	414
1992	713	-400	17966	76050	13269	949	1269
1993	1472	-480	16159	138674	14636	5267	994
1994	2339	-630	42389	129233	9866	1321	1094

表9-2续表2　　单位:万元

年份	4.支援农村生产支出	5.城市维护费	6.文教卫生事业费	7.科学事业费	8.行政管理费	9.价格补贴支出	10.环境保护补助资金	11.教育附加费支出
1979	—	108	237	—	215	—	—	—
1980	—	247	367	—	288	—	—	—
1981	—	266	447	—	366	—	—	—
1982	—	956	504	—	387	—	—	—
1983	—	1156	599	—	476	—	—	—
1984	1066	2203	869	—	1028	—	—	—
1985	857	883	1696	—	1039	—	—	—
1986	715	747	2128	—	1544	—	—	—
1987	780	808	2379	—	1801	—	—	—
1988	775	1200	3337	—	1586	—	—	—
1989	954	1636	4568	130	2326	860	25	—
1990	1378	2039	5852	164	2581	916	64	197
1991	1822	2375	6774	224	3228	582	146	611
1992	1904	3479	11503	785	5288	527	315	713
1993	2431	6585	16888	601	8059	1567	577	1472
1994	2137	7533	24096	583	11908	902	978	2339

表9-3 财政收支情况

单位:万元

指标	1993年		1994年	
	全市	特区	全市	特区
一、预算内财政收入	**147781**	**130179**	**131649**	**119735**
1.工商税收	127173	111171	93733	84767
2.农业税	747	266	1266	466
3.农林特产税	98	54	205	80
4.耕地占用税	451	366	327	237
5.契税	784	669	1895	1735
6.国营企业所得税	1304	793	1121	—
7.国营企业调节税	795	795	—	—
8.国营企业上缴利润	542	542	1155	1155
9.国营企业计划亏损补贴	-1106	-480	-674	-630
10.其它收入	14471	13948	14941	14599
11.征收排污费收入	661	583	1153	1000
12.教育附加费收入	1861	1472	2767	2339
13.社会保险基金收入	4722	3753	—	- 42389
二、上级补助收入	**16607**	**16159**	**46582**	

注: 1994年财政收入按新口径计算,与上年不可比。

表9-3续表1　　单位:万元

指　　标	1993年		1994年	
	全市	特区	全市	特区
三、预算内财政支出	**157753**	**138674**	**145704**	**129233**
1.基本建设支出	14814	14636	9966	9866
2.企业挖潜改造资金	5895	5267	1371	1321
3.科技三项费用	999	994	1127	1094
4.支援农村生产支出	4078	2431	2982	2137
5.农林水气部门事业费	5058	4552	5871	5028
6.工交部门事业费	1252	1199	1658	1628
7.商业部门事业费	149	149	197	197
8.城市维护费	6712	6585	7723	7533
9.文教卫生事业费	21756	16888	28510	24096
10.科学事业费	628	601	611	583
11.其它部门事业费	11721	11177	9371	8703
12.抚恤和社会救济事业费	2099	1596	1894	1573
13.行政管理费	10663	8059	13786	11908
14.公检法支出	10758	9911	15729	14655
15.价格补贴支出	1744	1567	2009	902
16.支援不发达地区资金	1587	1459	487	277
17.其它支出	55314	49554	38514	34415
18.环境保护补助资金	655	577	1131	978
19.教育附加费支出	1861	1472	2767	2339
20.社会保险基金支出	4722	3753	—	—

表9-4 建市以来全市金融情况

单位：万元

年份	一、存款余额合计	1.财政性存款	2.企业存款	3.城乡储蓄存款	二、贷款余额合计	1.工业贷款	2.商业贷款
1979	9341	—	—	3020	7906	—	—
1980	16792	—	—	4148	15257	—	—
1981	23441	—	—	6489	32129	—	—
1982	27506	—	—	8861	33467	—	—
1983	44221	—	—	12569	63246	—	—
1984	122395	—	—	21638	205799	—	—
1985	91462	7445	52127	34868	211323	27882	102223
1986	134192	10497	69788	48628	251991	39561	103339
1987	187489	9667	83998	70945	358254	55182	119781
1988	287179	11137	134204	107558	461245	78481	156542
1989	313031	13131	127712	137531	496593	86838	166649
1990	404391	14052	160188	189231	605926	115396	197605
1991	589680	15355	243330	267258	709065	140516	224631
1992	1333265	30512	558937	449232	1052412	214665	377487
1993	1437322	39270	504620	674132	1351595	275758	475050
1994	1776533	43571	776141	903454	1535923	316126	326784

表9-4续表1

单位:万元

年份	3.建筑业贷款	4.农业贷款	5.固定资产投资贷款	三、现金收入合计	1.商品销售收入	2.服务事业收入	3.税款收入
1979	—	—	—	9267	—	—	
1980	—	—	—	19394	—	—	
1981	—	—	—	29587	—	—	
1982	—	—	—	33360	—	—	
1983	—	—	—	44383	—	—	
1984	—	—	—	66209	—	—	
1985	2877	19684	41019	108177	42203	8735	1971
1986	4449	26975	56670	128660	45510	10181	2525
1987	6349	30326	66335	196574	649594	133709	54679
1988	26996	37168	66004	404167	118496	26219	10731
1989	27313	45010	65783	471647	124438	29788	6069
1990	27868	55323	75687	582359	142089	36112	8083
1991	29623	67358	83502	898855	195830	54969	13955
1992	39152	102492	89061	2002781	328538	96797	18393
1993	68577	117517	91529	3147031	487437	144248	18350
1994	58500	73051	225804	3428748	511017	185993	20319

表9-4续表2　　单位:万元

年份	4.储蓄存款收入	四、现金支出合计	1.工资性支出	2.农副产品收购支出	3.工矿产品采购支出	4.行政企业采购支出	5.储蓄存款支出	五、现金净投放
1979	—	11039	—	—	—	—	—	—
1980	—	23581	—	—	—	—	—	—
1981	—	38505	—	—	—	—	—	—
1982	—	39005	—	—	—	—	—	—
1983	—	50754	—	—	—	—	—	—
1984	—	81509	—	—	—	—	—	—
1985	27688	137022	41383	5218	5551	1138	24537	28845
1986	35413	136449	41790	5257	2596	11515	31523	7789
1987	657314	204327	477031	108705	71142	178995	599577	7753
1988	154937	406004	72175	26910	37791	28149	145848	1837
1989	211255	497179	93719	19207	10349	46253	216402	25532
1990	276200	596413	96931	26660	12982	55020	278804	14054
1991	428657	939829	131667	35946	21543	83667	457735	40974
1992	1030932	2104370	223027	61908	44339	152595	1149883	101589
1993	1853129	3637030	366072	85877	52503	252957	2173381	489999
1994	2033893	3753513	381760	100767	36424	269771	2285423	324765

表9-5 建市以来特区金融情况

单位: 万元

年份	一、存款余额合计	1.财政性存款	2.企业存款	3.城乡储蓄存款	二、贷款余额合计	1.工业贷款	2.商业贷款
1979	6741	—	—	1717	384	—	—
1980	13857	—	—	2404	7887	—	—
1981	20366	—	—	3813	21525	—	—
1982	23667	—	—	4935	22829	—	—
1983	35222	—	—	6999	39952	—	—
1984	104806	—	—	13398	165860	—	—
1985	75268	6618	45456	22733	174663	21281	85848
1986	111328	10553	60129	31581	207063	31585	85602
1987	148385	8497	73737	46166	284025	43481	93363
1988	236273	8249	121692	75193	368610	58220	127906
1989	252035	10338	114336	95999	395137	62768	138551
1990	326958	11060	144203	134762	487840	87796	164884
1991	500115	12320	222898	208033	588142	111315	190123
1992	1008776	24088	482436	330574	836858	169260	314344
1993	1154046	32994	448585	502279	1084517	217317	397874
1994	1465888	37936	681105	698682	1238474	249152	262942

表9-5续表1 单位:万元

年份	3.建筑业贷款	4.农业贷款	5.固定资产投资贷款	三、现金收入合计	1.商品销售收入	2.服务事业收入	3.税款收入
1979	—	—	—	9267	—	—	—
1980	—	—	—	12101	—	—	—
1981	—	—	—	18740	—	—	—
1982	—	—	—	20610	—	—	—
1983	—	—	—	29292	—	—	—
1984	—	—	—	48222	—	—	—
1985	2550	11802	36611	84889	32232	7811	1831
1986	3347	16909	49933	99437	33129	90421	2322
1987	4315	14534	57881	154202	48511	11944	5188
1988	23098	18819	55773	328346	92344	24095	13965
1989	23363	22585	54984	368806	92953	26869	5543
1990	25117	27808	63671	467243	110127	15476	7455
1991	26877	44893	70642	746384	156595	50718	13206
1992	32411	50254	74250	1589120	250779	87951	16017
1993	57098	63095	76363	252154	380797	129490	12788
1994	48524	24388	173737	2875574	426098	170853	17750

表9-5续表2 单位:万元

年份	4.储蓄存款收入	四、现金支出合计	1.工资性支出	2.农副产品收购支出	3.工矿产品采购支出	4.行政企业采购支出	5.储蓄存款支出	五、现金净投放
1979	—	11039	—	—	—	—	—	—
1980	—	14871	—	—	—	—	—	—
1981	—	25147	—	—	—	—	—	—
1982	—	24518	—	—	—	—	—	—
1983	—	33052	—	—	—	—	—	—
1984	—	57990	—	—	—	—	—	—
1985	21143	107800	31640	3972	5469	8234	19510	22911
1986	26125	103341	30292	3694	2507	81545	23691	3905
1987	50150	157052	33909	8356	6905	13210	45899	2851
1988	123814	325777	55367	15706	26483	29354	114115	-2569
1989	166845	390076	73333	14325	9594	35702	170555	21270
1990	219445	473853	748663	20974	12732	43807	220177	6610
1991	351429	781710	116376	25814	20888	69346	376118	35327
1992	819872	1674927	186068	49677	43417	120147	895012	85806
1993	1492798	2856601	310950	67370	50722	205243	1692702	335061
1994	1701971	3120716	334327	79980	34411	241379	1895517	245142

表9-6 金融情况

单位:万元

指标	1993年		1994年	
	全市	特区	全市	特区
一、存款余额合计	**1437322**	**1154046**	**1776533**	**1465888**
1.财政性存款	39270	32994	43571	37936
2.企业存款	504620	448585	776141	681105
3.城乡储蓄存款	674132	502279	903454	698682
4.农村存款	95122	66633	9468	4733
5.信托存款	10397	10397	35165	35072
6.其它存款	113781	93158	8735	8360
二、贷款余额合计	**1351595**	**1084517**	**1535923**	**1238474**
1.工业贷款	275758	217317	316126	249152
2.商业贷款	475050	397874	326784	262942
3.建筑业贷款	68577	57098	58500	48524
4.乡镇企业贷款	108046	66200	78998	51549
5.农业贷款	117517	63095	73051	24388
6.固定资产投资贷款	91529	76363	225804	173737
7.信托贷款	45977	45977	90917	90483
8.个体工商业贷款	—	—	5894	2889
9.其它贷款	165460	159510	359848	334809
三、现金收入合计	**3147031**	**2521540**	**3428748**	**2875574**
1.商品销售收入	487437	380797	511017	426098
2.服务事业收入	144248	129490	185993	170853
3.税款收入	18350	12788	20319	17750
4.农村信用社收入	117194	75883	107497	73561
5.乡镇企事业收入	40901	32775	39732	31936
6.个体经营收入	10955	7308	10988	9165

表9-6续表1

单位:万元

指标	1993年		1994年	
	全市	特区	全市	特区
7.储蓄存款收入	1853129	1492798	2033893	1701971
8.其它金融机构收入	24161	17466	46509	24818
9.汇兑收入	81856	69174	91100	80939
10.金融债券收入	2083	1466	3876	3195
11.其它收入	366718	301597	377825	335289
四、现金支出合计	**3637030**	**2856601**	**3753513**	**3120716**
1.工资性支出	366072	310950	381760	334327
2.农副产品收购支出	85877	67370	100767	79980
3.工矿产品采购支出	52503	50722	.36424	34411
4.行政企业采购支出	252957	205243	269771	241379
5.农村信用社支出	227086	155087	168980	119790
6.乡镇企业支出	46240	34139	59197	47685
7.个体经营支出	13715	11907	21158	18438
8.储蓄存款支出	2173381	1692702	2285423	1895517
9.汇兑支出	8169	6419	5901	4461
10.解付侨汇支出	—	—	—	—
11.特种存款支出	—	—	—	—
12.金融债券支出	1209	790	8835	6186
13.其它金融机构支出	—	—	84020	51308
14.其它支出	361879	302782	331278	287235
五、现金净投放	**489999**	**335061**	**324765**	**245142**

表9-7 保险收入

单位:万元

指标	1993年		1994年	
	全市	特区	全市	特区
保险收入合计	**29817**	**23236**	**35655**	**32477**
一、国内业务	**15257**	**8853**	**4895**	**2900**
1.企业财产险	235	73	410	268
2.运输工具及责任险	2188	291	3160	1362
3.货物运输险	134	123	372	369
4.家庭财产险	1041	969	439	414
5.农业险	201	—	11	0
6.人身险	10386	6464	9658	8745
7.其它险	1072	933	501	487
二、涉外业务	**14560**	**14383**	**21102**	**20832**
1.进口	766	766	2289	2289
2.出口	396	392	524	473
3.船舶险	411	411	591	591
4.各种非水险	12808	12635	17255	17036
5.飞机险	92	92	346	346
6.航意险	75	75	93	93
7.信用险	12	12	4	4

表9-8 保险支出

单位:万元

指标	1993年		1994年	
	全市	特区	全市	特区
保险收入合计	**14142**	**10897**	**31754**	**28571**
一、国内业务	**5527**	**2491**	**3687**	**1659**
1.企业财产险	496	131	494	109
2.运输工具及责任险	1392	115	2170	799
3.贷物运输险	51	47	175	121
4.家庭财产险	227	52	307	243
5.农业险	499	1	151	0
6.人身险	2764	2051	5367	4611
7.其它险	98	94	390	387
二、涉外业务	**8615**	**8406**	**22700**	**22301**
1.进口	293	293	1106	1106
2.出口	306	299	1022	1005
3.船舶险	274	274	1292	1292
4.各种非水险	7734	7532	19280	18899
5.飞机险	—	—	—	—
6.航意险	8	8	—	—
7.信用险	—	—	—	—

10

固定资产投资

表10-1 建市以来全市全社会固定资产投资额

单位:万元

年份	完成投资总额	一、按报表种类分			
		1.基本建设	2.商品房	3.更新改造	4.其它固定资产投资
1979	3628	3106	—	—	—
1980	5804	4542	—	—	—
1981	11531	8458	—	—	—
1982	22959	11722	—	5909	—
1983	21689	13654	—	1340	—
1984	47821	36212	—	1104	—
1985	96992	81618	—	4839	—
1986	85315	72685	—	1874	108
1987	96506	79001	—	3317	22
1988	123375	94318	—	7812	105
1989	97599	87679	—	3197	—
1990	121205	95620	14296	3991	194
1991	169763	114927	32355	3961	—
1992	527275	338344	142922	15882	—
1993	791515	539111	187432	7316	—
1994	985792	736872	174800	18970	—

表10-1续表1 单位:万元

年份	一、按报表种类分					
	5. 集体经济	(1)城镇	(2)农村	6.城乡个人	(1)城镇	(2)农村
1979	522	55	467	—	—	—
1980	1262	115	1147	—	—	—
1981	767	375	392	2306	22	2284
1982	2121	679	1442	3207	0	3207
1983	2083	564	1519	4612	159	4454
1984	3599	1480	2119	6906	159	6747
1985	5756	1114	4642	4779	362	4417
1986	6601	3729	2872	4047	660	3387
1987	10294	2728	7566	3872	586	3286
1988	17539	4758	12781	3600	1520	2080
1989	5153	4908	245	1570	1190	380
1990	4160	2732	1428	2944	1991	953
1991	13091	7716	5375	5429	1854	3575
1992	26973	9666	17307	3154	953	2201
1993	47648	31078	16570	10008	7500	2508
1994	44550	31750	12800	10600	7500	3100

表10-1续表2　　单位:万元

年份	二、按资金来源分				
	1.国家预算内投资	2.国内贷款	3.利用外资	4.自筹投资	5.其它投资
1979	2437	—	423	762	—
1980	1541	305	1558	2400	—
1981	945	2086	633	5540	—
1982	1307	4938	1655	10611	1228
1983	1389	4662	3087	7818	121
1984	2215	17117	6517	14291	758
1985	1334	24805	22162	41729	2185
1986	1325	23835	22660	33014	4481
1987	4057	30940	13354	44834	3321
1988	4892	33467	18086	59758	7172
1989	580	21963	9094	57451	8511
1990	968	22266	43750	45893	8328
1991	2078	24262	37879	119209	2046
1992	450	61366	52671	418855	9440
1993	199	94052	96560	583827	58258
1994	3655	61865	357150	336819	110412

表10-1续表3　　　　　　　　　　　　　　　　　　　　　　　　单位:万元

年份	三、按构成分			四、按工程用途分		
	1.建安工程	2.设备、工具、器具购置	3.其它费用	1.第一产业	2.第二产业	3.第三产业
1979	2683	555	390	—	—	—
1980	4729	875	200	—	—	—
1981	9330	1877	324	—	—	—
1982	18685	3565	709	—	—	—
1983	21126	459	104	—	—	—
1984	41857	2758	3206	—	—	—
1985	80910	12693	3389	—	—	—
1986	64557	16362	4396	—	—	—
1987	57290	34462	4754	—	—	—
1988	86866	28032	8477	—	—	—
1989	70529	21458	5612	—	—	—
1990	57027	51605	12573	—	—	—
1991	121482	29099	8531	—	—	—
1992	406330	75359	45586	—	—	—
1993	567183	109341	88413	1593	198771	564573
1994	642740	306320	36732	10898	301778	673116

表10-1续表4　　　　单位:万元

五、按行业分	1993年	1994年
(1)农、林、牧、渔业	6878	11935
(2)采掘业	—	—
(3)制造业	143129	199361
(4)电力、煤气及水的生产和供应业	78728	141558
(5)建筑业	19381	2305
(6)地质勘查业、水利管理业	499	1387
(7)交通运输、仓储及邮电通信业	185941	361160
(8)批发和零售贸易、餐饮业	24318	16816
(9)金融、保险业	345	—
(10)房地产开发业	202109	179188
(11)社会服务业	23935	14897
(12)卫生、体育和社会福利业	12590	5890
(13)教育、文化艺术及广播电影电视业	21413	10613
(14)科学研究和综合技术服务业	464	633
(15)国家机关、政党机关和社会团体	49177	19298
(16)其它行业	22608	20751

表10-2 建市以来特区全社会固定资产投资额

单位:万元

年份	完成投资总额	一、按报表种类分			
		1.基本建设	2.商品房	3.更新改造	4.其它固定资产投资
1979	1855	1333	—	—	—
1980	4663	3401	—	—	—
1981	7872	5801	—	—	—
1982	16825	8424	—	4103	—
1983	17271	13561	—	609	—
1984	38786	34040	—	931	—
1985	85574	76577	—	1235	—
1986	76598	68245	—	954	—
1987	79497	70591	—	153	—
1988	88191	75903	—	—	—
1989	84543	78968	—	—	—
1990	108015	75472	13307	93	184
1991	150320	101926	30820	1918	—
1992	464360	307764	127614	2100	0
1993	617348	451911	124777	4239	—
1994	828196	636362	139767	14931	—

表10-2续表1　　　　单位:万元

年份	一、按报表种类分					
	5.集体经济	(1)城　镇	(2)农　村	6.城乡个人	(1)城　镇	(2)农　村
1979	522	55	467	—	—	—
1980	1262	115	1147	—	—	—
1981	735	375	360	1336	22	1314
1982	1928	622	1306	2370	—	2370
1983	1905	420	1485	1196	158	1038
1984	2342	422	1920	1473	159	1314
1985	4102	183	3919	3660	362	3298
1986	5190	2935	2255	2209	453	1756
1987	6391	1700	4691	2362	450	1912
1988	10318	1337	8981	1970	520	1450
1989	4245	4100	145	1330	1050	280
1990	2965	1969	996	2677	1819	858
1991	10841	6733	4108	4815	1646	3169
1992	24675	8635	16040	2207	667	1540
1993	28957	22329	6628	7464	5960	1504
1994	29891	24771	5120	7245	5230	2015

表10-2续表2　　单位:万元

年份	二、按资金来源分				
	1.国家预算内投资	2.国内贷款	3.利用外资	4.自筹投资	5.其它投资
1979	874	—	—	495	—
1980	1130	36	705	1530	—
1981	846	289	633	4033	—
1982	1240	633	1616	4935	—
1983	1350	3586	3081	5423	121
1984	1633	16075	6415	9222	695
1985	604	21714	21395	31425	1439
1986	1158	19925	21437	21623	4093
1987	2862	21891	10219	32969	2650
1988	4203	12990	15584	39434	3692
1989	580	19408	8716	49805	6034
1990	473	17135	43427	40635	6345
1991	1763	21286	35258	109495	1584
1992	100	34683	50523	356729	4402
1993	66	44046	72424	452956	47856
1994	3145	54497	327785	290250	63632

表10-2续表3　　　　单位:万元

年份	三、按构成分			四、按工程用途分		
	1.建安工程	2.设备、工具、器具购置	3.其它费用	1.第一产业	2.第二产业	3.第三产业
1979	961	355	17	—	—	—
1980	2667	734	—	—	—	—
1981	5146	477	178	—	—	—
1982	6922	1116	386	—	—	—
1983	13050	407	104	—	—	—
1984	28757	2278	3005	—	—	—
1985	64858	8804	2915	—	—	—
1986	50507	13623	4115	—	—	—
1987	35286	30427	4338	—	—	—
1988	62366	18368	5169	—	—	—
1989	63405	15257	5881	—	—	—
1990	47983	49041	10991	—	—	—
1991	109047	24771	7732	—	—	—
1992	348163	58864	39086	—	—	—
1993	470393	94492	52463	187	136802	297144
1994	521775	268876	25180	7349	248948	559534

表10-2续表4　　单位:万元

五　按　行　业　分	1993年	1994年
(1)农、林、牧、渔业	1284	9169
(2)采掘业	—	—
(3)制造业	77599	169938
(4)电力、煤气及水的生产和供应业	62646	104141
(5)建筑业	18527	2777
(6)地质勘查业、水利管理业	174	496
(7)交通运输、仓储及邮电通信业	148238	329980
(8)批发和零售贸易、餐饮业	16047	8577
(9)金融、保险业	105	—
(10)房地产开发业	132888	146823
(11)社会服务业	17912	11484
(12)卫生、体育和社会福利业	11560	1786
(13)教育、文化艺术及广播电影电视业	10440	7980
(14)科学研究和综合技术服务业	—	633
(15)国家机关、政党机关和社会团体	36308	15839
(16)其他行业	9200	5410

表10-3 建市以来全市全社会新增固定资产

单位: 万元

年 份	新增固定资产	1.基本建设(含商品品房)	2.更新改造	3.城镇集体	4.农村集体
1979	1498	1236	—	28	234
1980	3729	2766	—	112	851
1981	3629	3138	—	240	251
1982	10800	5738	3694	438	930
1983	8907	7340	992	156	419
1984	18624	15548	711	973	1392
1985	50866	41257	4535	982	4092
1986	62895	55062	2720	2888	2225
1987	62543	55278	1023	1654	4588
1988	76177	57070	1827	3460	13820
1989	58656	51542	3395	3383	245
1990	117396	107755	6177	2036	1428
1991	102161	89195	3450	4913	4603
1992	168101	126340	16415	9109	16237
1993	369049	340023	6342	9428	13256
1994	305584	269191	9424	14169	12800

表10-4 建市以来特区全社会新增固定资产

单位: 万元

年 份	新增固定资产	1.基本建设(含商品房)	2.更新改造	3.城镇集体	4.农村集体
1979	705	443	—	28	234
1980	2989	2026	—	112	851
1981	2335	1876	—	234	225
1982	7724	4288	2259	396	781
1983	8210	7253	560	88	309
1984	16178	14370	547	227	1034
1985	42399	37845	1035	157	3362
1986	57810	52325	1671	2157	1657
1987	49854	46704	—	838	2312
1988	55664	48510	—	927	6227
1989	52565	49486	—	2934	145
1990	104816	99834	2320	1666	996
1991	88759	80264	1398	3761	3336
1992	135918	110215	2249	8484	14970
1993	249366	235046	3362	5656	5302
1994	189920	171532	3518	10262	4608

表10-5 全社会固定资产投资

单位:万元

指标	1993年		1994年		1994年比1993年±%	
	全市	特区	全市	特区	全市	特区
一、完成投资总额	**791515**	**617348**	**985792**	**828196**	**24.54**	**34.15**
1.按所有制划分						
(1)全民所有制	733859	580927	930642	791060	26.81	36.17
A.基本建设	539111	451911	736872	636362	36.68	40.82
B.更新改造	7316	4239	18970	14931	1.60倍	2.52倍
C.房地产开发	187432	124777	174800	139767	-6.80	12.01
(2)集体所有制	47648	28957	44550	29891	-6.51	3.23
A.城镇	31078	22329	31750	24771	2.16	10.94
B.农村	16570	6628	12800	5120	-22.75	-22.75
(3)城乡个人	10008	7464	10600	7245	5.92	-2.94
A.城镇	7500	5960	7500	5230	0	-12.25
B.农村	2508	1504	3100	2015	23.60	33.98
2.按资金来源分						
(1)国家预算内资金	199	66	3655	3145	18.37倍	47.65倍
(2)国内贷款	94052	44046	61865	54497	-34.20	23.73
(3)股票	2100	2100	24395	24395	11.62倍	10.61倍
(4)债券	2780	2500	—	—	—	—
(5)利用外资	96560	72424	357150	327785	2.70倍	3.53倍
(6)自筹资金	583827	452956	379337	290250	-35.02	-35.92
(7)其他资金	58258	43256	87012	63632	49.35	47.11
3.按构成分						
(1)建筑工程	546711	446235	568778	476879	4.03	6.87
(2)安装工程	20472	19160	50562	44896	1.47倍	1.34倍
(3)设备工器具购置	109341	89492	306320	268876	1.80倍	2.01倍
(4)其他费用	114991	62461	36732	25180	-68.05	-59.69
4.按用途分						
(1)第一产业	1593	577	10898	7349	5.84倍	11.74倍
(2)第二产业	206744	160084	301778	248948	45.97	55.51
(3)第三产业	389191	327580	498080	425944	27.98	30.02
(4)住宅	193987	129107	162236	133590	-16.18	3.47

表10-5续表1

单位:万元

指标	1993年		1994年		1994年比1993年±%	
	全市	特区	全市	特区	全市	特区
5.按行业分						
(1)农、林、牧、渔业	6878	2609	11935	9169	73.52	2.51倍
(2)采掘业	—	—	—	—	—	—
(3)制造业	130899	101414	186561	169938	42.52	67.57
(4)电力煤气及水的生产和供应业	78728	63711	141558	104141	79.81	63.46
(5)建筑业	17136	18697	2305	2777	-86.55	-85.15
(6)地质、勘查、水利管理业	499	174	1387	496	1.78倍	1.85倍
(7)交通运输仓储、邮电业	183951	152482	361160	329980	96.33	1.16倍
(8)批发、零售、贸易、餐饮业	24318	23449	16816	8577	-30.85	-63.42
(9)金融、保险业	240	105	—	—	—	—
(10)房地产开发业	202109	139341	179188	146823	-11.34	5.37
(11)社会服务业	23935	21345	14897	11484	-37.75	-46.20
(12)卫生、体育、社会福利业	12590	12060	5890	1786	-53.22	-85.18
(13)教育文化艺术及广播电影电视业	21413	21130	10613	7980	-50.44	-62.23
(14)科研和综合技术服务业	464	350	633	633	36.42	80.86
(15)国家政党机关和社会团体	49177	46486	19298	15839	-60.75	-65.92
(16)其他行业	39178	13995	10151	5410	-74.10	-61.34
二、新增固定资产	**369049**	**249366**	**305584**	**191072**	**-17.20**	**-23.38**
1.全民基建	253103	188386	158814	105098	-37.25	-34.82
2.更新改造	6342	3362	9424	3518	48.60	4.64
3.商品房	86920	46660	110377	66434	26.98	42.38
4.城镇集体	9428	5656	14169	10262	50.29	81.44
5.农村集体	13256	5302	12800	5760	-3.44	8.64

表10-6 各县、区全社会固定资产投资

(1994年) 单位:万元

指　　标	市属	香洲区	万山区	三灶区	横琴区	珠海港区	平沙区	红旗区	斗门县
一、完成投资总额	**734329**	**48225**	**13804**	**14280**	**480**	**18223**	**4128**	**43289**	**109034**
1.按所有制划									
(1)全民所有制	733138	11135	13804	14280	480	18223	4128	43289	90974
A.基本建设	590795	7405	11428	8031	480	18223	4054	41345	55787
B.更新改造	14931	—	—	—	—	—	74	—	7381
C.房地产开发	127412	3730	2376	6249	—	—	—	1944	27806
(2)集体所有制	1191	31260	—	—	—	—	—	—	13290
A.城镇	1191	23580	—	—	—	—	—	—	8170
B.农村	—	7680	—	—	—	—	—	—	5120
(3)城乡个人	—	5830	—	—	—	—	—	—	4770
A.城镇	—	4125	—	—	—	—	—	—	3375
B.农村	—	1705	—	—	—	—	—	—	1395
2.按资金来源分									
(1)国家预算内投资	1195	—	—	—	—	1950	—	—	510
(2)国内贷款	50421	3233	—	843	—	—	74	1369	5925
(3)股票	24395	—	—	—	—	—	—	—	—
(4)债券	—	—	—	—	—	—	—	—	—
(5)利用外资	317974	2550	2310	—	—	4951	—	25464	3901
(6)自筹资金	241699	27491	10124	1979	420	7633	2754	4034	82299
(7)其他资金	48814	3819	1104	10799	—	—	—	7177	16203
3.按构成分									
(1)建筑工程	410212	31700	10197	11018	480	13272	2659	15278	73962
(2)安装工程	42563	283	358	220	—	—	40	1575	4051
(3)设备工器具购置	261529	1508	2360	—	—	4951	29	24768	12647
(4)其他费用	20025	1224	889	3042	—	—	1400	1668	8484
4.按用途分									
(1)第一产业	6099	—	1250	—	—	—	1625	—	1924
(2)第二产业	240256	6215	2327	—	150	—	74	32768	19988
(3)第三产业	374457	17764	8651	6519	330	18223	1673	8289	62174
(4)住宅	113517	10736	1576	7761	—	—	756	2232	15058

表10-6续表1　　(1994年)　　单位:万元

指　　标	市属	香洲区	万山区	三灶区	横琴区	珠海港区	平沙区	红旗区	斗门县
5.按行业分									
(1)农、林、牧、渔业	9169	—	—	—	—	—	1625	243	898
(2)采掘业	—	—	—	—	—	—	—	—	—
(3)制造业	160563	7345	2030	—	—	—	—	3514	12609
(4)电力煤气及水的生产和供应业	103796	—	195	—	150	—	74	29634	7709
(5)建筑业	205	750	1250	572	—	—	—	76	24
(6)地质、勘查、水利管理业	496	—	—	—	—	—	—	—	891
(7)交通运输仓储及邮电通信业	305084	—	6673	—	—	18223	1400	—	29780
(8)批发、零售、贸易、餐饮业	3292	5085	—	200	—	—	—	7034	1205
(9)金融、保险业	—	—	—	—	—	—	—	—	—
(10)房地产开发业	133240	5530	2376	5677	—	—	—	1944	29849
(11)社会服务业	4313	1540	700	4931	—	—	—	133	3250
(12)卫生、体育、社会福利业	1436	—	350	—	—	—	—	180	4404
(13)教育文化艺术及广播电影电视业	3734	3016	—	900	330	—	—	110	2043
(14)科研和综合技术服务业	553	80	—	—	—	—	—	—	—
(15)国家政党机关和社会团体	7220	8619	—	—	—	—	473	421	2297
(16)其他行业	430	2750	230	2000	—	—	556	—	4185
二、新增固定资产	**162054**	**22554**	**2650**	**4984**	—	—	**1164**	**37335**	**74093**
(1)全民基建	98172	5076	1850	—	—	—	669	35253	22435
(2)更新改造	3518	—	—	—	—	—	495	—	8111
(3)房地产开发	60364	286	800	4984	—	—	—	2082	33770
(4)城镇集体	—	9512	—	—	—	—	—	—	4657
(5)农村集体	—	7680	—	—	—	—	—	—	5120

表10-7 国有经济单位固定资产投资

单位:万元

指标	1993年		1994年		1994年比1993年±%	
	全市	特区	全市	特区	全市	特区
一、完成投资总额	**733859**	**562393**	**930642**	**815831**	**26.81**	**45.06**
1.按资金来源分						
(1)国家预算内资金	196	66	3655	3145	18.36倍	46.65倍
(2)国内贷款	65122	41086	58885	54497	-9.96	32.64
(3)股票	2100	2100	24395	24395	11.62倍	11.62倍
(4)债券	2780	2500	—	—	—	—
(5)利用外资	96560	70760	355250	327785	2.68倍	3.63倍
(6)自筹资金	513827	415925	359478	290250	-30.04	-30.22
(7)其他资金	53271	29956	77862	63632	48.67	1.12倍
2.按构成分						
(1)建筑工程	520069	418970	541752	476879	4.17	13.82
(2)安装工程	19501	15528	49589	44896	1.54倍	1.89倍
(3)设备工器具购置	107238	83617	304568	268876	1.84倍	2.22倍
(4)其他费用	87051	44278	34733	25180	-60.11	-43.13
3.按用途分						
(1)第一产业	1593	377	10898	7349	5.84倍	18.49倍
(2)第二产业	185416	143806	288211	248948	55.44	73.11
(3)第三产业	372349	317669	486149	425944	30.56	34.08
(4)住宅	174501	100541	145384	133590	-16.69	32.87
4.按建设性质分						
(1)新建	542193	391489	415076	319779	-23.45	-18.32
(2)扩建	145676	137593	73380	62245	-49.63	-54.76
(3)改建	5406	4637	266672	261389	49.32倍	55.37倍
(4)其它	40584	28674	175514	17714	3.32倍	-38.23

表10-7续表1

单位:万元

指　　标	1993年		1994年		1994年比1993年±%	
	全市	特区	全市	特区	全市	特区
5.按行业分						
(1)农、林、牧、渔业	6878	1609	11935	9169	73.52	4.70倍
(2)采掘业	—	—	—	—	—	—
(3)制造业	116559	89144	166561	169938	42.90	90.63
(4)电力煤气及水的生产和供应业	78728	63711	141558	104141	79.81	63.46
(5)建筑业	19381	17225	2305	2777	-88.11	-83.88
(6)地质、勘查、水利管理业	499	174	1387	496	1.78倍	1.85倍
(7)交通运输仓储及邮电通信业	180941	152482	349410	329980	93.11	1.16倍
(8)批发、零售、贸易、餐饮业	20318	12449	16816	8577	-17.24	-31.10
(9)金融、保险业	345	105	—	—	—	—
(10)房地产开发业	192109	139341	179188	146823	-6.73	5.37
(11)社会服务业	23935	21345	14897	11484	-37.76	-46.20
(12)卫生、体育、社会福利业	12590	12060	5890	1786	-53.22	-85.20
(13)教育文化艺术及广播电影电视业	21413	18130	10613	7980	-50.44	-55.98
(14)科研和综合技术服务业	464	0	633	633	36.42	—
(15)国家政党机关和社会团体	45177	24850	19298	15839	-57.29	-36.26
(16)其他行业	14522	9768	10151	5410	-30.10	-44.62
二、新增固定资产	**346365**	**238408**	**278615**	**185312**	**-19.96**	**-22.27**
三、房屋建筑面积(万M^2)						
1.施工面积	508.63	389.50	468.04	411.50	-7.98	5.65
2.竣工面积	159.76	116.02	133.89	112.06	-16.20	-3.41
其中:住宅	89.24	59.26	82.45	61.28	-7.61	3.41

表10-8 各县、区国有经济基建投资

(1994年)　　　　单位: 万元

指　标	市　属	香洲区	万山区	三灶区	横琴区	珠海港区	平沙区	红旗区	斗门县
一、完成投资总额	**733138**	**11135**	**13804**	**14280**	**480**	**18223**	**4128**	**43289**	**90974**
1.按资金来源分									
(1)国家预算内资金	1195	—	—	—	—	1950	—	—	510
(2)国内贷款	50421	3233	—	843	—	—	74	1369	5685
(3)股票	24395	—	—	—	—	—	—	—	—
(4)债券	—	—	—	—	—	—	—	—	—
(5)利用外资	317974	2550	2310	—	—	4951	—	25464	3901
(6)自筹资金	241699	27491	11028	1979	420	7633	2754	4034	80804
(7)其他资金	48814	3819	200	10799	—	—	—	7177	10401
2.按构成分									
(1)建筑工程	409462	10076	10197	11018	480	13272	2659	15278	68560
(2)安装工程	42563	310	283	220	—	—	40	1575	4051
(3)设备工器具购置	261088	40	2435	—	—	4951	429	24768	11363
(4)其他费用	20025	709	889	3042	—	—	1000	1668	7000
3.按用途分									
(1)第一产业	6099	—	1250	—	—	—	1625	—	1924
(2)第二产业	239065	—	2327	—	150	—	74	32768	12636
(3)第三产业	374457	6001	8651	6519	330	18223	1673	8289	62006
(4)住宅	113517	5134	1576	7761	—	—	756	2232	14408
4.按建设性质分									
(1)新建	260703	6574	9202	8031	480	14534	1956	41281	49722
(2)扩建	56625	360	800	2480	—	3689	2098	1944	10433
(3)改建	261389	—	—	—	—	—	74	—	6479
(4)其它	26270	4201	3802	3769	—	—	—	64	4704

表10-8续表1　　　　　　　　　　(1994年)　　　　　　　　　　单位:万元

指　　标	市属	香洲区	万山区	三灶区	横琴区	珠海港区	平沙区	红旗区	斗门县
5.按行业分									
(1)农、林、牧、渔业	9169	—	—	—	—	—	1625	243	898
(2)采掘业	—	—	—	—	—	—	—	—	—
(3)制造业	169938	1345	2030	—	—	—	—	3514	10609
(4)电力、煤气及水的生产和供应业	104141	—	195	—	150	—	74	29634	7709
(5)建筑业	2777	—	1250	572	—	—	—	76	24
(6)地质、勘查、水利管理业	496	—	—	—	—	—	—	—	891
(7)交通运输仓储及邮电通信业	329980	—	6673	—	—	—	1400	—	27610
(8)批发、零售、贸易、餐饮业	8577	—	—	200	—	18223	—	7034	1205
(9)金融、保险业	—	—	—	—	—	—	—	—	—
(10)房地产开发业	146823	3730	2376	5677	—	—	—	1944	29849
(11)社会服务业	11484	—	700	4931	—	—	—	133	3250
(12)卫生、体育、社会福利业	1786	—	350	—	330	—	—	180	4404
(13)教育文化艺术及广播电影电视业	7980	3016	—	900	—	—	—	110	2043
(14)科研和综合技术服务业	633	—	—	—	—	—	—	—	—
(15)国家政党机关和社会团体	15839	3044	—	—	—	—	473	421	2297
(16)其他行业	5410	—	230	2000	—	—	556	—	4185
二、新增固定资产	—	**22554**	**2650**	**4984**	—	—	**1164**	**37335**	**74093**
1.全民基建	105098	5076	1850	—	—	—	669	35253	22435
2.更新改造	3518	—	—	—	—	—	495	—	8111
3.房地产开发	66434	286	800	4984	—	—	—	2082	33770
4.城镇集体	—	9512	—	—	—	—	—	—	4657
5.农村集体	—	7680	—	—	—	—	—	—	5120

表10-9 全民基建施工项目计划总投资及完成情况

指标	1993年		1994年		1994年比1993年±%	
	全市	特区	全市	特区	全市	特区
计划总投资(万元)	1851961	1576883	2790670	2423185	50.68	53.67
自开始建设至本年底累计完成投资(万元)	1187141	974907	1888493	1659882	59.08	70.26
其中:本年完成投资(万元)	733859	598081	930642	791060	26.81	32.27
累计新增固定资产(万元)	586199	516224	690737	566767	17.83	9.79
本年底未完工程累计投资(万元)	560963	456796	1154655	1030655	1.06倍	1.26倍
未完工程占用率(%)	76.44	76.37	61.04	77.28	-21.85	1.19

表10-10 全民基建本年新增生产能力

(1994年)

能力名称	计算单位	1994年施工规模	其中:本年新开工	全市本年新增能力
1.发电机组容量	万千瓦	15.37	11.67	3.70
2.输电线路长度(11万伏以上)	公里	65.55	28.52	38.68
3.变电设备能力(11万伏以上)	万千伏安	81.35	57.05	31.45
4.机制纸及纸板	万吨/年	—	—	—
5.新(扩)建港口码头				
	年吞吐量:万吨	150	60	—
	泊位:个	5	2	—
6.新建公路	公里	59.71	27.35	9.71
其中:一级公路	公里	—	—	—
7.新建独立公路桥梁	延长米	1995	—	1995
	座	2	—	2
8.市内电话交换机	门	78990	63990	53990
9.长途电话自动交换机	路端	600	600	600
10.耕地面积	万亩	—	—	—
11水库容量(总库容)	亿立方米	0.16	0.15	0.15

表10-10续表1　　　　　　(1994年)

能力名称	计算单位	1994年施工规模	其中:本年新开工	全市本年新增能力
12.商业石油库	万立方米	5.0	5.0	5.0
13.城市液化石油储气能力	吨	—	—	—
14.粮食仓库	平方米	—	—	—
	万公斤	—	—	—
15.高等院校:总建筑面积	平方米	—	—	—
学生席位	个	—	—	—
16.中等学校:建筑面积	平方米	3700	3700	3700
学生席位	个	1350	1350	1350
17.小学校:建筑面积	平方米	4850	—	4850
学生席位	个	1710	—	1710
18.医院病床	张	40	40	—
19.城市自来水铺设长度	公里	72.89	72.89	72.89
20.城市自来水供应能力	万吨/日	118.0	106.0	118.0
21.城市道路长度	公里	139.19	15.97	10.43
22.城市永久性桥梁	座	3	2	—
23.城市防洪坝长度	公里	8.30	0.50	2.36

表10-11 国有经济单位更新改造

单位:万元

指　　标	1993年		1994年		1994年比1993年±%	
	全市	特区	全市	特区	全市	特区
一、完成投资总额	**7316**	**4239**	**18970**	**15018**	**1.60倍**	**2.54倍**
1.按资金来源分						
(1)国家预算内资金	—	—	—	—	—	—
(2)国内贷款	3646	2126	4609	2000	26.41	-5.93
(3)股票	—	—	—	—	—	—
(4)债券	—	—	—	—	—	—
(5)利用外资	—	—	—	—	—	—
(6)自筹资金	3670	2113	10030	9446	1.73倍	3.47倍
(7)其他资金	—	—	3736	2935	—	—
2.按构成分						
(1)建筑工程	1485	1108	3688	3573	1.48倍	2.22倍
(2)安装工程	275	160	1317	392	3.79倍	1.45倍
(3)设备工器具购置	5418	2863	13860	10966	1.56倍	2.83倍
(4)其他费用	138	108	105	87	-24.92	-19.44
3.按用途分						
(1)第一产业	—	—	135	87	—	—
(2)第二产业	7316	4239	15014	11515	1.05倍	1.72倍
(3)第三产业	—	—	3821	3416	—	—
(4)住宅	—	—	—	—	—	—
4.按建设性质分						
(1)新建	—	—	—	—	—	—
(2)扩建	7316	4239	14275	10871	95.12	1.56倍
(3)改建	—	—	4695	4147	—	—
(4)其它	—	—	—	—	—	—

表10-11续表1 单位:万元

指标	1993年		1994年		1994年比1993年±%	
	全市	特区	全市	特区	全市	特区
5.按行业分						
(1)农、林、牧、渔业	—	—	—	—	—	—
(2)采掘业	—	—	—	—	—	—
(3)制造业	7068	4880	16099	12135	1.27倍	1.49倍
(4)电力煤气及水的生产和供应业	—	—	—	—	—	—
(5)建筑业	—	—	—	—	—	—
(6)地质、勘查、水利管理业	—	—	—	—	—	—
(7)交通运输仓储及邮电通信业	—	—	3771	2883	—	—
(8)批发、零售、贸易、餐饮业	248	—	—	—	—	—
(9)金融、保险业	—	—	—	—	—	—
(10)房地产开发业	—	—	—	—	—	—
(11)社会服务业	—	—	—	—	—	—
(12)卫生、体育、社会福利业	—	—	—	—	—	—
(13)教育文化艺术及广播电影电视业	—	—	—	—	—	—
(14)科研和综合技术服务业	—	—	—	—	—	—
(15)国家政党机关和社会团体	—	—	—	—	—	—
(16)其他行业	—	—	—	—	—	—
二、新增固定资产	**6342**	**3946**	**9424**	**3518**	**48.60**	**-10.85**
三、房屋建筑面积(万M^2)						
1.施工面积	1.21	0.57	2.57	0.45	1.12倍	-21.05
2.竣工面积	0.45	0.36	1.92	0.45	3.27倍	25.0
其中:住宅	—	—	—	—	—	—

表10-12 城镇集体经济单位固定资产投资

单位:万元

指标	1993年		1994年		1994年比1993年±%	
	全市	特区	全市	特区	全市	特区
一、完成投资总额	**31078**	**23907**	**31750**	**24771**	**2.16**	**3.61**
1.按资金来源分						
(1)国家预算内资金	—	—	—	—	—	—
(2)国内贷款	4042	3110	2980	2740	-26.28	-11.90
(3)股票	2100	2100	—	—	—	—
(4)债券	—	—	—	—	—	—
(5)利用外资	1664	1664	1900	2341	14.18	40.69
(6)自筹资金	20662	15025	19859	19435	-3.89	29.35
(7)其他资金	2610	2008	9150	3348	2.50倍	66.71
2.按构成分						
(1)建筑工程	26642	21610	27026	22374	1.44	3.54
(2)安装工程	971	875	973	973	2.10	11.2
(3)设备工器具购置	2103	875	1752	909	-16.70	3.89
(4)其他费用	1362	547	1999	515	46.77	-5.85
3.按用途分						
(1)第一产业	—	—	—	—	—	—
(2)第二产业	13355	8140	13567	7406	1.58	-9.12
(3)第三产业	8869	8374	11931	11763	34.52	40.47
(4)住宅	8854	7393	6252	5602	-20.39	-24.23
4.按建设性质分						
(1)新建	29820	22940	29646	23322	-1.58	1.67
(2)扩建	737	567	1358	954	84.26	68.25
(3)改建	—	—	—	—	—	—
(4)其它	521	400	746	495	43.19	23.75

表10-12续表1 单位:万元

指标	1993年		1994年		1994年比1993年±%	
	全市	特区	全市	特区	全市	特区
5.按行业分						
(1)农、林、牧、渔业	52	40	124	98	1.38倍	1.45倍
(2)采掘业	—	—	—	—	—	—
(3)制造业	12240	9416	12169	9438	-1.89	0.23
(4)电力煤气及水的生产和供应业	—	—	—	—	—	—
(5)建筑业	221	170	495	398	1.24倍	1.34倍
(6)地质、勘查、水利管理业	—	—	—	—	—	—
(7)交通运输仓储及邮电通信业	—	—	—	—	—	—
(8)批发、零售、贸易、餐饮业	5118	3937	7084	5749	38.41	46.02
(9)金融、保险业	—	—	—	—	—	—
(10)房地产开发业	3825	2943	2167	1765	-43.35	-40.03
(11)社会服务业	1667	1283	1955	1406	17.28	9.59
(12)卫生、体育、社会福利业	—	—	—	—	—	—
(13)教育文化艺术及广播电影电视业	3164	2420	3548	2613	12.14	7.98
(14)科研和综合技术服务业	—	—	—	—	—	—
(15)国家政党机关和社会团体	4406	3390	3015	2319	-31.58	-31.60
(16)其他行业	403	308	1193	985	1.96倍	2.20倍
二、新增固定资产	**9428**	**6814**	**14169**	**10262**	**50.29**	**50.60**
三、房屋建筑面积(万M^2)						
1.施工面积	40.13	30.87	37.72	29.34	-6.01	-4.96
2.竣工面积	15.47	11.11	16.36	12.38	5.75	11.43
其中:住宅	7.91	5.31	1.74	1.09	-78.01	-80.48

11

物资能源

表11-1 建市以来全市国有经济单位主要物资消费量

单位: 吨

年份	1.生铁	2.钢材	中型材	小型材	线材	中板	3.煤炭	4.汽油	5.柴油	6.水泥	7.原木(立方米)	8.锯材(立方米)
1979	559	7078	454	1429	1770	2050	52656	—	—	30258	10905	1108
1980	564	8397	483	2532	2403	1201	66064	537	2292	37577	14118	1435
1981	855	13874	1101	4129	3421	2552	40597	3386	45375	61543	13901	3908
1982	1070	19849	1290	7327	4377	3311	52840	4486	50020	90814	13953	1032
1983	1307	25981	1194	11164	8370	2135	63137	4875	31255	147220	21580	3431
1984	905	35786	1727	11845	15590	2754	63531	949	2715	166657	21516	8725
1985	1685	59867	9184	23272	20507	2560	64594	6027	10513	326701	28968	13659
1986	1002	38091	1384	13119	18092	2307	71800	6085	13434	311626	9072	2084
1987	1217	33221	2133	12618	10139	3275	90354	12220	12249	174632	8482	4042
1988	1965	44020	1298	14431	12730	4703	96000	11979	17969	206504	8582	3561
1989	1675	41756	1231	13689	12025	4461	124455	10781	23637	175682	7446	2892
1990	1253	29704	2655	4754	8702	4951	169700	15027	31397	163543	20666	6157
1991	3018	53333	1165	9009	36709	1428	216700	21568	35694	187891	21504	7214
1992	537	128511	—	—	—	—	160815	34415	79190	589381	157998	44652
1993	3959	63830	10286	6053	17611	11199	409323	22865	111059	275625	5713	20651
1994	4156	79787	12343	6940	19372	12542	419250	24876	126547	306423	6148	31061

表11-2 建市以来全市集体经济单位主要物资消费量

单位: 吨

年份	1.生铁	2.钢材	中型材	小型材	线材	中板	3.煤炭	4.汽油	5.柴油	6.水泥	7.原木（立方米）	8.锯材（立方米）
1979	90	1078	—	—	—	—	478	—	—	5548	2704	71
1980	29	624	51	138	273	62	51	19	969	1525	2974	195
1981	82	1826	80	516	959	67	237	69	821	5701	3453	557
1982	19	1807	55	855	653	83	524	92	1163	11168	5052	3667
1983	3	3911	137	1411	1834	125	98	69	1276	10200	5258	522
1984	29	3902	62	1513	1935	95	1880	13	1141	14565	3964	1822
1985	3	5814	43	790	4272	142	203	219	1528	23159	5372	2408
1986	14	11784	11	40650	6582	433	206	651	2555	62434	11762	384
1987	19	26201	11	9216	9860	643	2737	937	4610	120282	10157	5696
1988	62	21298	435	9700	9812	127	714	858	4152	87689	9375	6115
1989	68	32476	663	14790	14961	196	510	929	4995	167443	8993	5041
1990	—	29068	1530	5534	14169	1575	450	1275	6001	160440	23100	10943
1991	210	33418	1580	8760	14520	1651	10400	2530	7501	178650	27701	11964
1992	250	15783	—	—	—	—	12760	5757	10162	152570	32389	1209
1993	1553	216401	102508	52195	11392	6347	12149	41313	11389	2560610	7493	17946
1994	1641	241010	115672	61478	12467	6841	13468	45676	12872	2760104	7841	18641

表11-3 物资能源消费量

(1994年)

项目	单位	消费量	工业	建筑业
生铁	吨	5797	3975	671
钢材	吨	320797	68682	35569
1.中型材	吨	128015	2233	288
2.小型材	吨	68418	1402	10263
3.线材	吨	31839	1988	20346
4.中板材	吨	19383	2831	3398
5.薄钢板	吨	11011	5495	53
铜材	吨	3971	3969	2
铝材	吨	5542	5449	93
烧碱	吨	1320	1320	—
天然橡胶	吨	278	278	—
合成橡胶	吨	3200	3200	—
水泥	吨	3066527	16548	204629
平板玻璃	重量/箱	80430	71120	9310
原木	平方米	14025	3944	5725
锯材	吨	49702	3703	23186
煤炭	吨	51548	469908	153
汽油	吨	254248	88168	1120
柴油	吨	372244	127848	15760
燃料油	吨	200583	196229	124
电力	万千瓦时	180187	113875	6741

劳动工资

12

表12-1 建市以来全市劳动工资综合指标

年份	一、年末职工人数（人）	1.国有经济（人）	2.集体经济（人）	3.其他经济（人）	二、年平均人数（人）	1.国有经济（人）	2.集体经济（人）	3.其他经济（人）
1979	68366	58485	9881	—	65378	54978	10400	—
1980	70719	60721	9998	—	67418	57443	9975	—
1981	71777	61495	10282	—	68617	58505	10112	—
1982	78302	66617	11685	—	74720	63589	11131	—
1983	81634	68740	12894	—	77595	65244	12351	—
1984	86528	70009	16519	—	82247	65921	16326	—
1985	96216	72427	17896	5893	90858	67664	17831	5363
1986	106129	78677	18625	8827	98957	73863	17776	7318
1987	119706	87458	20221	12027	112735	81707	20085	10943
1988	134415	96924	20431	17060	125304	89573	20181	15550
1989	147141	104568	19250	23328	144734	102239	19494	23001
1990	161968	115505	20112	26351	153706	109204	19800	24702
1991	189145	128523	21644	38978	179624	123347	20916	35361
1992	215659	133323	32230	50106	209685	127524	30256	51905
1993	233848	126347	31329	76172	225450	120724	30961	76172
1994	235288	117551	34009	83728	228228	114070	33423	80735

表12-1续表1

年份	三、全年工资总额（万元）	1.国有经济（万元）	2.集体经济（万元）	3.其他经济（万元）	四、年平均工资（元/人）	1.国有经济（元/人）	2.集体经济（元/人）	3.其他经济（元/人）	五、城镇个体劳动者（人）	六、城镇私营企业人员年末人数（人）
1979	3998.26	3335.24	663.02	—	612	607	638	—	455	—
1980	4940.39	4175.46	764.93	—	733	727	767	—	314	—
1981	6709.44	5756.71	952.73	—	978	984	942	—	561	—
1982	7701.1	6431.7	1269.4	—	1031	1011	1140	—	919	—
1983	9457.2	7081.5	1475.7	—	1219	1223	1195	—	982	—
1984	12031.0	9664.6	2366.4	—	1463	1466	1449	—	2077	—
1985	15693.3	11439.2	3063.0	1191.1	1727	1691	1718	2219	4697	—
1986	18124.0	13235.4	3131.0	1757.6	1832	1792	1761	2402	5880	—
1987	23599.5	16874.4	4129.6	2595.5	2093	2065	2056	2372	4952	—
1988	34638.4	24330.3	5389.6	4918.5	2764	2716	2671	3163	7141	—
1989	47270.7	32426.2	5822.2	9022.3	3266	3172	2987	3923	8895	—
1990	55838.8	38703.6	6495.9	10639.3	3633	3544	3281	4307	13487	—
1991	78222.3	52299.9	8602.9	17319.5	4355	4240	4113	4898	12614	4805
1992	110396.3	69021.8	14318.4	27056.1	5265	5412	4732	5213	—	—
1993	166838.0	88390.6	20159.5	58288.5	7400	7322	6511	7652	—	—
1994	210289.4	110203.0	28023.9	72062.5	9214	9661	8385	8926	—	—

表12-2 建市以来特区劳动工资综合指标

年份	一、年末职工人数（人）	1.国有经济（人）	2.集体经济（人）	3.其他经济（人）	二、年平均人数（人）	1.国有经济（人）	2.集体经济（人）	3.其他经济（人）
1979	20424	14908	5516	—	20059	14084	5975	—
1980	24079	17770	6309	—	22509	16228	6281	—
1981	25207	19743	5964	—	24981	18912	6069	—
1982	31343	24277	7066	—	28543	21952	6591	—
1983	34336	26322	8014	—	33106	25441	7665	—
1984	39377	29638	9738	—	37138	27560	9578	—
1985	47752	31435	10424	5893	45215	29387	10460	5368
1986	56340	36412	11101	8827	52013	34319	10376	7318
1987	67182	43497	11960	11725	64079	41563	11858	10658
1988	78799	50419	11986	16394	76422	48593	11871	14958
1989	86768	52962	11360	22446	86633	52967	11521	22145
1990	100301	62829	11978	25494	95695	60064	11773	23858
1991	125039	73885	14241	36913	117334	70619	13169	33546
1992	148517	77205	23993	47319	145131	73603	22152	49376
1993	168270	80178	19612	68480	161053	75472	19408	66173
1994	169533	72446	21894	75193	163942	69894	21667	72381

表12-2续表1

年份	三、全年工资总额（万元）	1.国有经济（万元）	2.集体经济（万元）	3.其他经济（万元）	四、年平均工资（元/人）	1.国有经济（元/人）	2.集体经济（元/人）	3.其他经济（元/人）	五、城镇个体劳动者（人）	六、城镇私营企业人员年末人数（人）
1979	1565.74	1154.90	410.84	—	781	820	688	—	69	—
1980	2085.90	1577.90	508.00	—	927	972	809	—	268	—
1981	2861.65	2234.75	626.9	—	1146	1182	1033	—	500	—
1982	3742.40	2941.00	801.4	—	1311	1340	1216	—	719	—
1983	4552.80	3600.60	952.20	—	1375	1415	1242	—	771	—
1984	6596.90	5087.9	1509.0	—	1776	1846	1575	—	1617	—
1985	9510.4	6319.1	2000.2	1191.1	2103	2150	1912	2219	3917	—
1986	10949.0	7212.0	1979.4	1757.6	2105	2101	1908	2402	5023	—
1987	14717.3	9574.1	2605.0	2538.2	2297	2304	2197	2381	3202	—
1988	22956.7	14841.3	3366.0	4749.4	3044	3054	2835	3175	5710	—
1989	31828.8	19300.6	3770.8	8757.4	3674	3644	3273	3956	7164	—
1990	38722.0	24014.8	4364.7	10342.5	4046	3998	3707	4335	11702	—
1991	56204.0	33147.2	6420.0	16636.8	4790	4486	4508	4507	9287	4728
1992	81621.3	44248.1	11374.6	25998.6	5624	6012	5135	5265	—	—
1993	130591.1	63022.7	14700.9	52867.9	8109	8350	7575	7989	—	—
1994	164632.7	79140.3	21119.2	64373.2	10042	11323	9747	8894	—	—

表12-3 劳动工资综合指标

指标	1993年		1994年		1994年比1993年±%	
	全市	特区	全市	特区	全市	特区
一、年末职工人数(人)	**233848**	**168270**	**235288**	**169533**	**0.6**	**0.8**
1.国有经济(人)	126347	80178	117551	72446	-7.0	-9.6
2.集体经济(人)	31329	19612	34009	21894	8.6	11.6
3.其他经济(人)	76172	68480	83728	75193	9.9	9.8
二、年平均人数(人)	**225450**	**161053**	**228228**	**163942**	**1.2**	**1.8**
1.国有经济(人)	120724	75472	114070	69894	-5.5	-7.4
2.集体经济(人)	30961	19408	33423	21667	8.0	11.6
3.其他经济(人)	76172	66173	80735	72381	6.0	9.4
三、全年工资总额(万元)	**166838.0**	**130591.1**	**210289.4**	**164632.7**	**26.0**	**26.1**
1.国有经济(万元)	88390.6	63022.7	110203.0	79140.3	24.7	25.6
2.集体经济(万元)	20159.5	14700.9	28023.9	21119.2	39.0	43.7
3.其他经济(万元)	58288.5	52867.9	72062.5	64373.2	23.6	21.8
四、年平均工资(元/人)	**7400**	**8109**	**9214**	**10042**	**24.5**	**23.8**
1.国有经济(元/人)	7322	8350	9661	11323	31.9	35.6
2.集体经济(元/人)	6511	7575	8385	9747	28.8	28.7
3.其他经济(元/人)	7652	7989	8926	8894	16.6	11.3

表12-4 各县、区劳动工资综合指标

(1994年)

指标	市属	香洲区	万山区	三灶区	横琴区	珠海港区	平沙区	红旗区	斗门县
一、年末职工人数(人)	**144537**	**14914**	**3525**	**5337**	**738**	**482**	**21362**	**8962**	**35431**
1.国有经济(人)	62456	6248	777	2306	242	417	18069	6575	20461
2.集体经济(人)	14313	4962	948	1140	466	65	6	803	11306
3.其他所有制(人)	67768	3704	1800	1891	30	—	3287	1584	3664
二、年平均人数(人)	**139368**	**14739**	**3476**	**5188**	**733**	**438**	**20736**	**8747**	**34803**
1.国有经济(人)	60207	6058	770	2237	234	388	17620	6521	20035
2.集体经济(人)	14018	5058	931	1146	464	50	6	694	11056
3.其他经济(人)	65143	3623	1775	1805	35	—	3110	1532	3712
三、全年工资总额(万元)	**140857.1**	**14416.6**	**3278.6**	**4656.9**	**798.1**	**625.4**	**14643.6**	**4657.2**	**26355.9**
1.国有经济(万元)	67657.5	7309.7	884.4	2412.0	319.9	556.8	10635.1	3221.5	17206.1
2.集体经济(万元)	14382.9	4590.4	870.9	748.0	458.4	68.6	4.4	387.3	6513.0
3.其他经济(万元)	58816.7	2516.5	1532.5	1496.9	19.8	—	4004.1	1048.4	2636.8
四、年平均工资(元/人)	**10107**	**9781**	**9432**	**8976**	**10888**	**14279**	**7062**	**5324**	**7573**
1.国有经济(元/人)	11237	12066	11486	10782	13671	14351	6036	4940	8588
2.集体经济(元/人)	10260	9076	9354	6527	9879	13720	7333	5581	5891
3.其他经济(元/人)	9029	6946	8582	8293	5657	—	12875	6843	7103

表12-5 全部职工人数变动情况

(1994年)

单位: 人

指标	合计	其中: 国有经济单位	城镇集体单位	其他各种经济类型单位
一、本年增加人数	**26548**	**8415**	**2680**	**15453**
1.从农村招收	11497	490	756	10251
2.从城镇招收	3958	1294	554	2110
3.录用的复员转业军人	477	386	42	49
4.录用的大专技工学校毕业生	3249	2091	260	898
5.调入	5845	3614	721	1510
6.其他	1522	540	347	635
二、本年减少人数	**16370**	**5739**	**2327**	**8304**
1.离退休、退职人员	2917	1411	372	1134
2.开除、除名、辞退人员	2465	401	300	1764
3.终止解除合同	4738	753	492	3493
4.调出	3903	2465	456	982
5.其他	2347	709	707	931

表12-6 各县、区全部职工人数变动情况

(1994年)

单位：人

指　　标	市　属	香洲区	万山区	三灶区	横琴区	珠海港区	平沙区	红旗区	斗门县
一、本年增加人数	**20635**	**1534**	**231**	**1001**	**61**	**126**	**817**	**427**	**1716**
1.从农村招收	9719	596	54	430	28	2	105	110	45
2.从城镇招收	3086	166	58	106	8	11	12	144	367
3.录用的复员转业军人	350	18	8	57	1	3	3	3	34
4.录用的大专技工学校毕业生	2219	214	41	137	5	66	72	32	463
5.调入	4218	365	53	247	16	40	522	41	343
6.其他	1043	175	17	24	3	4	103	97	56
二、本年减少人数	**11957**	**1000**	**107**	**364**	**38**	**3**	**742**	**381**	**1778**
1.离退休、退职人员	1771	219	24	94	1	—	226	125	457
2开除、除名、辞退人员	1699	176	12	122	9	—	160	42	245
3.终止解除合同	3967	209	18	57	6	—	75	9	397
4.调出	2724	143	48	62	3	3	265	135	520
5.其他	1796	253	5	29	19	—	16	70	159

表12-7 全市劳动工资分行业汇总

(1994年)

行业	单位数（个）	职工年末人数（人）	职工年平均人数（人）	工资总额（万元）
总计	**3139**	**235288**	**228228**	**210289.4**
一、农、林、牧、渔业	102	18425	18170	7294.0
二、采掘业	13	391	390	256.0
三、制造业	706	100031	96831	80462.7
四、电力、煤气及水生产和供应业	25	3286	3207	4198.1
五、建筑业	104	10509	9773	8302.0
六、地质、勘查水利管理业	34	1226	1186	1361.1
七、交通运输、仓储及邮电通信业	86	10593	10306	12317.3
八、批发和零售、贸易、餐饮业	872	27788	27268	24967.7
九、金融、保险业	80	5448	5225	6752.8
十、房地产业	89	2460	2354	2972.9
十一、社会服务业	203	20518	19779	20357.6
十二、卫生体育和社会福利业	60	4865	4645	5716.3
十三、教育文化艺术和广播电影电视	319	10433	10152	12421.5
十四、科学研究和综合技术服务业	39	990	967	1040.7
十五、国家、政党机关和社会团体	349	16514	16175	20037.6
十六、其他	58	1811	1800	1831.1

表12-8 国有经济单位职工年末人数

单位:人

指标	1993年		1994年		1994年比1993年±%	
	全市	特区	全市	特区	全市	特区
总计	**126347**	**80178**	**117551**	**72446**	**-7.0**	**-9.6**
一、按隶属关系分组						
1.中央	11337	10511	10912	9463	-3.7	-9.9
2.省、自治区、直辖市	5953	5706	4768	4266	-19.9	-25.2
3.省辖市	68317	53587	48112	47420	-29.6	-11.5
4.县及县以下	40552	10186	51238	8776	26.4	-13.8
5.其他	188	188	2521	2521	12.4倍	12.4倍
二、按企业、事业、机关分组						
1.企业	92999	56405	81221	46886	-12.7	-16.9
2.事业	19026	12665	18942	13044	-0.4	3.0
3.机关	14322	11108	17388	12516	21.4	12.7
三、按国民经济行业分组						
1.农.林.牧.渔业	19733	372	17778	251	-9.9	-32.5
2.采掘业	422	331	93	—	-78.0	—
3.制造业	20387	10037	19387	9921	-4.9	-1.2
4.电力、煤气及水的生产和供应业	1957	1477	1198	714	-38.8	-51.7
5.建筑业	8083	7139	4883	4292	-39.6	-39.9
6.地质、勘查、水利管理业	1164	1069	666	641	-42.8	-40.0
7.交通运输、仓储及邮电通信业	6314	5612	7023	6177	11.2	10.1
8.批发和零售、贸易、餐饮业	20938	17425	17391	13769	-16.9	-21.0
9.金融、保险业	4384	3636	4537	3575	35	-1.7
10.房地产业	834	742	1046	917	25.4	23.6
11.社会服务业	12169	11816	10141	9539	-16.7	-19.3
12.卫生、体育和社会福利业	4454	3073	4817	3328	8.1	8.3
13教育、文化艺术和广播电影电视	9240	5471	10098	5510	9.3	0.7
14.科学研究和综合技术服务业	576	569	913	883	58.5	55.2
15.国家政党机关和社会团体	14702	10988	16454	12473	11.9	13.5
16.其他行业	990	421	1126	456	13.7	8.3

表12-9 各县、区国有经济单位职工年末人数

(1994年) 单位:人

指　　标	市　属	香洲区	万山区	三灶区	横琴区	珠海港区	平沙区	红旗区	斗门县
总　　计	**62456**	**6248**	**777**	**2306**	**242**	**417**	**18069**	**6575**	**20461**
一、按隶属关系分组									
1. 中央	9240	150	—	73	—	—	—	—	1449
2.省、自治区、直辖市	4182	—	178	84	—	—	—	—	502
3. 省辖市	46625	—	—	335	131	151	—	264	428
4. 县及县以下	—	6028	599	1772	111	266	18069	6311	18082
5. 其他	2409	70	—	42	—	—	—	—	—
二、按企业、事业、机关分组									
1. 企业	43952	1900	281	747	6	—	16200	5574	12561
2. 事业	9241	2570	172	814	73	174	1476	533	3889
3. 机关	9263	1778	324	745	163	243	393	468	4011
三、按国民经济行业分组									
1. 农.林.牧.渔业	95	142	14	—	—	—	12327	3779	1421
2. 采掘业	—	—	—	—	—	—	93	—	—
3. 制造业	8895	850	50	126	—	—	2411	1037	6018
4. 电力、煤气及水的生产和供应业	642	—	17	55	—	—	144	176	164
5.建筑业	4292	—	—	—	—	—	591	—	—
6.地质、勘查、水利管理业	577	22	—	42	—	—	19	—	6
7. 交通运输、仓储及邮电通信业	5884	—	—	293	—	—	108	—	738
8.批发和零售、贸易、餐饮业	12614	697	179	273	6	—	354	417	2851
9.金融、保险业	3415	160	—	—	—	—	—	—	962
10.房地产业	917	—	—	—	—	—	43	—	86
11.社会服务业	9214	210	—	115	—	—	197	178	227
12.卫生、体育和社会福利业	2506	519	40	202	19	42	396	151	942
13.教育、文化艺术和广播电影电视	2920	1870	114	426	54	126	833	347	3408
14.科学研究和综合技术服务业	840	—	21	22	—	—	—	22	8
15.国家政党机关和社会团体	9213	1778	324	752	163	243	481	468	3032
16. 其他行业	432	—	18	—	—	6	72	—	598

表12-10 国有经济单位合同制职工年末人数

单位:人

指标	1993年		1994年		1994年比1993年±%	
	全市	特区	全市	特区	全市	特区
总计	**32657**	**21442**	**29883**	**18914**	**-8.5**	**-11.8**
一、按隶属关系分组						
1.中央	3281	3001	3199	2882	-2.5	-4.0
2.省、自治区、直辖市	1747	1728	1346	1216	-23.0	-29.6
3.省辖市	17402	14779	13110	12892	-24.7	-12.8
4.县及县以下	10177	1884	11926	1622	17.2	-13.9
5.其他	50	50	302	302	5倍	5倍
二、按企业、事业、机关分组						
1.企业	27048	17648	23617	14558	-12.7	-17.5
2.事业	3367	2303	3618	2338	7.5	1.5
3.机关	2242	1491	2648	2018	18.1	35.3
三、按国民经济行业分组						
1.农.林.牧.渔业	3915	46	3709	86	-5.3	87.0
2.采掘业	76	60	20	—	-73.7	—
3.制造业	6106	2543	5175	2008	-15.2	-21.0
4电力、煤气及水的生产和供应业	1080	970	308	189	-71.5	-80.5
5.建筑业	1915	1872	1178	1117	-38.5	-40.3
6.地质、勘查、水利管理业	169	152	98	90	-42.0	-40.8
7.交通运输、仓储及邮电通信业	2269	2041	2302	2109	1.5	3.3
8.批发和零售、贸易、餐饮业	7190	6048	6496	5139	-9.7	-15.0
9.金融、保险业	1574	1285	1501	1334	-4.6	3.8
10.房地产业	250	215	399	346	59.6	60.9
11.社会服务业	3719	3506	3534	3232	-5.0	-7.8
12.卫生、体育和社会福利业	722	415	782	406	8.3	-2.2
13教育、文化艺术和广播电影电视	899	646	1024	580	13.9	-10.2
14.科学研究和综合技术服务业	127	127	145	134	14.2	5.5
15.国家政党机关和社会团体	2363	1392	2811	2000	19.0	43.7
16.其他行业	283	124	401	144	41.7	16.1

表12-11 各县、区国有经济单位合同制职工年末人数

(1994年)　　单位: 人

指标	市属	香洲区	万山区	三灶区	横琴区	珠海港区	平沙区	红旗区	斗门县
总计	**17038**	**1111**	**220**	**470**	**20**	**55**	**3459**	**1867**	**5643**
一、按隶属关系分组									
1. 中央	2784	52	—	46	—	—	—	—	317
2. 省、自治区、直辖市	1216	—	—	—	—	—	—	—	130
3. 省辖市	12746	—	45	70	7	24	—	60	158
4. 县及县以下	—	1049	175	354	13	31	3459	1807	5038
5. 其他	292	10	—	—	—	—	—	—	—
二、按企业、事业、机关分组									
1. 企业	13740	476	108	233	1	—	3105	1642	4312
2. 事业	1892	265	35	113	2	31	280	106	894
3. 机关	1406	370	77	124	17	24	74	119	437
三、按国民经济行业分组									
1. 农.林.牧.渔业	11	70	5	—	—	—	2100	1203	320
2. 采掘业	—	—	—	—	—	—	20	—	—
3. 制造业	1843	84	15	66	—	—	697	204	2266
4. 电力、煤气及水的生产和供应业	148	—	7	34	—	—	37	29	53
5. 建筑业	1117	—	—	—	—	—	61	—	—
6. 地质、勘查、水利管理业	82	8	—	—	—	—	5	—	3
7. 交通运输、仓储及邮电通信业	2055	—	—	54	—	—	8	—	185
8. 批发和零售、贸易、餐饮业	4770	217	72	79	1	—	137	106	1114
9. 金融、保险业	1279	55	—	—	—	—	—	—	167
10. 房地产业	346	—	—	—	—	—	10	—	43
11. 社会服务业	3072	107	—	53	—	—	53	94	155
12. 卫生、体育和社会福利业	248	101	11	35	2	9	74	28	274
13. 教育、文化艺术和广播电影电视	417	99	17	25	—	22	149	78	217
14. 科学研究和综合技术服务业	125	—	9	—	—	—	—	6	5
15. 国家政党机关和社会团体	1388	370	77	124	17	24	92	119	600
16. 其他行业	137	—	7	—	—	—	16	—	241

表12-12 国有经济单位职工平均人数

单位:人

指　　标	1993年		1994年		1994年比1993年±%	
	全市	特区	全市	特区	全市	特区
总　　计	**120724**	**75472**	**114070**	**69894**	**-5.5**	**-7.4**
一、按隶属关系分组						
1.中央	10378	9634	10643	9217	2.6	-4.3
2.省、自治区、直辖市	5418	5182	4712	4207	-13.0	18.8
3.省辖市	65327	50569	46775	46018	-28.4	-9.0
4.县及县以下	39419	9905	49994	8506	26.8	-14.1
5.其他	182	182	1946	1946	9.7倍	9.7倍
二、按企业、事业、机关分组						
1.企业	88795	52970	78607	45127	-11.5	-14.8
2.事业	18270	12016	18482	12614	1.2	5.0
3.机关	13659	10486	16981	12153	24.3	15.9
三、按国民经济行业分组						
1.农.林.牧.渔业	19640	361	17505	255	-10.9	-29.4
2.采掘业	419	329	92	—	-78.0	—
3.制造业	19878	9974	18846	9885	-5.2	-0.9
4电力、煤气及水的生产和供应业	1915	1446	1143	666	-40.3	-53.9
5.建筑业	7152	6263	4206	3665	-41.2	-41.5
6.地质、勘查、水利管理业	1082	1002	670	644	-38.1	-35.7
7.交通运输、仓储及邮电通信业	5598	4943	6960	6127	24.3	24.0
8.批发和零售、贸易、餐饮业	20352	16882	16954	13290	-16.7	-21.3
9.金融、保险业	4085	3399	4370	3422	7.0	0.7
10.房地产业	805	714	1000	873	24.2	22.3
11.社会服务业	11118	10779	9780	9223	-12.0	-14.4
12.卫生、体育和社会福利业	4104	2750	4597	3149	12.0	14.5
13教育、文化艺术和广播电影电视	9027	5343	9821	5272	8.8	-1.3
14.科学研究和综合技术服务业	568	561	895	866	57.6	54.4
15.国家政党机关和社会团体	14048	10364	16115	12110	14.7	16.8
16.其他行业	933	362	1116	447	19.6	23.5

表12-13 各县、区国有经济单位职工年平均人数

(1994年)　　单位：人

指　标	市属	香洲区	万山区	三灶区	横琴区	珠海港区	平沙区	红旗区	斗门县
总　计	**60207**	**6058**	**770**	**2237**	**234**	**388**	**17620**	**6521**	**20035**
一、按隶属关系分组									
1. 中央	9011	140	—	66	—	—	—	—	1426
2. 省、自治区、直辖市	4123	—	—	84	—	—	—	—	505
3. 省辖市	45239	—	176	336	131	137	—	264	493
4. 县及县以下	—	5848	594	1740	103	251	17620	6257	17611
5. 其他	1834	70	—	42	—	—	—	—	—
二、按企业、事业、机关分组									
1. 企业	42280	1823	280	738	6	—	15762	5520	12198
2. 事业	8961	2465	172	785	70	161	1472	535	3861
3. 机关	8966	1770	318	714	158	227	386	466	3976
三、按国民经济行业分组									
1. 农. 林. 牧. 渔业	94	147	14	—	—	—	11913	3915	1422
2. 采掘业	—	—	—	—	—	—	92	—	—
3. 制造业	8898	818	50	119	—	—	2442	858	5661
4. 电力、煤气及水的生产和供应业	594	—	17	55	—	—	141	176	160
5. 建筑业	3665	—	—	—	—	—	541	—	—
6. 地质、勘查、水利管理业	580	22	—	42	—	—	20	—	6
7. 交通运输、仓储及邮电通信业	5834	—	—	293	—	—	108	—	725
8. 批发和零售、贸易、餐饮业	12166	669	178	271	6	—	352	443	2869
9. 金融、保险业	3272	150	—	—	—	—	—	—	948
10. 房地产业	873	—	—	—	—	—	40	—	87
11. 社会服务业	8915	191	—	117	—	—	190	142	225
12. 卫生、体育和社会福利业	2354	512	40	190	16	37	392	158	898
13. 教育、文化艺术和广播电影电视	2803	1779	114	404	54	118	838	342	3369
14. 科学研究和综合技术服务业	820	—	21	25	—	—	—	21	8
15. 国家政党机关和社会团体	8916	1770	318	721	158	227	476	466	3063
16. 其他行业	423	—	18	—	—	6	75	—	594

表12-14 国有经济单位职工工资总额

单位:万元

指标	1993年		1994年		1994年比1993年±%	
	全市	特区	全市	特区	全市	特区
总计	**88390.6**	**63022.7**	**110203.0**	**79140.3**	**24.7**	**25.6**
一、按隶属关系分组						
1.中央	8913.3	8362.4	13857.3	12273.1	55.5	46.8
2.省、自治区、直辖市	4227.4	4003.5	5299.7	4788.8	25.4	19.6
3.省辖市	47237.8	42259.1	50488.7	49499.3	6.9	17.1
4.县及县以下	27841.9	8227.5	38263.4	10285.2	37.4	25.0
5.其他	170.2	170.2	2293.9	2293.9	12.5倍	12.5倍
二、按企业、事业、机关分组						
1.企业	60735.0	43786.8	67012.6	48347.0	10.3	10.4
2.事业	15648.3	10102.1	22299.2	15453.8	42.5	53.0
3.机关	12007.4	9133.9	20891.2	15339.5	74.0	67.9
三、按国民经济行业分组						
1.农.林.牧.渔业	6458.0	322.4	6820.5	227.9	5.6	-29.3
2.采掘业	381.1	277.1	67.6	—	-82.3	—
3.制造业	13564.4	7336.9	14948.2	8529.6	10.2	16.3
4电力、煤气及水的生产和供应业	1773.1	1432.9	1352.9	943.5	-23.7	-34.2
5.建筑业	5890.4	4930.4	3963.6	3520.1	-32.7	-28.6
6.地质、勘查、水利管理业	906.2	840.6	1000.5	974.3	10.4	15.9
7.交通运输、仓储及邮电通信业	5210.2	4754.8	9065.5	8145.5	74.0	71.3
8.批发和零售、贸易、餐饮业	16163.1	14276.2	15920.5	13686.5	-1.5	-4.1
9.金融、保险业	3543.9	2996.7	5507.3	4469.8	55.4	49.2
10.房地产业	877.5	804.9	1393.6	1241.8	58.8	54.3
11.社会服务业	8511.5	8282.3	10397.8	9891.3	22.2	19.4
12.卫生、体育和社会福利业	3549.2	2264.3	5649.2	3718.7	59.2	64.2
13教育、文化艺术和广播电影电视	7934.0	4701.9	12069.7	6963.5	52.1	48.1
14.科学研究和综合技术服务业	510.0	503.9	975.8	944.5	91.3	87.4
15.国家政党机关和社会团体	12377.4	8998.0	19960.7	15288.3	61.3	69.9
16.其他行业	740.5	299.4	1109.6	595.0	49.8	98.7

表12-15 各县、区国有经济单位职工工资总额

(1994年)　　　　单位: 万元

指　　　标	市 属	香洲区	万山区	三灶区	横琴区	珠海港区	平沙区	红旗区	斗门县
总　　计	**67657.5**	**7309.7**	**884.4**	**2412.0**	**319.9**	**556.8**	**10635.1**	**3221.5**	**17206.1**
一、按隶属关系分组									
1. 中央	12027.9	179.0	—	66.2	—	—	—	—	1584.2
2. 省、自治区、直辖市	4758.3	—	—	30.5	—	185.5	—	—	510.9
3. 省辖市	48669.3	—	190.5	273.3	180.7	371.3	—	415.6	573.8
4. 县及县以下	—	7097.4	693.9	1983.4	139.2	—	10635.1	2805.9	14537.2
5. 其他	2202.0	33.3	—	58.6	—	—	—	—	—
二、按企业、事业、机关分组									
1. 企业	45738.6	1790.3	231.6	579.3	7.2	—	8295.0	1705.9	8664.7
2. 事业	10488.8	3403.5	251.6	955.3	98.7	255.9	1796.5	828.9	4220.0
3. 机关	11430.1	2115.9	401.2	877.4	214.0	300.9	543.6	686.7	4321.4
三、按国民经济行业分组									
1. 农. 林. 牧. 渔业	136.4	82.3	9.2	—	—	—	5194.6	942.9	455.1
2. 采掘业	—	—	—	—	—	—	67.6	—	—
3. 制造业	7613.8	754.0	41.1	120.7	—	—	1924.0	467.1	4027.5
4. 电力、煤气及水的生产和供应业	876.0	—	9.8	57.7	—	—	154.2	79.2	176.0
5. 建筑业	3520.1	—	—	—	—	—	443.5	—	—
6. 地质、勘查、水利管理业	880.8	34.9	—	58.6	—	—	22.7	—	3.5
7. 交通运输、仓储及邮电通信业	7904.9	—	—	240.6	—	—	74.9	—	845.1
8. 批发和零售、贸易、餐饮业	12713.4	649.7	155.9	160.3	7.2	—	266.2	128.8	1839.0
9. 金融、保险业	4278.2	191.6	—	—	—	—	—	—	1037.5
10. 房地产业	1241.8	—	—	—	—	—	59.3	—	92.5
11. 社会服务业	9542.8	262.4	—	86.1	—	—	213.0	96.3	197.2
12. 卫生、体育和社会福利业	2655.6	680.0	44.0	250.2	27.6	61.3	655.6	221.6	1053.3
13. 教育、文化艺术和广播电影电视	3466.5	2538.9	183.5	517.1	71.1	186.4	844.9	576.1	3685.2
14. 科学研究和综合技术服务业	894.0	—	15.6	34.9	—	—	—	22.8	8.5
15. 国家政党机关和社会团体	11370.5	2115.9	401.2	885.8	214.0	300.9	658.9	686.7	3326.8
16. 其他行业	562.7	—	24.1	—	—	8.2	55.7	—	458.9

表12-16 国有经济单位职工工资总额构成情况

单位:万元

指标	1993年		1994年		1994年比1993年±%	
	全市	特区	全市	特区	全市	特区
一、计时和计件标准工资	**31410.0**	**22069.1**	**35674.4**	**23386.6**	**13.6**	**6.0**
(一)、按隶属关系分组						
1.中央	2653.1	2517.3	3623.0	3106.9	36.6	23.4
2.省、自治区、直辖市	1264.6	1233.9	1651.7	1460.9	30.6	18.4
3.省辖市	18996.7	15800.2	15623.7	15440.7	-17.8	-2.3
4.县及县以下	8446.1	2468.1	13598.0	2200.1	61.0	-10.9
5.其他	49.7	49.7	1178.0	1178.0	22.7倍	22.7倍
(二)、按企业、事业、机关分组						
1.企业	25780.0	18096.6	24982.5	16244.8	-3.1	-10.2
2.事业	3273.9	2213.1	5633.9	3772.8	72.1	70.5
3.机关	2356.1	1759.4	5058.0	3369.0	1.1倍	91.5
(三)、按国民经济行业分组						
1.农.林.牧.渔业	3791.9	77.2	4483.8	57.8	18.2	-25.1
2.采掘业	170.7	101.4	56.4	—	-67.0	—
3.制造业	5100.9	2916.9	5535.0	3190.4	8.5	9.4
4电力、煤气及水的生产和供应业	497.8	393.5	379.4	264.7	-23.8	-32.7
5.建筑业	4275.7	3584.7	2018.6	1745.6	-52.8	-51.3
6.地质、勘查、水利管理业	412.4	379.3	227.4	221.9	-44.9	-41.5
7.交通运输、仓储及邮电通信业	1532.1	1404.4	2592.6	2319.2	69.2	65.1
8.批发和零售、贸易、餐饮业	6164.4	5533.3	5125.8	4390.9	-16.8	-20.6
9.金融、保险业	773.9	701.1	1402.1	1092.8	81.2	55.9
10.房地产业	411.7	393.5	612.8	547.6	48.8	39.2
11.社会服务业	3171.8	3097.0	3537.4	3375.9	11.5	9.0
12.卫生、体育和社会福利业	667.7	476.8	1250.7	726.5	87.3	52.4
13教育、文化艺术和广播电影电视	1575.1	964.5	2941.7	1533.4	67.7	59.0
14.科学研究和综合技术服务业	169.3	168.1	325.9	315.7	92.5	87.8
15.国家政党机关和社会团体	2477.5	1747.8	4762.4	3357.0	92.2	92.1
16.其他行业	217.2	129.6	422.4	247.3	94.5	90.8

表12-16续表1　　单位:万元

指标	1993年		1994年		1994年比1993年±%	
	全市	特区	全市	特区	全市	特区
二、奖金和计件超额工资	**19296.9**	**13856.0**	**22107.9**	**17409.7**	**14.6**	**25.6**
(一)、按隶属关系分组						
1.中央	2180.1	2064.1	3708.8	3395.7	70.1	64.5
2.省、自治区、直辖市	1531.9	1510.7	1297.1	1217.4	-15.3	-19.4
3.省辖市	9608.1	9158.1	11001.6	10807.5	14.5	18.0
4.县及县以下	5931.6	1078.0	5378.0	1266.7	-9.3	17.5
5.其他	45.3	45.3	722.4	722.4	14.9倍	14.9倍
(二)、按企业、事业、机关分组						
1.企业	14090.3	10319.8	16086.1	12973.9	14.2	25.7
2.事业	2934.0	1838.8	3241.2	2192.8	10.5	19.3
3.机关	2272.3	1697.1	2780.6	2243.0	22.4	32.2
(三)、按国民经济行业分组						
1.农.林.牧.渔业	1242.9	64.2	796.7	33.2	-35.9	-48.3
2.采掘业	67.5	43.3	0.9	—	-98.7	—
3.制造业	3106.2	1426.6	3543.5	2234.0	14.1	56.6
4电力、煤气及水的生产和供应业	639.5	495.9	296.5	200.9	-53.6	-59.5
5.建筑业	807.6	690.6	1041.4	1008.5	28.9	46.0
6.地质、勘查、水利管理业	166.7	159.0	302.4	296.8	81.4	86.7
7.交通运输、仓储及邮电通信业	1537.7	1437.2	3219.1	2956.0	1.1倍	1.1倍
8.批发和零售、贸易、餐饮业	3813.2	3434.0	4319.7	3903.2	13.3	13.7
9.金融、保险业	878.5	799.7	747.5	594.3	-14.9	-25.7
10.房地产业	160.0	141.3	302.8	278.6	89.3	97.2
11.社会服务业	2181.0	2138.3	2116.5	2045.0	-3.0	-4.4
12.卫生、体育和社会福利业	606.5	347.6	671.6	456.0	10.7	31.2
13教育、文化艺术和广播电影电视	1436.5	815.1	1700.0	937.3	18.3	15.0
14.科学研究和综合技术服务业	119.6	118.9	152.2	315.7	27.3	1.7倍
15.国家政党机关和社会团体	2340.3	1653.6	2755.7	2239.2	17.7	35.4
16.其他行业	193.1	90.6	141.4	74.5	-26.8	-17.8

表12-16续表2

单位:万元

指标	1993年		1994年		1994年比1993年±%	
	全市	特区	全市	特区	全市	特区
三、津贴和补贴	**34087.1**	**23658.5**	**46432.3**	**32752.8**	**36.2**	**38.4**
(一)、按隶属关系分组						
1.中央	3970.3	3671.2	6001.1	5246.1	51.1	42.9
2.省、自治区、直辖市	1195.8	1023.9	2105.1	1864.7	76.0	82.1
3.省辖市	16739.4	15413.3	20812.1	20199.8	24.3	31.1
4.县及县以下	12157.8	3526.4	17253.2	5181.4	41.9	46.9
5.其他	23.6	23.6	260.8	260.8	10.1倍	10.1倍
(二)、按企业、事业、机关分组						
1.企业	18548.8	13131.3	22361.8	15769.8	20.6	20.1
2.事业	8774.1	5423.7	12642.2	8864.0	44.1	63.4
3.机关	6764.2	5103.6	11428.3	8119.0	69.0	59.1
(三)、按国民经济行业分组						
1.农.林.牧.渔业	1387.3	175.2	1349.6	120.2	-2.7	-31.4
2.采掘业	40.4	29.9	10.3	—	-74.5	—
3.制造业	4539.8	2176.3	5259.5	2545.0	15.9	16.9
4电力、煤气及水的生产和供应业	577.0	493.8	574.4	375.3	-0.5	-24.0
5.建筑业	709.5	557.5	741.5	604.0	4.5	8.3
6.地质、勘查、水利管理业	253.6	228.8	426.7	411.6	68.3	79.7
7.交通运输、仓储及邮电通信业	1929.4	1708.4	2737.4	2356.9	41.9	38.0
8.批发和零售、贸易、餐饮业	5574.3	4707.0	5520.4	4437.8	-1.0	-5.7
9.金融、保险业	1860.8	1465.3	3085.3	2510.3	65.8	71.3
10.房地产业	265.9	244.1	450.4	388.0	69.4	59.0
11.社会服务业	2825.0	2716.4	3981.0	3707.5	40.9	36.5
12.卫生、体育和社会福利业	2104.6	1277.3	3450.6	2266.2	64.0	77.4
13教育、文化艺术和广播电影电视	4543.5	2579.4	7044.6	4258.8	55.0	65.1
14.科学研究和综合技术服务业	194.6	190.4	455.0	435.9	1.3倍	1.3倍
15.国家政党机关和社会团体	6962.3	5032.6	10821.3	8083.6	55.4	60.6
16.其他行业	319.5	76.4	524.3	251.7	64.1	2.3倍

表12-17 各县、区国有经济单位职工工资总额构成情况

(1994年)　　　　单位: 万元

指　　标	市属	香洲区	万山区	三灶区	横琴区	珠海港区	平沙区	红旗区	斗门县
一、计时和计件标准工资	**20974.7**	**1738.4**	**154.8**	**438.1**	**80.6**	—	**5777.1**	**809.2**	**5701.5**
(一)、按隶属关系分组									
1. 中央	3020.8	33.3	—	52.8	—	—	—	—	516.1
2. 省、自治区、直辖市	1449.9	—	—	11.0	—	—	—	—	190.8
3. 省辖市	15344.5	—	44.4	17.6	34.2	—	—	48.0	135.0
4. 县及县以下	—	1700.6	110.4	342.7	46.4	—	5777.1	761.2	4859.6
5. 其他	1159.5	4.5	—	14.0	—	—	—	—	—
(二)、按企事业、机关分组									
1. 企业	15445.4	679.9	7.1	105.2	7.2	—	5316.9	498.8	2922.0
2. 事业	2812.7	664.4	73.6	198.4	23.7	—	365.8	211.1	1284.2
3. 机关	2716.6	394.1	74.1	134.5	49.7	—	94.4	99.3	1495.3
(三)、按国民经济行业分组									
1. 农.林.牧.渔业	34.1	23.7	—	—	—	—	3958.9	253.4	213.7
2. 采掘业	—	—	—	—	—	—	56.4	—	38.9
3. 制造业	2677.3	460.3	—	52.8	—	—	860.5	117.5	1366.6
4. 电力、煤气及水的生产和供应业	245.3	—	—	19.4	—	—	44.2	52.2	18.3
5. 建筑业	1745.5	—	—	—	—	—	273.1	—	—
6. 地质、勘查、水利管理业	203.7	4.2	—	14.0	—	—	3.9	—	1.6
7. 交通运输、仓储及邮电通信业	2319.2	—	—	—	—	—	23.9	—	249.5
8. 批发和零售、贸易、餐饮业	4175.3	168.3	7.1	33.0	7.2	—	48.2	46.0	640.7
9. 金融、保险业	1057.6	35.2	—	—	—	—	—	—	309.3
10. 房地产业	547.6	—	—	—	—	—	26.5	—	—
11. 社会服务业	3289.1	40.4	—	46.4	—	—	45.2	53.5	62.8
12. 卫生、体育和社会福利业	512.2	159.9	10.4	39.4	4.6	—	192.8	63.4	268.0
13. 教育、文化艺术和广播电影电视	938.6	452.3	52.8	70.6	19.1	—	110.3	116.5	1181.5
14. 科学研究和综合技术服务业	287.7	—	—	28.0	—	—	—	7.4	2.8
15. 国家政党机关和社会团体	2704.6	394.1	74.1	134.5	49.7	—	118.7	99.3	1187.4
16. 其他行业	236.9	—	10.4	—	—	—	14.5	—	160.6

表12-17续表1　　　　(1994年)　　　　单位:万元

指　　标	市属	香洲区	万山区	三灶区	横琴区	珠海港区	平沙区	红旗区	斗门县
二、奖金和计件超额工资	**16031.6**	**1000.2**	**51.0**	**290.2**	**26.7**	**10.0**	**1363.7**	**639.6**	**2694.9**
(一)、按隶属关系分组									
1. 中央	3352.9	42.8	—	—	—	—	—	—	313.1
2. 省、自治区、直辖市	1207.7	—	—	9.7	—	—	—	—	79.7
3. 省辖市	10768.8	—	23.2	3.2	12.3	—	—	43.2	150.9
4. 县及县以下	—	943.4	27.8	271.1	14.4	10.0	1363.7	596.4	2151.2
5. 其他	702.2	14.0	—	6.2	—	—	—	—	—
(二)、按企事业、机关分组									
1. 企业	12783.5	165.6	—	24.8	—	—	923.0	478.7	1710.5
2. 事业	1575.2	447.5	18.0	130.7	11.6	9.8	334.4	93.8	620.2
3. 机关	1672.9	387.1	33.0	134.7	15.1	0.2	106.3	67.1	364.2
(三)、按国民经济行业分组									
1. 农.林.牧.渔业	25.2	8.0	—	—	—	—	255.6	440.9	67.0
2. 采掘业	—	—	—	—	—	—	0.9	—	—
3. 制造业	2213.5	20.5	—	12.4	—	—	477.1	19.6	812.8
4. 电力、煤气及水的生产和供应业	188.5	—	—	—	—	—	51.6	—	42.3
5. 建筑业	1008.5	—	—	—	—	—	32.9	—	—
6. 地质、勘查、水利管理业	285.6	5.0	—	6.2	—	—	5.1	—	0.5
7. 交通运输、仓储及邮电通信业	2956.0	—	—	—	—	—	6.0	—	257.1
8. 批发和零售、贸易、餐饮业	3824.6	66.2	—	12.4	—	—	43.7	16.5	356.3
9. 金融、保险业	546.5	47.8	—	—	—	—	—	—	153.2
10. 房地产业	278.6	—	—	—	—	—	18.5	—	5.7
11. 社会服务业	1989.7	51.6	—	3.7	—	—	35.4	—	36.1
12. 卫生、体育和社会福利业	327.4	85.2	5.4	35.9	2.1	—	120.9	22.0	72.7
13. 教育、文化艺术和广播电影电视	495.4	328.8	9.9	83.9	9.5	9.8	171.8	71.8	519.1
14. 科学研究和综合技术服务业	152.2	—	—	—	—	—	—	—	—
15. 国家政党机关和社会团体	1668.1	387.1	33.0	135.7	15.1	0.2	126.8	67.1	322.6
16. 其他行业	71.8	—	2.7	—	—	—	17.4	—	49.5

表12-17续表2　　(1994年)　　单位:万元

指　　标	市　属	香洲区	万山区	三灶区	横琴区	珠海港区	平沙区	红旗区	斗门县
三、津贴和补贴	**27045.2**	**3862.2**	**358.2**	**942.4**	**212.6**	**332.2**	**3494.3**	**1599.0**	**8586.2**
(一)、按隶属关系分组									
1. 中央	5145.7	100.4	—	—	—	—	—	—	755.0
2.省、自治区、直辖市	1854.9	—	—	9.8	—	—	—	—	240.4
3. 省辖市	19836.7	—	100.4	11.9	134.2	116.6	—	324.4	287.9
4. 县及县以下	—	3747.3	257.8	882.3	78.4	215.6	3494.3	1274.6	7302.9
5. 其他	207.9	14.5	—	38.4	—	—	—	—	—
(二)、按企事业、机关分组									
1. 企业	15010.5	640.2	15.5	103.6	—	—	2055.1	—	3982.2
2. 事业	5685.1	2171.0	154.3	599.7	63.4	—	1096.3	—	2157.9
3. 机关	6349.6	1051.0	188.4	239.1	149.2	—	342.9	—	2446.1
(三)、按国民经济行业分组									
1. 农.林.牧.渔业	71.4	48.8	—	—	—	—	980.1	74.9	174.4
2. 采掘业	—	—	—	—	—	—	10.3	—	—
3. 制造业	2304.2	240.8	—	—	—	—	586.4	330.0	1798.1
4. 电力、煤气及水的生产和供应业	347.7	—	1.7	25.9	—	—	58.4	25.3	115.4
5.建筑业	604.0	—	—	—	—	—	137.5	—	—
6.地质、勘查、水利管理业	348.2	25.0	—	38.4	—	—	13.7	—	1.4
7. 交通运输、仓储及邮电通信业	2356.9	—	—	77.7	—	—	45.0	—	335.5
8. 批发和零售、贸易、餐饮业	4107.4	238.9	13.8	—	—	—	174.3	66.3	842.0
9.金融、保险业	2404.8	105.5	—	—	—	—	—	—	575.0
10.房地产业	388.0	—	—	—	—	—	14.3	—	48.1
11.社会服务业	3601.0	78.8	—	27.7	—	—	132.4	42.8	98.3
12.卫生、体育和社会福利业	1682.9	315.6	25.0	174.9	20.9	46.9	341.9	136.2	706.3
13. 教育、文化艺术和广播电影电视	1849.3	1757.8	118.3	347.6	42.5	143.3	562.8	387.8	1835.2
14. 科学研究和综合技术服务业	430.4	—	—	5.5	—	—	—	15.4	3.7
15.国家政党机关和社会团体	6308.6	1051.0	188.4	244.7	149.2	141.7	413.4	520.3	1804.0
16. 其他行业	240.4	—	11.0	—	—	0.3	23.8	—	248.8

表12-18 国有经济单位职工年平均工资

单位:元/人·年

指　　标	1993年		1994年		1994年比1993年±%	
	全市	特区	全市	特区	全市	特区
总　　计	**7322**	**8350**	**9661**	**11323**	**31.9**	**35.6**
一、按隶属关系分组						
1.中央	8589	8680	13020	13316	51.6	53.4
2.省、自治区、直辖市	7803	7726	14247	11383	82.6	47.3
3.省辖市	7231	8357	10794	10757	49.3	28.7
4.县及县以下	7063	8306	7654	12092	8.4	45.6
5.其他	9352	9352	11788	11788	26.0	26.0
二、按企业、事业、机关分组						
1.企业	6834	8266	8525	10714	24.7	29.6
2.事业	8565	8407	12065	12251	40.9	45.7
3.机关	8791	8711	12303	12622	39.9	44.9
三、按国民经济行业分组						
1.农.林.牧.渔业	3288	8931	3896	8937	18.5	0.1
2.采掘业	9095	8422	7348	—	-19.2	—
3.制造业	6824	7365	7932	8629	16.2	17.2
4.电力、煤气及水的生产和供应业	9259	9909	11836	14167	27.8	43.0
5.建筑业	8236	7872	9424	9605	14.4	22.0
6.地质、勘查、水利管理业	8376	8389	14933	15129	78.3	80.3
7.交通运输、仓储及邮电通信业	9307	9619	13025	13294	39.9	38.2
8.批发和零售、贸易、餐饮业	7942	8456	9390	10298	11.2	21.8
9.金融、保险业	8675	8816	12603	13062	45.3	48.2
10.房地产业	10901	11273	13936	14225	27.8	26.2
11.社会服务业	7656	7684	10632	10725	38.9	39.6
12.卫生、体育和社会福利业	8648	8234	12289	11809	42.1	43.4
13.教育、文化艺术和广播电影电视	8789	8800	12290	13208	39.8	50.1
14.科学研究和综合技术服务业	8979	8982	10903	10906	21.4	21.4
15.国家政党机关和社会团体	8811	8682	12386	12625	40.6	45.4
16.其他行业	7937	8272	9943	13311	25.3	60.9

表12-19 各县、区国有经济单位职工年平均工资

(1994年) 单位:元/人·年

指标	市属	香洲区	万山区	三灶区	横琴区	珠海港区	平沙区	红旗区	斗门县
总计	**11237**	**12066**	**11486**	**10782**	**13671**	**14351**	**6036**	**4940**	**8588**
一、按隶属关系分组									
1. 中央	13348	12786	—	10030	—	—	—	—	11109
2. 省、自治区、直辖市	11541	—	—	3631	—	—	—	—	10117
3. 省辖市	10758	—	10824	8158	13794	13540	—	15742	11639
4. 县及县以下	—	12136	11682	11599	13515	14793	6036	4484	8255
5. 其他	12007	4757	—	13952	—	—	—	—	—
二、按企业、事业、机关分组									
1. 企业	10818	9821	8271	7850	12000	—	5263	3090	7103
2. 事业	11705	13807	14628	12169	14100	15894	12204	15493	10930
3. 机关	12748	11954	12616	12289	13544	13256	14083	14736	10869
三、按国民经济行业分组									
1. 农.林.牧.渔业	14511	5599	6571	—	—	—	4360	—	3200
2. 采掘业	—	—	—	—	—	—	7348	—	—
3. 制造业	8557	9218	8220	10143	—	—	7879	5444	7114
4. 电力、煤气及水的生产和供应业	14747	—	5765	10491		—	10936	4500	11000
5. 建筑业	9605	—	—	—	—	—	8198	—	—
6. 地质、勘查、水利管理业	15186	15864	—	13952	—	—	11350	—	5833
7. 交通运输、仓储及邮电通信业	13550	—	—	8212	—	—	6935	—	11657
8. 批发和零售、贸易、餐饮业	10450	9712	8758	5915	12000	—	7563	2907	6410
9. 金融、保险业	13075	12773	—	—	—	—	—	—	10944
10. 房地产业	14225	13738	—	—	—	—	14825	—	10632
11. 社会服务业	10704	13281	—	7359	—	—	11211	6782	8764
12. 卫生、体育和社会福利业	11281	14272	11000	13168	17250	16568	16724	14025	11729
13. 教育、文化艺术和广播电影电视	12367	—	16096	12800	13167	15797	10082	16845	10939
14. 科学研究和综合技术服务业	10902	—	7429	13960	—	—	—	10857	10625
15. 国家政党机关和社会团体	12753	11954	12616	12286	13544	13256	13842	14736	10861
16. 其他行业	13303	—	13389	—	—	13667	7427	—	7726

表12-20 集体经济单位职工年末人数

单位:人

指标	1993年		1994年		1994年比1993年 ±%	
	全市	特区	全市	特区	全市	特区
总计	**31329**	**19612**	**34009**	**21894**	**8.6**	**11.6**
一、按企业、事业、机关分组						
1.企业	30973	19451	33014	21577	6.6	10.9
2.事业	313	118	961	283	2.1倍	1.4倍
3.机关	43	43	34	84	-20.9	95.3
二、按国民经济行业分组						
1.农.林.牧.渔业	936	426	505	417	-46.0	-2.1
2.采掘业	25	12	147	147	4.9倍	11.3倍
3.制造业	9312	6952	8727	6855	-6.3	-1.4
4电力、煤气及水的生产和供应业	827	743	1169	1169	41.4	57.3
5.建筑业	5103	1754	5099	1389	-0.1	-20.8
6.地质、勘查、水利管理业	69	69	560	42	7.1倍	-39.1
7.交通运输、仓储及邮电通信业	1716	950	3085	2243	79.8	1.4倍
8.批发和零售、贸易、餐饮业	8824	5778	8522	6474	-3.4	12.0
9.金融、保险业	457	32	591	484	29.3	14.1倍
10.房地产业	825	396	704	464	-14.7	17.2
11.社会服务业	2401	2010	3936	1488	63.9	-26.0
12.卫生、体育和社会福利业	—	—	48	18		
13.教育、文化艺术和广播电影电视	253	80	146	88	-42.3	10.0
14.科学研究和综合技术服务业	211	181	62	62	-70.6	-65.7
15.国家政党机关和社会团体	43	43	60	60	39.5	39.5
16.其他行业	327	186	648	464	98.2	1.5倍

表12-21 各县、区集体经济单位职工年末人数

(1994年) 单位：人

指标	市属	香洲区	万山区	三灶区	横琴区	珠海港区	平沙区	红旗区	斗门县
总计	**14313**	**4962**	**948**	**1140**	**466**	**65**	**6**	**803**	**11306**
一、按企事业、机关分组									
1.企业	14288	4785	948	1034	457	65	6	803	10628
2.事业	25	143	—	106	9	—	—	—	678
3.机关	—	34	—	—	—	—	—	—	—
二、按国民经济行业分组									
1.农.林.牧.渔业	346	63	8	—	—	—	—	—	88
2.采掘业	72	—	—	75	—	—	—	—	—
3.制造业	3663	2149	592	379	61	6	—	257	1615
4.电力、煤气及水的生产和供应业	1161	40	8	—	—	—	—	—	—
5.建筑业	1135	—	39	157	—	18	—	337	3373
6.地质、勘查、水利管理业	42	—	—	—	—	—	—	—	518
7.交通运输、仓储及邮电通信业	1986	111	74	32	40	—	—	14	828
8.批发和零售、贸易、餐饮业	4069	1568	141	358	322	16	6	126	1916
9.金融、保险业	220	264	—	—	—	—	—	—	107
10.房地产业	386	67	75	—	—	11	—	66	174
11.社会服务业	687	580	—	100	32	14	—	3	2445
12.卫生、体育和社会福利业	—	38	—	4	6	—	—	—	—
13.教育、文化艺术和广播电影电视	35	22	—	26	5	—	—	—	58
14.科学研究和综合技术服务业	51	60	11	—	—	—	—	—	—
15.国家政党机关和社会团体	—	—	—	—	—	—	—	—	—
16.其他行业	455	—	—	9	—	—	—	—	184

表12-22 各县、区集体经济单位职工年平均人数

(1994年)　　单位:人

指标	市属	香洲区	万山区	三灶区	横琴区	珠海港区	平沙区	红旗区	斗门县
总计	**14018**	**5058**	**931**	**1146**	**464**	**50**	**6**	**694**	**11056**
一、按企事业、机关分组									
1.企业	13994	4885	931	1042	455	50	6	694	10426
2.事业	24	139	—	104	9	—	—	—	630
3.机关	—	34	—	—	—	—	—	—	—
二、按国民经济行业分组									
1.农.林.牧.渔业	351	76	8	—	—	—	—	—	87
2.采掘业	72	—	—	75	—	—	—	—	—
3.制造业	3687	2239	592	395	61	4	—	186	1825
4.电力、煤气及水的生产和供应业	1149	—	8	—	—	—	—	—	—
5.建筑业	1112	41	43	154	—	16	—	342	3314
6.地质、勘查、水利管理业	44	—	—	—	—	—	—	—	472
7.交通运输、仓储及邮电通信业	1790	111	65	32	40	—	—	14	828
8.批发和零售、贸易、餐饮业	4024	1581	141	354	322	10	6	83	1873
9.金融、保险业	209	242	—	—	—	—	—	—	98
10.房地产业	377	80	—	—	—	9	—	66	174
11.社会服务业	671	569	63	97	30	11	—	3	2145
12.卫生、体育和社会福利业	—	38	—	4	6	—	—	—	—
13.教育、文化艺术和广播电影电视	34	21	—	26	5	—	—	—	56
14.科学研究和综合技术服务业	46	—	11	—	—	—	—	—	—
15.国家政党机关和社会团体	—	60	—	—	—	—	—	—	—
16.其他行业	452	—	—	9	—	—	—	—	184

表12-23 集体经济单位职工年平均人数

单位:人

指标	1993年		1994年		1994年比1993年 ±%	
	全市	特区	全市	特区	全市	特区
总计	**30961**	**19408**	**33423**	**21667**	**8.0**	**11.6**
一、按企业、事业、机关分组						
1.企业	30627	19241	32483	21357	6.1	11.0
2.事业	291	124	906	276	2.1倍	1.1倍
3.机关	43	43	34	34	-20.9	-20.9
二、按国民经济行业分组						
1.农.林.牧.渔业	907	437	522	435	-42.4	-0.5
2.采掘业	25	12	147	147	4.9倍	11.3倍
3.制造业	9563	7194	8989	6978	-6.0	-3.0
4电力、煤气及水的生产和供应业	785	705	1157	1157	47.4	64.1
5.建筑业	4930	1615	5022	1366	1.9	-15.5
6.地质、勘查、水利管理业	69	69	516	44	6.5倍	-6.2
7.交通运输、仓储及邮电通信业	1631	865	2880	2038	76.6	1.4倍
8.批发和零售、贸易、餐饮业	8623	5653	8394	6432	-2.7	13.8
9.金融、保险业	441	31	549	451	24.5	13.5倍
10.房地产业	708	280	706	466	-0.3	66.4
11.社会服务业	2500	2064	3589	1441	43.6	-30.2
12.卫生、体育和社会福利业	—	—	48	48	—	—
13.教育文化艺术和广播电影电视业	201	73	142	86	-29.4	17.8
14.科学研究和综合技术服务业	214	188	57	57	-73.4	-69.7
15.国家政党机关和社会团体	43	43	60	60	39.5	39.5
16.其他行业	321	179	645	461	1倍	1.6倍

表12-24 各县、区集体经济单位职工工资总额

(1994年) 单位: 万元

指 标	市 属	香洲区	万山区	三灶区	横琴区	珠海港区	平沙区	红旗区	斗门县
总 计	**14382.9**	**4590.4**	**870.9**	**748.0**	**458.4**	**68.6**	**4.4**	**387.3**	**6513.0**
一、按企事业、机关分组									
1.企业	14349.3	4343.5	870.9	674.1	446.7	68.6	4.4	387.3	6083.6
2.事业	33.6	212.3	—	73.9	11.7	—	—	—	429.4
3.机关	—	34.6	—	—	—	—	—	—	—
二、按国民经济行业分组									
1.农.林.牧.渔业	283.7	55.8	9.4	—	—	—	—	—	19.3
2.采掘业	77.5	—	—	41.7	—	—	—	—	—
3.制造业	2881.2	1950.4	503.7	209.5	43.5	6.4	—	70.3	1142.9
4.电力、煤气及水的生产和供应业	1913.2	—	6.9	—	—	—	—	—	—
5.建筑业	1008.2	83.3	51.9	134.4	—	32.1	—	188.5	2433.1
6.地质、勘查、水利管理业	55.5	—	—	—	—	—	—	—	305.1
7.交通运输、仓储及邮电通信业	2005.6	94.1	79.8	15.3	43.2	—	—	9.8	461.9
8.批发和零售、贸易、餐饮业	4156.1	1399.8	149.6	240.7	333.4	6.5	4.4	42.7	760.8
9.金融、保险业	313.9	384.0	—	—	—	—	—	—	120.6
10.房地产业	416.0	77.0	—	—	—	7.5	—	69.5	141.2
11.社会服务业	704.7	388.9	57.5	64.5	24.7	16.1	—	6.5	905.3
12.卫生、体育和社会福利业	—	54.0	—	3.9	9.2	—	—	—	—
13.教育、文化艺术和广播电影电视	43.9	26.2	—	28.2	4.4	—	—	—	41.2
14.科学研究和综合技术服务业	42.0	—	12.1	—	—	—	—	—	—
15.国家政党机关和社会团体	—	76.9	—	—	—	—	—	—	—
16.其他行业	481.9	—	—	9.8	—	—	—	—	181.6

表12-25 集体经济单位职工工资总额

单位:万元

指标	1993年		1994年		1994年比1993年±%	
	全市	特区	全市	特区	全市	特区
总计	**20159.5**	**14700.9**	**28023.9**	**21119.2**	**39.0**	**43.7**
一、按企业、事业、机关分组						
1.企业	19916.0	14574.3	27228.4	20753.1	36.7	42.4
2.事业	202.8	85.9	760.9	331.5	2.8倍	2.9倍
3.机关	40.7	40.7	34.6	34.6	-15.0	-15.0
二、按国民经济行业分组						
1.农.林.牧.渔业	537.5	291.0	368.2	348.9	-31.5	19.9
2.采掘业	13.4	7.5	119.2	119.2	7.9倍	14.9倍
3.制造业	6335.6	5188.1	6807.9	5594.7	7.5	7.8
4电力、煤气及水的生产和供应业	1033.6	994.7	1920.1	1920.1	85.8	93.0
5.建筑业	2556.8	1040.6	3931.5	1309.9	53.8	25.9
6.地质、勘查、水利管理业	39.8	39.8	360.6	55.5	8.1倍	39.4
7.交通运输、仓储及邮电通信业	1130.0	816.2	2709.7	2238.0	1.4倍	1.7倍
8.批发和零售、贸易、餐饮业	5398.4	4218.0	7094.0	6286.1	31.4	49.0
9.金融、保险业	292.1	28.4	818.5	697.9	1.8倍	23.6倍
10.房地产业	541.5	235.4	711.2	500.5	31.3	1.1倍
11.社会服务业	1712.7	1463.0	2168.2	1256.4	26.6	-14.1
12.卫生、体育和社会福利业	—	—	67.1	67.1	—	—
13.教育、文化艺术和广播电影电视	137.7	63.8	143.4	102.2	4.1	60.2
14.科学研究和综合技术服务业	144.5	124.7	54.1	54.1	-62.6	-56.6
15.国家政党机关和社会团体	40.7	40.7	76.9	76.9	88.9	88.9
16.其他行业	245.3	149.1	673.3	491.7	1.7倍	2.3倍

表12-26 各县、区集体经济单位职工年平均工资

(1994年)　　单位：元/人·年

指标	市属	香洲区	万山区	三灶区	横琴区	珠海港区	平沙区	红旗区	斗门县
总计	**1026**	**9076**	**9354**	**6527**	**9879**	**13720**	**7333**	**5581**	**5891**
一、按企事业、机关分组									
1.企业	10254	8892	9354	6489	9818	13720	7333	5581	5835
2.事业	14000	15273	—	7106	13000	—	—	—	6816
3.机关	—	10176	—	—	—	—	—	—	—
二、按国民经济行业分组									
1.农.林.牧.渔业	8083	7342	11750	—	—	—	—	—	2218
2.采掘业	10764	—	—	5560	—	—	—	—	—
3.制造业	7814	8711	8508	5304	7131	16000	—	3780	6262
4.电力、煤气及水的生产和供应业	16651	—	8625	—	—	—	—	—	—
5.建筑业	9067	20317	12070	8727	—	20063	—	5512	7342
6.地质、勘查、水利管理业	12614	—	—	—	—	—	—	—	6464
7.交通运输、仓储及邮电通信业	11204	8477	12277	4781	10800	—	—	7000	5579
8.批发和零售、贸易、餐饮业	10328	8854	10610	6799	10354	6500	7333	5145	4062
9.金融、保险业	15019	15868	—	—	—	—	—	—	12306
10.房地产业	11034	9625	—	—	—	8333	—	10530	8115
11.社会服务业	10502	6835	9127	6649	8233	14636	—	21667	4221
12.卫生、体育和社会福利业	—	14211	—	9750	15333	—	—	—	—
13.教育、文化艺术和广播电影电视	12765	12476	—	10846	8800	—	—	—	7357
14.科学研究和综合技术服务业	9130	—	11000	—	—	—	—	—	—
15.国家政党机关和社会团体	—	12817	—	—	—	—	—	—	—
16.其他行业	10662	—	—	10889	—	—	—	—	9870

表12-27 集体经济单位职工年平均工资

单位:元/人·年

指标	1993年		1994年		1994年比1993年±%	
	全市	特区	全市	特区	全市	特区
总计	**6511**	**7575**	**8385**	**9747**	**28.8**	**28.7**
一、按企业、事业、机关分组						
1.企业	6503	7575	8382	9717	28.9	28.3
2.事业	6969	6927	8898	12011	27.6	73.4
3.机关	9372	9465	10176	10176	8.6	7.5
二、按国民经济行业分组						
1.农.林.牧.渔业	5626	6659	7054	8021	25.4	20.5
2.采掘业	5360	6250	8109	8109	51.3	29.7
3.制造业	6625	7212	7574	8018	14.3	11.2
4电力、煤气及水的生产和供应业	13167	14109	16596	16596	26.0	17.6
5.建筑业	5186	6443	7829	9589	51.0	48.8
6.地质、勘查、水利管理业	5768	5768	6983	12614	21.1	1.2倍
7.交通运输、仓储及邮电通信业	6928	9436	9409	10981	35.8	16.4
8.批发和零售、贸易、餐饮业	6260	7462	8451	9773	35.0	31.0
9.金融、保险业	6624	9161	14909	15475	1.3倍	68.9
10.房地产业	7648	8407	10074	10740	31.7	27.8
11.社会服务业	6851	7088	6041	8719	-11.8	23.0
12.卫生、体育和社会福利业	—	—	13979	13979	—	—
13.教育文化艺术和广播电影电视业	6851	8740	10099	11884	47.4	35.9
14.科学研究和综合技术服务业	6752	6633	9491	9491	40.6	43.1
15.国家政党机关和社会团体	9465	9465	12817	12817	35.4	35.4
16.其他行业	7642	8330	10439	10666	36.6	28.0

表12-28 其他经济单位职工年末人数

单位:人

指标	1993年		1994年		1994年比1993年±%	
	全市	特区	全市	特区	全市	特区
总计	**76172**	**68480**	**83728**	**75193**	**9.9**	**9.8**
一、按经济类型分组						
1.联营经济	2054	1591	1586	1355	-22.8	-14.9
2.股份制经济	11141	9083	10700	7956	-4.0	-12.4
3.外商投资经济	26100	24467	28060	24973	7.5	2.1
4.港澳台投资经济	36780	33242	41045	38609	11.6	16.1
5.其他经济	97	97	2337	2300	23.1倍	22.7倍
二、按企业、事业分组						
1.企业	76172	68480	83708	75183	9.9	9.8
2.事业	—	—	20	10	—	—
三、按国民经济行业分组						
1.农、林、牧、渔业	59	59	142	142	1.4倍	1.4倍
2.采掘业	198	—	151	—	-23.7	—
3.制造业	63941	56944	71917	64311	12.5	12.9
4.电力、煤气及水生产和供应业	96	33	919	781	8.6倍	22.7倍
5.建筑业	374	264	527	180	40.1	-31.8
6.地质、勘查水利管理业	—	—	—	—	—	—
7.交通运输、仓储及邮电通信业	578	560	485	436	-16.1	-22.1
8.批发和零售、贸易、餐饮业	1755	1695	1875	1819	6.8	7.3
9.金融、保险业	568	536	320	242	-43.7	-54.9
10.房地产业	679	613	710	627	4.6	2.3
11.社会服务业	7703	7555	6441	6414	-16.4	-15.1
12.卫生体育和社会福利业	36	36	—	—	—	—
13.教育文化艺术和广播电影电视业	—	—	189	189	—	—
14.科学研究和综合技术服务业	109	109	15	15	-86.4	-86.4
15.国家、政党机关和社会团体	—	—	—	—	—	—
16.其他行业	76	76	37	37	-51.3	-51.3

表12-29 各县、区其他经济单位职工年末人数

(1994年)　　　　单位: 人

指　　标	市属	香洲区	万山区	三灶区	横琴区	珠海港区	平沙区	红旗区	斗门县
总　　计	**65143**	**3704**	**1800**	**1891**	**30**	**—**	**3287**	**1584**	**3664**
一、按经济类型分组									
1.联营经济	951	252	—	157	—	—	—	—	231
2.股份制经济	6856	1017	125	—	—	—	2331	294	119
3.外商投资经济	18367	1709	1525	1054	30	—	27	965	2095
4.港澳台投资经济	36678	719	150	670	—	—	902	325	1209
5.其他经济	2291	7	—	10	—	—	27	—	10
二、按企业、事业分组									
1.企业	65143	3704	1800	1881	30	—	3287	1584	3654
2.事业	—	—	—	10	—	—	—	—	10
三、按国民经济行业分组									
1.农、林、牧、渔业	136	7	—	—	—	—	—	—	—
2.采掘业	—	—	—	—	—	—	—	—	151
3.制造业	54978	3447	—	1805	30	—	3260	1222	3124
4.电力、煤气及水生产和供应业	578	—	1497	76	—	—	—	68	70
5.建筑业	120	50	125	—	—	—	—	294	53
6.地质、勘查水利管理业	—	—	—	—	—	—	—	—	—
7.交通运输、仓储及邮电通信业	417	—	—	—	—	—	—	—	49
8.批发和零售、贸易、餐饮业	1500	200	178	—	—	—	—	—	56
9.金融、保险业	229	—	—	—	—	—	—	—	78
10.房地产业	569	—	—	—	—	—	—	—	83
11.社会服务业	6383	—	—	—	—	—	27	—	—
12.卫生体育和社会福利业	—	—	—	—	—	—	—	—	—
13.教育文化艺术和广播电影电视业	179	—	—	10	—	—	—	—	—
14.科学研究和综合技术服务业	15	—	—	—	—	—	—	—	—
15.国家、政党机关和社会团体	—	—	—	—	—	—	—	—	—
16.其他行业	39	—	—	—	—	—	—	—	—

表12-30 其他经济单位职工工资总额

单位:万元

指标	1993年		1994年		1994年比1993年±%	
	全市	特区	全市	特区	全市	特区
总计	**58288.5**	**52867.9**	**72062.5**	**64373.2**	**23.6**	**21.8**
一、按经济类型分组						
1.联营经济	1712.8	1504.9	1414.3	1291.1	-17.4	-14.2
2.股份制经济	10314.6	7928.6	10955.8	7204.5	6.2	-9.1
3.外商投资经济	18995.6	18049.2	23111.2	20860.4	21.7	15.6
4.港澳台投资经济	27221.4	25341.1	33830.3	32288.2	24.3	27.4
5.其他经济	44.2	44.2	2750.9	2729.0	61.2倍	60.7倍
二、按企业、事业分组						
1.企业	58288.5	52867.9	72046.0	64363.2	23.6	21.7
2.事业	—	—	16.5	10.0	—	—
三、按国民经济行业分组						
1.农、林、牧、渔业	32.0	32.0	105.3	105.3	2.3倍	2.3倍
2.采掘业	64.2	—	69.2	—	7.8	—
3.制造业	47129.8	42122.5	58706.6	51617.1	24.6	22.5
4.电力、煤气及水生产和供应业	60.4	32.6	925.1	806.3	14.3倍	23.7倍
5.建筑业	275.9	187.9	406.9	204.7	47.5	8.9
6.地质、勘查水利管理业	—	—	—	—	—	—
7.交通运输、仓储及邮电通信业	639.0	629.0	542.1	513.9	-15.2	-18.3
8.批发和零售、贸易、餐饮业	1930.0	1905.5	1953.2	1914.7	1.2	0.5
9.金融、保险业	532.3	521.9	427.0	368.3	-19.8	-29.4
10.房地产业	614.1	561.5	868.1	799.3	41.4	42.4
11.社会服务业	6873.2	6737.4	7791.6	7776.2	13.4	15.4
12.卫生体育和社会福利业	30.3	30.3	—	—	—	—
13.教育文化艺术和广播电影电视业	—	—	208.4	208.4	—	—
14.科学研究和综合技术服务业	63.9	63.9	10.8	10.8	-84.1	-84.1
15.国家、政党机关和社会团体	—	—	—	—	—	—
16.其他行业	43.4	43.4	48.2	48.2	-11.1	-11.1

表12-31 各县、区其他经济单位职工工资总额

(1994年) 单位: 万元

指　　标	市属	香洲区	万山区	三灶区	横琴区	珠海港区	平沙区	红旗区	斗门县
总　　计	**58816.7**	**2516.5**	**1523.3**	**1496.9**	**19.8**	—	**4004.1**	**1048.4**	**2636.8**
一、按经济类型分组									
1.联营经济	861.5	318.1	—	111.5	—	—	—	—	123.2
2.股份制经济	6549.6	516.9	138.0	—	—	—	3499.5	157.7	94.1
3.外商投资经济	17404.9	1221.3	1273.7	940.7	19.8	—	23.0	637.1	1590.7
4.港澳台投资经济	31287.5	454.4	111.6	434.7	—	—	466.2	253.6	822.3
5.其他经济	2713.2	5.8	—	—	—	—	15.4	—	6.5
二、按企业、事业分组									
1.企业	58816.7	2516.5	1523.3	1486.9	19.8	—	4004.1	1048.4	2630.3
2.事业	—	—	—	10.0	—	—	—	—	6.5
三、按国民经济行业分组									
1.农、林、牧、渔业	100.3	5.0	—	—	—	—	—	—	—
2.采掘业	—	—	—	—	—	—	—	—	69.2
3.制造业	46690.7	2201.9	1264.6	1440.1	19.8	—	3988.7	843.9	2256.9
4.电力、煤气及水生产和供应业	621.5	—	138.0	46.8	—	—	—	46.8	72.0
5.建筑业	153.2	51.5	—	—	—	—	—	157.7	44.5
6.地质、勘查水利管理业	—	—	—	—	—	—	—	—	—
7.交通运输、仓储及邮电通信业	513.9	—	—	—	—	—	—	—	28.2
8.批发和零售、贸易、餐饮业	1535.9	258.1	120.7	—	—	—	—	—	38.5
9.金融、保险业	368.3	—	—	—	—	—	—	—	58.7
10.房地产业	799.3	—	—	—	—	—	—	—	68.8
11.社会服务业	7776.2	—	—	—	—	—	15.4	—	—
12.卫生体育和社会福利业	—	—	—	—	—	—	—	—	—
13.教育文化艺术和广播电影电视业	198.4	—	—	10.0	—	—	—	—	—
14.科学研究和综合技术服务业	10.8	—	—	—	—	—	—	—	—
15.国家、政党机关和社会团体	—	—	—	—	—	—	—	—	—
16.其他行业	48.2	—	—	—	—	—	—	—	—

表12-32 其他经济单位职工年平均人数

单位:人

指标	1993年		1994年		1994年比1993年 ±%	
	全市	特区	全市	特区	全市	特区
总计	**73765**	**66173**	**80735**	**72381**	**9.4**	**9.4**
一、按经济类型分组						
1.联营经济	2061	1600	1626	1396	-21.1	-12.7
2.股份制经济	10808	8807	10647	7997	-1.5	-9.2
3.外商投资经济	24644	23042	25551	22590	3.6	-2.0
4.港澳台投资经济	36155	32627	40567	38091	12.2	16.7
5.其他经济	97	97	2344	2307	23.2倍	22.8倍
二、按企业、事业分组						
1.企业	73765	66173	80715	72371	9.4	9.4
2.事业	—	—	20	10	—	—
三、按国民经济行业分组						
1.农、林、牧、渔业	59	59	143	143	1.4倍	1.4倍
2.采掘业	198	—	151	—	—	—
3.制造业	61769	54855	68996	61585	11.7	12.3
4.电力、煤气及水生产和供应业	86	33	907	779	9.5倍	22.6倍
5.建筑业	349	239	545	169	56.2	-29.3
6.地质、勘查水利管理业	—	—	—	—	—	—
7.交通运输、仓储及邮电通信业	642	624	466	417	-27.4	-33.2
8.批发和零售、贸易、餐饮业	1702	1642	1920	1864	12.8	13.5
9.金融、保险业	502	477	308	229	-38.6	-52.0
10.房地产业	618	555	648	569	4.8	2.5
11.社会服务业	7644	7493	6410	6383	-16.1	-14.8
12.卫生体育和社会福利业	32	32	—	—	—	—
13.教育文化艺术和广播电影电视业	—	—	189	189	—	—
14.科学研究和综合技术服务业	91	91	15	15	-83.5	-83.5
15.国家、政党机关和社会团体	—	—	—	—	—	—
16.其他行业	73	73	39	39	-46.6	-46.6

表12-33 各县、区其他经济单位职工年平均人数

(1994年)

单位: 人

指标	市属	香洲区	万山区	三灶区	横琴区	珠海港区	平沙区	红旗区	斗门县
总计	**65143**	**3623**	**1775**	**1805**	**35**	—	**3110**	**1532**	**3712**
一、按经济类型分组									
1.联营经济	951	289	—	156	—	—	—	—	230
2.股份制经济	6856	1016	125	—	—	—	2212	323	115
3.外商投资经济	18367	1738	1500	950	35	—	26	824	2111
4.港澳台投资经济	36678	574	150	698	—	—	845	385	1246
5.其他经济	2291	6	—	—	—	—	27	—	10
二、按企业、事业分组									
1.企业	65143	3623	1775	1795	35	—	3110	1532	3702
2.事业	—	—	—	10	—	—	—	—	10
三、按国民经济行业分组									
1.农、林、牧、渔业	136	7	—	—	—	—	—	—	—
2.采掘业	—	—	—	—	—	—	—	—	151
3.制造业	54978	3358	1495	1719	35	—	3083	1151	3177
4.电力、煤气及水生产和供应业	578	—	125	76	—	—	—	58	70
5.建筑业	120	49	—	—	—	—	—	323	53
6.地质、勘查水利管理业	—	—	—	—	—	—	—	—	—
7.交通运输、仓储及邮电通信业	417	—	—	—	—	—	—	—	49
8.批发和零售、贸易、餐饮业	1500	209	155	—	—	—	—	—	56
9.金融、保险业	229	—	—	—	—	—	—	—	77
10.房地产业	569	—	—	—	—	—	—	—	79
11.社会服务业	6383	—	—	—	—	—	27	—	—
12.卫生体育和社会福利业	—	—	—	—	—	—	—	—	—
13.教育文化艺术和广播电影电视业	179	—	—	10	—	—	—	—	—
14.科学研究和综合技术服务业	15	—	—	—	—	—	—	—	—
15.国家、政党机关和社会团体	—	—	—	—	—	—	—	—	—
16.其他行业	39	—	—	—	—	—	—	—	—

表12-34 其他经济单位职工年平均工资

单位:元/人·年

指标	1993年		1994年		1994年比1993年±%	
	全市	特区	全市	特区	全市	特区
总计	**7902**	**7989**	**8926**	**8894**	**12.9**	**11.3**
一、按经济类型分组						
1.联营经济	8311	9406	8698	9249	4.7	-1.7
2.股份制经济	9543	9003	10290	9009	7.8	0.1
3.外商投资经济	7708	7833	9045	9234	17.3	17.9
4.港澳台投资经济	7529	7767	8339	8477	10.8	9.1
5.其他经济	4557	4557	11736	11829	1.6倍	1.6倍
二、按企业、事业分组						
1.企业	7902	7989	8926	8894	13.0	11.3
2.事业	—	—	8250	10000	—	—
三、按国民经济行业分组						
1.农、林、牧、渔业	5424	5424	7364	7364	35.8	35.8
2.采掘业	3242	—	4583	—	41.4	—
3.制造业	7630	7679	8509	8381	11.5	9.1
4.电力、煤气及水生产和供应业	7023	9879	10200	10350	45.2	4.8
5.建筑业	7905	7862	7466	12112	-5.6	54.1
6.地质、勘查水利管理业	—	—	—	—	—	—
7.交通运输、仓储及邮电通信业	9953	10080	11633	12324	16.9	22.3
8.批发和零售、贸易、餐饮业	11340	11605	10173	10272	-10.3	-11.5
9.金融、保险业	10604	10941	13954	16083	—	47.0
10.房地产业	9937	10117	13397	14047	34.8	38.8
11.社会服务业	8992	8992	12155	12183	35.2	35.5
12.卫生体育和社会福利业	9469	9469	—	—	—	—
13.教育文化艺术和广播电影电视业	—	—	11026	11026	—	—
14.科学研究和综合技术服务业	7022	7022	7200	7200	2.5	2.5
15.国家、政党机关和社会团体	—	—	—	—	—	—
16.其他行业	5945	5945	12359	12359	1.1倍	1.1倍

表12-35 各县、区其他经济单位职工年平均工资

（1994年）　　　　单位：元/人·年

指　　标	市属	香洲区	万山区	三灶区	横琴区	珠海港区	平沙区	红旗区	斗门县
总　　计	**9029**	**6946**	**8582**	**8293**	**5657**	—	**12875**	**6843**	**7103**
一、按经济类型分组									
1.联营经济	9059	11007	—	7147	—	—	—	—	5357
2.股份制经济	9553	5088	11040	—	—	—	15821	4882	8183
3.外商投资经济	9476	7027	8491	8902	5657	—	8846	7732	7535
4.港澳台投资经济	8530	7916	7440	10000	—	—	5517	6587	6600
5.其他经济	11843	9667	—	—	—	—	5704	—	6500
二、按企业、事业分组									
1.企业	9029	6946	8582	8284	5657	—	12875	6843	7105
2.事业	—	—	—	10000	—	—	—	—	6500
三、按国民经济行业分组									
1.农、林、牧、渔业	7375	7143	—	—	—	—	—	—	—
2.采掘业	—	—	—	—	—	—	—	—	4583
3.制造业	8493	6557	8459	8378	5657	—	12938	7332	7104
4.电力、煤气及水生产和供应业	10753	—	11040	6158	—	—	—	8069	10286
5.建筑业	12767	10510	—	—	—	—	—	4882	8396
6.地质、勘查水利管理业	—	—	—	—	—	—	—	—	—
7.交通运输、仓储及邮电通信业	12324	—	—	—	—	—	—	—	5755
8.批发和零售、贸易、餐饮业	10239	12349	7787	—	—	—	—	—	6875
9.金融、保险业	16083	—	—	—	—	—	—	—	7623
10.房地产业	14047	—	—	—	—	—	—	—	8709
11.社会服务业	12183	—	—	—	—	—	5704	—	—
12.卫生体育和社会福利业	—	—	—	—	—	—	—	—	—
13.教育文化艺术和广播电影电视业	11084	—	—	10000	—	—	—	—	—
14.科学研究和综合技术服务业	7200	—	—	—	—	—	—	—	—
15.国家、政党机关和社会团体	—	—	—	—	—	—	—	—	—
16.其他行业	12359	—	—	—	—	—	—	—	

表12-36 全市工业企业职工人数和工资

(1994年)

指　　标	年末人数（人）	年平均人数（人）	工资总额（万元）	年平均工资（元/年·人）
全部工业总计	**103708**	**100428**	**84916.8**	**8455**
一、按轻、重工业分组				
1.轻工业	72150	71255	58788.4	8250
2.重工业	31558	29173	26128.4	8956
二、按国民经济类型分组				
1.国有经济单位	20678	20081	16368.7	8151
2.城镇集体经济单位	10043	10293	8847.2	8595
3.其他各种经济类型单位	72987	70054	59700.9	8522
三、按行业分组				
（一）采掘业	391	390	256.0	6564
1.非金属矿采造业	391	390	256.0	6564
（二）制造业	100031	96831	80462.7	8310
1.食品加工业	5400	4930	4078.8	8273
2.食品制造业	5555	5282	5940.0	11246
3.饮料制造业	2574	2618	2418.3	9237
4.烟草加工业	127	123	175.6	14276
5.纺织业	3526	3695	2644.6	7157
6.服装及其他纤维制品制造业	8285	8231	6438.2	7822
7.皮革、毛皮、羽绒及其制品业	5804	6223	3772.7	6063
8.木材加工及竹、藤、棕、草制品业	446	462	432.9	9370
9.家具制造业	551	543	408.5	7523
10.造纸及纸制品业	1125	1090	875.9	8036

表12-36续表1 (1994年)

指 标	年末人数（人）	年平均人数（人）	工资总额（万元）	年平均工资（元/年·人）
11.印刷、记录媒介的复制	1984	1984	1335.8	6733
12.文教体育用品制造业	1936	2000	1340.4	6702
13.化学原料及化学制品制造业	7749	7576	6727.6	8880
14.医药制造业	1874	1803	1956.1	10849
15.化学纤维制造业	854	853	846.4	9923
16.橡胶制品业	294	290	166.8	5752
17.塑料制品业	2364	2968	1782.4	6005
18.非金属矿物制品业	3573	3484	3019.9	8668
19.黑色金属冶炼及压延加工业	189	189	124.0	6561
20.有色金属冶炼及压延加工业	536	551	476.3	8644
21.金属制品业	2281	2343	2074.0	8852
22.普通机械制造业	2421	2365	1871.1	7912
23.专用设备制造业	2285	2141	1726.7	8065
24.交通运输设备制造业	3146	2983	3341.9	11203
25.电气机械及器材制造业	10204	9661	8630.0	8933
26.电子及通信设备制造业	16302	14897	12150.1	8156
27.仪器仪表及文化、办公用机械制造	5683	5303	4375.6	8251
28.其他制造业	2463	2243	1332.1	5939
（三）电力、煤气及水的生产和供应业	3286	3207	4198.1	13090
1.电力、蒸气、热水的生产和供应业	1770	1711	1950.3	11399
2.煤气生产和供应业	—	—	—	—
3.自来水的生产和供应业	1516	1496	2247.8	15025

表12-37 特区工业企业职工人数和工资

(1994年)

指　　标	年末人数（人）	年平均人数（人）	工资总额（万元）	年平均工资（元/年·人）
全部工业总计	**83898**	**81197**	**69530.5**	**8563**
一、按轻、重工业分组				
1.轻工业	57521	57118	46869.7	8206
2.重工业	26377	24079	22660.8	9411
二、按国民经济类型分组				
1.国有经济单位	10635	10551	9473.1	8978
2.城镇集体经济单位	8171	8282	7634.0	9218
3.其他各种经济类型单位	65092	62364	52423.4	8406
三、按行业分组				
（一）采掘业	147	147	119.2	8109
1.非金属矿采造业	147	147	119.2	8109
（二）制造业	81087	78448	65741.4	8380
1.食品加工业	1381	1262	1088.6	8626
2.食品制造业	912	896	771.8	8614
3.饮料制造业	1254	1323	1316.0	9947
4.烟草加工业	127	123	175.6	14276
5.纺织业	3052	3165	2362.7	7465
6.服装及其他纤维制品制造业	7469	7512	5947.0	7917
7.皮革、毛皮、羽绒及其制品业	5486	5832	3527.5	6049
8.木材加工及竹、藤、棕、草制品业	148	162	133.1	8216
9.家具制造业	467	461	337.3	7317
10.造纸及纸制品业	922	891	796.1	8935

表12-37续表1　　(1994年)

指　　标	年末人数（人）	年平均人数（人）	工资总额（万元）	年平均工资（元/年·人）
11.印刷、记录媒介的复制	1057	1055	940.0	8910
12.文教体育用品制造业	1936	2000	1340.4	6702
13.化学原料及化学制品制造业	7683	7513	6691.1	8906
14.医药制造业	1858	1787	1936.9	10839
15.化学纤维制造业	854	853	846.4	9923
16.橡胶制品业	294	290	166.8	5752
17.塑料制品业	1855	1878	1244.7	6628
18.非金属矿物制品业	1925	1911	2044.3	10698
19.黑色金属冶炼及压延加工业	70	70	69.0	9857
20.有色金属冶炼及压延加工业	229	245	283.0	11551
21.金属制品业	1565	1528	1550.5	10147
22.普通机械制造业	1799	1733	1457.8	8412
23.专用设备制造业	1990	1841	1498.3	8139
24.交通运输设备制造业	2669	2542	2985.0	11743
25.电气机械及器材制造业	10052	9482	8546.5	9013
26.电子及通信设备制造业	16194	14852	12121.5	8162
27.仪器仪表及文化、办公用机械制造	5683	5303	4375.6	8251
28.其他制造业	2156	1938	1187.9	6130
（三）电力、煤气及水的生产和供应业	2664	2602	3669.9	14104
1.电力、蒸气、热水的生产和供应业	1431	1381	1689.2	12232
2.煤气生产和供应业	—	—	—	—
3.自来水的生产和供应业	1233	1221	1980.7	16222

教育、科技

13

表13-1 建市以来教育事业情况

年份	各种学校数（所）	1.普通中学（所）	2.小学（所）	在校学生数（人）	1.普通中学（人）	2.小学（人）	毕业生数（人）	1.普通中学（人）	2.小学（人）
1979	247	22	203	71249	19553	49413	13284	6306	6978
1980	259	25	206	72919	19268	50870	11583	4551	7032
1981	243	26	198	70036	17365	51449	12625	5457	7168
1982	347	27	209	71055	17499	51011	11798	4022	7776
1983	370	29	202	89361	18759	49127	17748	4313	8508
1984	299	33	197	83550	22279	46951	18954	4358	9439
1985	359	36	193	87740	25871	47512	1965	6950	9328
1986	360	37	191	94048	28502	50958	19796	6896	6786
1987	373	36	190	103079	26677	54859	20419	8347	5791
1988	377	38	191	107523	26654	58273	26977	9015	7758
1989	351	37	190	114877	26586	62083	28509	7337	8432
1990	406	37	194	121028	28110	65789	27572	7122	8317
1991	397	38	197	126279	27834	66916	34648	8481	8803
1992	415	31	200	134880	28894	71525	37608	8603	10182
1993	424	35	202	140866	30827	76329	35998	8477	10046
1994	385	33	201	149909	32897	81445	37556	8746	10577

表13-2 教育事业情况

指标	1993年		1994年		1994年比1993年±%	
	全市	特区	全市	特区	全市	特区
一、学校数(所)	**426**	**268**	**385**	**228**	**-9.6**	**-14.9**
普通高等学校(所)	—	—	—	—	—	—
中等学校(所)	50	31	49	31	-2	—
其中:中等专业学校(所)	5	5	5	5	—	—
普通中学(所)	35	18	33	18	-5.7	—
其中:高中(所)	13	10	12	10	-7.7	—
初中(所)	22	8	21	8	-4.6	—
农业、职业中学(所)	10	8	11	8	10	—
小学(所)	202	107	201	106	-0.5	-0.9
幼儿园(所)	173	129	134	90	-22.5	-30.2
盲聋哑学校(所)	1	1	1	1	—	—
二、在校学生数(人)	**142543**	**80526**	**149909**	**87449**	**5.2**	**8.6**
普通高等学校(人)	—	—	211	211	—	—
中等学校(人)	37350	22786	40646	24925	8.8	9.4
其中:中等专业学校(人)	2064	2064	3038	3038	47.2	47.2
普通中学(人)	30827	17674	32897	18781	6.7	6.3
其中:高中(人)	4451	3031	4543	3227	2.1	6.5
初中(人)	26376	14643	28354	15554	7.5	6.2
农业、职业中学(人)	4459	3048	4711	3100	5.7	1.7
小学(人)	76329	40034	81445	43655	6.7	9.0
幼儿园(人)	28809	17651	27544	18595	-4.4	5.4
盲聋哑学校(人)	55	55	63	63	14.6	14.6

表13-2续表1

指　　　　标	1993年		1994年		1994年比1993年±%	
	全市	特区	全市	特区	全市	特区
三、教职工人数(人)	**8538**	**5539**	**9184**	**6274**	**7.6**	**13.3**
普通高等学校（人）	—	—	121	121	—	—
中等学校（人）	3623	2418	3883	2631	7.2	8.8
其中：中等专业学校（人）	369	369	483	483	30.9	30.9
普通中学（人）	2755	1727	2825	1757	2.5	1.7
农业、职业中学（人）	499	322	575	391	15.2	21.4
小学（人）	3393	2019	3652	2272	7.6	12.5
幼儿园（人）	1522	1102	1528	1250	0.3	13.4
四、毕业生数（人）	**36386**	**20546**	**37556**	**21244**	**3.2**	**3.4**
普通高等学校（人）	—	—	63	63	—	—
中等学校（人）	10002	6174	10817	6692	8.2	8.4
其中：中等专业学校（人）	496	496	684	684	37.9	37.9
普通中学（人）	8477	5108	8746	5042	3.2	-1.3
其中：高中（人）	1584	1119	1360	881	-14.1	-21.3
初中（人）	6893	3989	7386	4161	7.2	4.3
农业、职业中学（人）	1029	570	1387	966	34.8	69.5
小学（人）	10046	5363	10577	5447	5.3	1.6
幼儿园（人）	16338	9009	16099	9042	-1.5	0.4

表13-3 各县、区教育事业情况

(1994年)

指标	市属	香洲区	万山区	三灶区	横琴区	珠海港区	平沙区	红旗区	斗门县
一、学校数(所)	**44**	**86**	**8**	**17**	**4**	**14**	**37**	**18**	**157**
普通高等学校(所)	—	—	—	—	—	—	—	—	—
中等学校(所)	14	6	1	3	—	1	4	2	18
其中:中等专业学校(所)	5	—	—	—	—	—	—	—	—
普通中学(所)	6	2	1	3	—	1	3	2	15
其中:高中(所)	5	1	1	1	—	—	1	1	2
初中(所)	1	1	—	2	—	1	2	1	13
农业、职业中学(所)	3	4	—	—	—	—	1	—	3
小学(所)	1	55	4	12	3	8	16	7	95
幼儿园(所)	28	25	3	2	1	5	1	9	44
盲聋哑学校(所)	1	—	—	—	—	—	—	—	—
二、在校学生数(人)	**18972**	**37424**	**809**	**7223**	**421**	**2214**	**13182**	**6332**	**62466**
普通高等学校(人)	211	—	—	—	—	—	—	—	—
中等学校(人)	12816	4845	419	1629	—	362	2601	1592	15727
其中:中等专业学校(人)	3038	—	—	—	—	—	—	—	—
普通中学(人)	8281	3982	419	1629	—	362	2367	1592	14116
其中:高中(人)	2255	425	103	85	—	—	233	126	1316
初中(人)	6026	3557	316	1544	—	362	2134	1466	12800
农业、职业中学(人)	1497	863	—	—	—	—	234	—	1611
小学(人)	423	25604	286	4303	350	1390	7537	3762	37790
幼儿园(人)	5670	6975	104	1291	71	462	3044	978	8949
盲聋哑学校(人)	63	—	—	—	—	—	—	—	—

表13-3续表1　　　　　　　　　(1994年)

指　　标	市 属	香洲区	万山区	三灶区	横琴区	珠海港区	平沙区	红旗区	斗门县
三、教职工人数(人)	**2142**	**2110**	**124**	**476**	**50**	**158**	**849**	**365**	**2910**
普通高等学校（人）	121	—	—	—	—	—	—	—	—
中等学校（人）	1360	489	73	180	19	35	327	148	1252
其中：中等专业学校（人）	483	—	—	—	—	—	—	—	—
普通中学（人）	710	393	61	152	19	35	259	128	1068
农业、职业中学(人)	167	96	12	28	—	—	68	20	184
小学（人）	59	1267	42	232	27	105	366	174	1380
幼儿园（人）	602	354	9	64	4	18	156	43	278
四、毕业生数（人）	**5211**	**8695**	**357**	**1772**	**120**	**542**	**3423**	**19**	**16314**
普通高等学校（人）	63	—	—	—	—	—	—	—	—
中等学校（人）	3506	1464	254	493	40	88	727	387	4125
其中：中等专业学校（人）	684	—	—	—	—	—	—	—	—
普通中学（人）	2215	1188	169	377	40	88	626	339	3704
其中：高中（人）	469	191	42	39	—	—	90	50	479
初中（人）	1746	997	127	338	40	88	536	289	3225
农业、职业中学(人)	571	276	85	116	—	—	101	48	421
小学（人）	—	3290	42	579	60	208	747	521	5130
幼儿园（人）	1642	3941	61	700	20	246	1949	481	7059

表13-4 建市以来科技工作情况

年份	科技经费（万元）	科技进步奖（项）	1.省级（项）	2.市级（项）	科技人员（人）	科研机构（个）
1979	—	—	—	—	—	—
1980	—	—	—	—	—	—
1981	—	—	—	—	—	—
1982	—	—	—	—	—	—
1983	—	—	—	—	—	—
1984	—	—	—	—	—	—
1985	81.6	0	0	0	—	8
1986	85.8	31	0	31	—	10
1987	143.3	33	2	31	—	10
1988	204.5	31	1	30	15616	10
1989	414.6	31	2	35	17358	9
1990	408.6	49	3	46	19380	9
1991	424	56	4	52	22150	9
1992	462	44	2	42	—	13
1993	614	37	2	17	22592	13
1994	665	16		16	30180	13

表13-5 全市科技工作情况

指　　标	单　位	1993年	1994年
1.科技经费	万元	614	665
2.市级科技进步奖	项	17	16
3.受理专利	项	125	250
4.批准专利	项	41	
5.科研机构	个	13	13
6.技术合同登记额	万元	4173	4527
7.科技立项	项	27	30
8.星火计划数	项	46	60
9.火炬项目数	项	20	18

文化、卫生、体育

14

表14-1 文化事业情况

指　　标	单位	1993年		1994年	
		全市	特区	全市	特区
一、文化事业机构数	个	**50**	**19**	**60**	**18**
电影放映单位	个	37	10	46	9
艺术表演团体	个	2	1	2	1
文化馆	个	3	2	3	2
公共图书馆	个	2	1	2	1
博物馆	个	1	1	2	1
书店	个	4	3	4	3
文物商店	个	1	1	1	1
二、艺术表演团体演出情况					
演出场次	场	180	125	187	62
观众人次	人次	169000	82000	147000	60000
三、图书馆活动情况					
业务经费	万元	112.4	95.4	135	116
藏书	万册	25.6	18.9	26	19
发放借书证个数	个	2759	2348	2600	2374
总支出	万元	118.4	103.1	1201	1182
其中：购书费	万元	21.2	19.7	33	32
四、广播电视事业					
广播电台	座	2	1	2	1
发射台及转播台	座	2	1	2	1
电视台	座	1	1	1	1
电视发射及转播台	座	6	5	6	5
五、电影放映情况					
放映场数	场	18369	6758	18205	4544
放影收入	万元	709.8	416.8	683	364

表14-2 卫生业事情况

指标	单位	1993年		1994年		1994年比1993年±%	
		全市	特区	全市	特区	全市	特区
一、卫生机构合计	个	**209**	**149**	**219**	**173**	**4.78**	**16.11**
医院、卫生院	个	22	12	32	19	45.45	58.33
其中：县及县以上医院	个	9	5	12	10	33.33	100
疗养院	个	1	1	1	1	—	—
门诊部	个	173	127	172	143	0.57	12.60
专科防治所、站	个	4	3	4	3	—	—
卫生防疫站	个	3	2	4	3	33.33	50
妇幼保健所、站	个	1	—	1	1	—	—
药品检验所	个	2	1	2	1	—	—
卫校	个	1	1	1	1	—	—
其他卫生机构	个	2	2	2	2	—	—
二、卫生机构人员数	人	**4388**	**2948**	**4972**	**3477**	**13.31**	**17.94**
卫生技术人员	个	3552	2393	4019	2812	13.14	17.51
其中：中医师	个	233	174	248	186	6.43	6.89
西医师	个	1148	873	1325	1031	15.42	18.09
医士	个	301	316	358	230	18.94	-27.22
护师、士	个	1013	721	1220	952	20.43	32.04
其他技术人员	个	17	17	53	42	211.7	147.06
管理人员	个	302	210	383	304	26.82	44.76
工勤人员	个	517	328	517	404	—	23.17
三、卫生机构床位数	个	**1772**	**945**	**2393**	**1797**	**35.04**	**90.16**
四、医院诊疗人次	万人次	**472.3**	—	**545**	—	**15.39**	—
入院人数	人	39107	—	41016	—	4.88	—
五、病床周转次数	次/年	**28.1**	—	**21.5**	—	**-23.48**	—

表14-3 体育事业情况

指标	单位	1993年		1994年	
		全市	特区	全市	特区
一、专职教练员	**人**	**38**	**27**	**38**	**27**
二、等级运动员	**人**	**59**	**59**	**59**	**59**
运动健将	人	—	—	—	—
一　级	人	—	—	—	—
二　级	人	16	16	16	16
三　级	人	13	13	13	13
少年级	人	30	30	30	30
三、等级裁判员	**人**	**310**	**201**	**310**	**201**
四、新建体育场地	**个**	—	—	—	—
体育场	个	3	—	—	—
游泳池	个	2	1	—	—
五、运动员破纪录情况	**次**	—	—	—	—
破全国纪录	次	—	—	1	1
破省纪录	次	8	8	27	27
六、体育外事活动	**次**	—	—	—	—
来我市的体育团体	次	—	—	—	—
次　数	次	58	33	63	36
人　数	人	1324	915	1200	900
我市派出的体育团体	次	—	—	—	—
次　数	次	16	7	32	18
人　数	人	266	129	283	150
七、群众体育活动	**次**	**26**	**17**	**41**	**32**
适龄中小学生达标数	人	70073	—	71034	—

市政建设、环境保护

15

表15-1 市政公用事业、市政设施、园林绿化情况

指标	单位	1993年	1994年
水厂综合生产能力	万吨/日	31.8	114
年末供水管道总长度	公里	433	726
供水总量	万吨	14637	17030
其中：生活用水量	万吨	5460	6700
生活用水人口	万人	22.8	62.4
其中：非农业用水人口	万人	21	38
年末实有公共汽车营运车辆	辆	233	328
公共汽车营运路线总长度	公里	367	753
年公共汽车营运总量	万人次	8511	10545
年末实有出租汽车数	辆	2857	1376
液化石油气供气总量	吨	13366	12320
其中：家庭用量	吨	11116	10308
液化石油气用户数	户	63300	69400
液化石油气用气人口	万人	22.8	62.4
年末实有铺装道路面积	万平方米	539	540
其中：高级、次高级	万平方米	522	540
年末实有铺装道路长度	公里	193	202
其中：高级、次高级	公里	191	202
路灯盏数	盏	7536	9629
城市下水道长度	公里	204	205
桥梁数	座	30	28
园林绿地总面积	公顷	1492	1515
其中：公共绿地	公顷	425	449
公园个数	个	7	8
公园面积	公顷	183	199

表15-2 城市环境污染及处理

指　　标	单　位	1993年	1994年
一、废水排放量	万吨	3649	6889
其中：工业废水排放量	万吨	756	892
二、工业废水处理量	万吨	260	421
三、废气排放量	万标立方米	711457	533403
四、废气处理量	万标立方米	503962	529937
五、二氧化硫排放量	吨	962	1428
六、工业粉尘排放量	吨	41	6
七、工业粉尘回收量	吨	45	65
八、工业固体废物产生量	吨	1.58	1.40

表15-3 建市以来全市用电情况

单位: 万千瓦小时

年份	全社会用电量总计	一、各行业用电量合计	1.农林牧渔水利业	2.工业用电	(1)轻工业	(2)重工业	3.地质勘探用电
1979	—	—	—	—	—	—	—
1980	—	—	—	—	—	—	—
1981	—	—	—	—	—	—	—
1982	—	—	—	—	—	—	—
1983	—	—	—	—	—	—	—
1984	—	—	—	—	—	—	—
1985	19463	—	—	—	—	—	—
1986	24938	21263	2674	11184	6870	4314	4
1987	32835	28001	2670	15739	9949	5850	6
1988	46946	41189	3120	24934	15693	9241	15
1989	57108	49571	3821	30512	19402	11110	17
1990	69286	57758	4262	35594	20820	14774	18
1991	84586	73637	5821	45506	26628	18878	31
1992	120255	105093	8323	69545	39724	29820	103
1993	159493	139115	9821	91564	50660	40904	35
1994	180246	159225	3390	113876	52589	61286	56

表15-3续表1

年 份	4.建筑业用 电	5.交通运输邮电通讯业用电	6.商业公共饮食业用电	7.其他事业用 电	二、城乡居民生活用电合 计	1.城 市	2.乡 村
1979	—	—	—	—	—	—	—
1980	—	—	—	—	—	—	—
1981	—	—	—	—	—	—	—
1982	—	—	—	—	—	—	—
1983	—	—	—	—	—	—	—
1984	—	—	—	—	—	—	—
1985	—	—	—	—	—	—	—
1986	1204	317	1763	4117	3675	1564	2111
1987	1473	463	3290	4360	4834	3010	1824
1988	1611	434	4566	6509	5757	3174	2583
1989	2155	722	4701	7643	7537	4097	3440
1990	2314	735	5605	9211	8528	5377	3151
1991	2918	786	6155	12420	10949	6885	4064
1992	4376	1334	7403	14009	15162	8629	6533
1993	6838	1620	12587	16651	20378	13726	6652
1994	6741	1791	14934	18438	21021	13805	7216

物价指数

16

表16-1 历年职工生活费用价格分类指数

（以上年价格为100）

类 别	1986	1987	1988	1989	1990	1991	1992	1993
职工生活费用价格总指数	**104.1**	**114.2**	**130.6**	**125.1**	**101.4**	**103.9**	**111.7**	**121.3**
一、零售物价指数	**103.7**	**114.5**	**132.7**	**123.7**	**99.8**	**102.5**	**108.9**	**117.9**
1.食品类	103.8	116.1	139.1	124.0	97.6	100.2	111.1	123.9
(1)粮食	99.7	106.6	160.6	150.2	86.1	119.0	108.3	121.6
(2)副食品	104.4	117.8	137.6	121.2	97.5	97.4	111.9	124.5
(3)烟酒茶	100.9	118.1	119.4	118.7	99.6	98.4	108.5	124.4
(4)其他食品	107.5	112.5	140.2	115.4	104.5	106.2	109.2	121.6
2.衣着类	100.6	104.8	119.1	137.6	112.8	112.6	105.8	103.1
3.日用品类	104.7	111.4	117.8	116.1	99.4	102.1	101.0	110.3
4.文化娱乐用品类	100.2	108.4	118.2	112.0	96.4	96.1	106.6	105.0
5.书报杂志类	111.0	100.0	116.5	220.5	102.8	101.5	102.3	132.5
6.药及医疗用品类	107.5	125.7	153.1	111.1	102.3	104.9	103.8	110.3
7.建筑装璜材料类	—	—	143.8	104.9	107.0	104.4	127.9	132.7
8.燃料类	111.4	132.6	114.4	131.6	108.0	126.9	102.5	109.8
二、服务项目价格指数	**109.3**	**111.9**	**111.9**	**135.5**	**114.5**	**114.2**	**134.1**	**139.0**
1.房租	100.0	106.4	105.7	100.0	99.5	100.0	820.9	148.3
2.水电费	102.8	105.2	106.6	133.6	104.8	102.5	104.8	124.4
3.交通费	131.6	105.3	103.2	132.5	132.5	106.9	122.1	153.6
4.邮电费	100.0	107.2	100.7	100.0	143.0	141.9	106.5	125.1
5.医疗保健费	100.0	105.0	101.2	125.8	101.3	119.0	149.5	133.6
6.学杂保育费	119.5	128.4	125.3	166.8	119.5	129.5	116.4	151.6
7.文娱费	100.4	107.1	134.1	141.5	111.0	119.5	123.2	139.0
8.修理及其它服务费	101.3	111.4	121.8	135.7	119.6	106.0	102.5	137.1

表16-2 商品零售物价分类指数

(1994年)

类别	指数	类别	指数	类别	指数
商品零售物价总指数	**120.0**	(2)炒菜	155.9	**八、文化体育用品类**	**103.3**
(以上年价格为100)		(3)地方小吃	132.9	1.文化用品	103.7
一、食品类	**132.8**	**二、饮料、烟酒类**	**119.0**	2.体育用品	100.5
1.粮食	153.8	1.饮料	119.4	**九、日用品类**	**110.9**
1).细粮	158.0	2.烟酒	118.8	1.一般日用品	107.7
2).粗粮	111.2	**三、服装、鞋帽类**	**107.4**	2.家具类	111.1
2.油指类	140.4	1.服装	107.0	3.日用杂品	117.0
3.肉禽蛋	124.9	2.鞋	99.9	**十、家用电器类**	**102.7**
4.水产品	121.2	3.其他衣着	126.0	**十一、首饰类**	**108.5**
5.鲜菜	113.9	**四、纺织品类**	**112.1**	**十二、燃料类**	**109.2**
6.干菜	119.5	1.棉布	117.9	**十三、建筑装璜材料类**	**93.8**
7.鲜果	127.3	2.棉花化纤混纺布	149.7	**十四、机电产品类**	**101.0**
8.干果	117.4	3.化纤布	103.7		
9.其他食品类	145.0	4.呢绒	97.7		
(1)调味品	126.0	5.绸缎	106.3		
(2)食糖	137.2	6.其他纺织品	112.4		
(3)糖果	144.5	**五、中、西药品类**	**117.8**		
(4)糕点	164.2	1.中药	122.5		
(5)奶及奶制品	139.8	2.西药	110.0		
(6)罐头	135.4	3.医疗用品	138.4		
10.饮食业	149.5	**六、化妆品类**	**105.6**		
(1)主食	160.0	**七、书报、杂志类**	**132.4**		

表16-3 居民消费价格及集贸市场农产品成交价格指数

(1994年)

类　　别	以上年价格为100的指数	类　　别	以上年价格为100的指数
居民消费价格总指数	**122.9**	农产品成交价格指数	**123.3**
一、食品	132.8	1.粮食	143.7
1.粮食	158.2	2.油脂类	138.5
2.肉禽及其制品	126.5	3.肉禽蛋	126.7
3.水产品类	121.2	4.水产品	122.0
4.鲜菜	113.7	5.鲜菜	109.2
5.鲜果	126.4	6.干菜	124.6
6.饮食业	158.4	7.鲜果	124.3
二、衣着类	**109.6**	8.干果	123.6
三、家庭设备及用品	**108.0**		
四、医疗保健	**116.0**		
五、交通和通讯工具	**99.4**		
六、娱乐教育文化用品	**105.3**		
七、居住	**122.7**		
八、服务项目	**124.1**		
1.电讯费	101.9		
2.邮费	100.0		
3.交通费	110.5		
4.洗理美容费	132.8		
5.文娱费	128.0		
6.学杂保育费	118.8		
7.修理及其他服务费	150.9		
8.医疗保健服务	141.3		

表16-4 各月居民消费价格分类指数及商品零售物价指数

(1994年)

类　　别	一月	二月	三月	四月	五月	六月	七月	八月	九月	十月	十一月	十二月
居民消费价格总指数	**121.5**	**126.1**	**124.0**	**121.7**	**121.6**	**121.4**	**121.1**	**126.4**	**124.8**	**122.0**	**123.1**	**121.5**
(以上年同期价格为100)												
商品零售物价总指数	**118.5**	**124.1**	**121.5**	**118.8**	**118.0**	**118.3**	**117.4**	**123.7**	**121.6**	**119.5**	**120.1**	**118.9**
一、食品	**126.4**	**136.6**	**133.5**	**129.7**	**128.9**	**128.7**	**127.6**	**142.5**	**139.4**	**133.3**	**135.6**	**132.0**
1.粮食	147.3	145.6	150.0	152.6	150.7	150.6	181.7	174.6	172.5	165.4	169.5	138.1
(1)细粮	147.3	145.6	150.0	152.6	150.7	150.6	181.7	174.6	172.5	165.4	169.5	138.1
2.淀粉及薯类	117.4	128.9	132.9	125.5	107.0	114.6	109.1	129.6	118.9	100.9	115.1	115.8
3.干豆类及豆制品	129.4	120.3	120.1	119.3	120.5	102.0	95.6	102.3	104.8	105.6	102.4	105.0
4.油脂类	136.7	140.0	124.5	122.5	134.1	129.6	143.9	131.0	163.2	150.3	141.5	130.7
5.肉禽及其制品	112.6	131.2	119.0	111.5	115.2	116.6	119.3	135.7	136.4	136.5	143.8	139.9
6.蛋类	113.6	114.6	114.7	109.8	106.0	112.0	112.2	117.9	114.8	106.6	107.4	112.7
7.水产品类	124.1	138.2	123.8	126.3	118.4	120.0	111.4	120.3	117.5	114.9	119.2	120.4
8.菜类	98.0	104.4	133.4	114.4	104.8	104.8	97.3	172.6	131.4	91.1	111.7	112.7
(1)鲜菜	94.1	101.1	135.0	112.5	102.5	103.1	96.0	178.4	131.1	88.6	110.8	111.8
(2)干菜	118.4	130.2	101.8	127.4	130.1	120.6	109.9	131.0	142.3	127.4	128.2	135.7
(3)菜制品	153.2	138.7	145.9	136.0	117.9	118.2	108.0	107.5	121.6	92.4	107.4	98.2
9.调味品	114.7	129.9	123.0	119.1	113.1	128.1	132.1	129.6	130.5	129.8	132.4	129.1
10.糖类	126.1	138.4	140.0	143.9	142.5	139.3	138.6	151.2	152.8	154.6	155.9	126.6
(1)食糖	145.9	143.1	148.7	147.9	139.1	127.4	125.1	124.6	130.3	137.0	148.4	129.3
(2)糖果	118.5	136.6	136.6	142.4	143.8	143.8	143.8	161.4	161.4	161.4	158.8	125.5
11.烟草类	110.3	121.5	115.8	109.9	103.5	110.6	106.8	111.3	112.2	108.7	108.5	113.4
12.酒和饮料	134.8	143.1	139.2	136.9	132.8	135.5	121.1	111.3	114.7	115.2	116.3	116.6
13.干鲜瓜果类	125.5	144.6	133.4	126.1	131.3	111.5	103.6	116.9	137.1	130.2	119.0	124.8
(1)鲜果	125.8	146.7	135.0	127.1	133.0	111.3	103.0	118.2	140.3	132.0	119.4	125.0

表16-4续表1　　　　　　　　　　(1994年)

类　　　别	一月	二月	三月	四月	五月	六月	七月	八月	九月	十月	十一月	十二月
(2)干果	122.6	126.7	119.8	118.0	116.8	113.1	108.6	106.4	110.8	115.6	115.5	123.0
14.糕点类	147.8	144.4	151.6	169.3	169.3	172.7	165.4	171.8	171.8	169.1	178.9	158.8
15.奶及奶制品	122.9	135.6	130.9	139.3	147.9	147.7	145.6	150.3	135.4	148.0	152.9	159.1
16.其他食品	159.3	147.3	154.0	135.3	137.0	139.7	138.4	136.3	123.6	119.3	116.8	118.3
17.饮食业	159.5	162.0	162.0	164.8	164.8	166.8	157.7	159.1	157.2	158.5	144.1	144.0
(1)主食	167.1	171.2	170.0	170.0	170.0	173.4	173.4	172.8	172.8	172.8	156.7	160.6
(2)炒菜	176.4	178.4	177.4	177.4	177.4	179.3	161.3	166.7	164.4	163.3	150.4	149.0
(3)地方小吃	125.9	128.3	130.8	140.4	140.4	141.4	139.7	136.3	133.5	139.6	124.1	123.2
二、衣着类	**110.3**	**110.6**	**110.5**	**111.6**	**111.6**	**111.6**	**114.6**	**111.3**	**107.6**	**105.3**	**104.9**	**105.0**
1.服装	114.7	114.7	114.4	116.0	116.0	116.0	118.8	114.2	108.8	105.1	104.5	104.5
2.衣着材料	101.1	102.9	103.5	103.5	103.5	104.4	116.7	114.9	114.9	115.6	115.6	118.2
3鞋袜帽及其他衣着	100.6	101.3	101.3	101.3	101.3	101.1	102.7	102.7	102.7	103.3	103.3	103.3
三、家庭设备及用品	**109.3**	**110.5**	**110.9**	**108.2**	**106.7**	**107.3**	**106.9**	**106.6**	**106.8**	**106.9**	**107.0**	**108.5**
四、医疗保健	**119.5**	**123.3**	**111.2**	**108.3**	**109.4**	**120.0**	**119.5**	**116.4**	**116.4**	**116.7**	**116.8**	**114.7**
五、交通和通讯工具	**100.0**	**100.5**	**98.4**	**100.0**	**99.7**	**99.7**	**98.2**	**98.9**	**96.5**	**100.1**	**100.0**	**100.7**
六、娱乐教育文化用品	**106.0**	**106.1**	**107.7**	**105.2**	**105.2**	**104.1**	**105.0**	**105.0**	**104.9**	**104.9**	**104.9**	**104.9**
七、居住	**127.7**	**129.6**	**133.2**	**132.8**	**134.2**	**130.6**	**129.3**	**112.6**	**112.4**	**110.7**	**109.4**	**109.4**
八、服务项目	**132.0**	**125.7**	**118.4**	**118.6**	**121.0**	**121.0**	**122.0**	**121.6**	**124.5**	**127.2**	**128.8**	**128.1**
1.电讯费	101.2	101.2	103.1	101.9	101.9	101.9	101.9	101.9	101.9	101.9	101.9	101.9
2.邮费	100.0	100.0	100.0	100.0	100.0	100.0	100.0	100.0	100.0	100.0	100.0	100.0
3.交通费	132.1	147.7	105.1	103.3	103.3	103.3	107.0	104.8	104.8	104.8	104.8	104.8
4.洗理美容费	124.5	149.7	141.8	132.3	134.9	134.9	134.9	134.9	134.9	125.4	122.8	122.8
5.文娱费	136.4	145.9	137.8	134.2	109.9	109.9	127.1	127.1	127.1	126.8	126.8	127.2
6.学杂保育费	148.6	112.8	112.8	112.8	112.8	112.8	111.4	111.4	122.4	122.4	122.4	122.4
7修理及其他服务费	137.3	133.4	133.4	138.9	152.7	152.7	152.7	152.7	151.6	164.9	171.8	169.0
8.医疗保健服务	104.2	115.5	147.6	147.6	147.6	147.6	147.6	147.6	147.6	147.6	147.6	147.6

表16-5 各月环比的居民消费价格分类指数及商品零售物价指数

(1994年)

类别	一月	二月	三月	四月	五月	六月	七月	八月	九月	十月	十一月	十二月
居民消费价格总指数	**104.6**	**105.8**	**99.4**	**100.1**	**100.7**	**102.0**	**104.0**	**103.7**	**101.9**	**98.6**	**98.9**	**101.6**
(以上年同期价格为100)												
商品零售物价总指数	**105.6**	**105.3**	**99.1**	**99.5**	**99.8**	**102.4**	**104.1**	**103.5**	**101.4**	**98.6**	**98.5**	**101.7**
一、食品	**106.9**	**109.8**	**97.8**	**99.7**	**100.4**	**103.2**	**107.5**	**107.7**	**102.8**	**96.3**	**97.3**	**102.8**
1.粮食	98.1	101.7	103.4	104.5	100.9	99.9	118.5	101.4	103.0	100.0	99.4	103.6
(1)细粮	98.1	101.7	103.4	104.5	100.9	99.9	118.5	101.4	103.0	100.0	99.4	103.6
2.淀粉及薯类	102.6	118.8	97.5	96.6	95.3	102.8	104.6	112.2	90.8	95.3	111.6	99.4
3.干豆类及豆制品	104.5	99.2	100.1	100.3	97.8	100.5	99.6	102.7	103.2	98.5	97.9	101.1
4.油脂类	105.8	102.4	100.2	103.8	104.2	96.6	112.0	92.0	121.4	92.1	98.8	101.3
5.肉禽及其制品	100.8	118.4	89.4	97.3	100.9	106.1	105.5	110.6	105.3	100..1	103.3	100.0
6.蛋类	99.6	104.1	94.9	97.7	100.1	108.9	110.0	106.2	101.3	90.7	98.8	101.7
7.水产品类	103.0	111.6	96.5	100.7	94.9	107.2	97.8	104.7	101.8	97.2	99.4	106.4
8.菜类	83.7	104.4	112.0	94.9	98.6	108.3	138.2	132.7	92.0	78.2	85.4	109.2
(1)鲜菜	80.0	105.2	114.1	93.8	98.2	109.4	143.1	135.4	89.9	75.9	84.9	109.2
(2)干菜	113.9	101.2	87.8	107.9	109.1	95.5	91.9	113.5	115.1	96.9	91.0	114.9
(3)菜制品	120.2	90.9	101.6	100.7	90.6	103.4	99.5	102.7	103.2	100.9	88.4	100.7
9.调味品	108.9	109.4	98.5	98.7	101.7	107.9	103.8	109.8	105.0	97.9	100.7	96.1
10.糖类	93.5	113.9	101.1	104.8	98.7	99.9	101.7	111.1	101.4	101.3	102.0	99.3
(1)食糖	95.6	102.8	104.1	106.8	97.6	99.5	106.2	100.0	104.9	104.8	107.1	97.5
(2)糖果	92.7	118.2	100.0	104.1	99.1	100.0	100.0	115.3	100.0	100.0	100.0	100.0
11.烟草类	99.0	106.4	94.8	101.0	100.7	107.0	101.7	104.9	97.6	97.0	99.9	103.5
12.酒和饮料	109.0	105.4	96.8	99.8	100.4	102.4	101.2	101.0	99.8	100.0	100.0	101.4
13.干鲜瓜果类	99.4	117.7	97.5	100.0	108.7	86.3	98.8	91.2	115.6	91.6	87.0	107.9
(1)鲜果	98.1	119.2	97.5	100.4	109.5	84.1	99.0	89.9	116.7	90.9	85.7	108.3

表16-5续表1 (1994年)

类别	一月	二月	三月	四月	五月	六月	七月	八月	九月	十月	十一月	十二月
(2)干果	110.1	104.8	97.2	96.9	101.6	105.1	96.8	101.6	106.4	97.6	98.2	104.7
14.糕点类	110.1	97.7	105.4	110.5	100.0	103.0	100.0	115.7	100.0	100.0	105.7	100.0
15.奶及奶制品	100.9	110.9	104.5	95.2	107.0	105.2	99.7	100.0	95.5	108.8	101.1	108.3
16.其他食品	109.3	93.8	104.3	99.6	101.7	100.4	108.0	98.1	100.8	100.0	100.0	103.1
17.饮食业	146.8	102.2	100.4	102.1	100.0	100.5	100.3	101.7	100.0	99.9	92.8	99.4
(1)主食	164.7	102.7	100.1	100.0	100.0	101.3	100.0	100.0	100.0	100.0	93.1	100.0
(2)炒菜	157.7	102.1	99.5	100.0	100.0	100.0	100.7	101.7	100.0	99.7	92.4	98.7
(3)地方小吃	115.1	101.9	102.0	107.1	100.0	100.7	100.0	103.0	100.0	100.0	93.1	100.0
二、衣着类	**100.3**	**100.3**	**100.0**	**101.0**	**100.0**	**100.1**	**102.4**	**100.0**	**100.0**	**100.0**	**100.0**	**100.3**
1.服装	100.1	100.0	100.0	101.4	100.0	100.0	102.1	100.0	100.0	100.0	100.0	100.2
2.衣着材料	100.3	101.4	100.5	100.0	100.0	100.9	110.9	100.0	100.0	100.0	100.0	102.5
3鞋袜帽及其他衣着	101.0	100.7	100.0	100.0	100.0	100.0	101.3	100.0	100.0	100.0	100.0	100.0
三、家庭设备及用品	**101.8**	**101.2**	**100.3**	**100.4**	**100.6**	**101.9**	**100.2**	**100.0**	**100.0**	**100.4**	**100.2**	**101.3**
四、医疗保健	**100.0**	**109.1**	**99.6**	**99.0**	**98.5**	**110.4**	**100.0**	**97.2**	**100.0**	**100.3**	**100.1**	**100.0**
五、交通和通讯工具	**100.0**	**100.0**	**100.0**	**102.0**	**100.0**	**100.0**	**100.0**	**100.7**	**97.4**	**100.0**	**100.0**	**100.6**
六、娱乐教育文化用品	**102.2**	**100.2**	**102.1**	**100.3**	**100.0**	**100.0**	**100.0**	**100.0**	**100.1**	**100.0**	**100.0**	**100.0**
七、居住	**105.1**	**100.0**	**102.5**	**100.3**	**101.4**	**100.0**	**100.0**	**99.9**	**99.9**	**100.3**	**100.0**	**100.1**
八、服务项目	**103.9**	**106.1**	**100.5**	**100.0**	**103.0**	**100.0**	**101.3**	**100.0**	**106.1**	**102.6**	**101.6**	**100.0**
1.电讯费	100.0	100.0	101.9	100.0	100.0	100.0	100.0	100.0	100.0	100.0	100.0	100.0
2.邮费	100.0	100.0	100.0	100.0	100.0	100.0	100.0	100.0	100.0	100.0	100.0	100.0
3.交通费	100.0	108.5	94.6	100.0	100.0	100.0	103.3	100.0	100.0	100.0	100.0	100.0
4.洗理美容费	109.3	119.4	94.5	100.0	102.7	100.0	100.0	100.0	100.0	100.0	100.0	100.0
5.文娱费	100.0	107.0	100.0	100.0	100.5	100.0	116.1	100.0	100.0	100.0	100.0	100.4
6.学杂保育费	100.0	101.3	100.0	100.0	100.0	100.0	100.0	100.0	121.1	100.0	100.0	100.0
7修理及其他服务费	114.9	109.9	100.0	100.0	112.3	100.0	100.0	100.0	100.0	111.1	106.9	100.0
8.医疗保健服务	100.0	115.5	132.1	100.0	100.0	100.0	100.0	100.0	100.0	100.0	100.0	100.0

表16-6 本省主要城市1994年居民消费价格指数

（以上年价格为100）

类别	广州	深圳	佛山	汕头	湛江	东莞	珠海
居民消费价格总指数	**120.0**	**118.2**	**119.8**	**121.2**	**125.8**	**123.5**	**122.9**
一、食品	**128.2**	**120.2**	**123.2**	**125.5**	**130.8**	**126.4**	**132.8**
1.粮食	158.5	146.1	151.0	148.5	158.7	155.4	158.2
2.肉禽及其制品	134.1	118.5	128.3	132.7	127.5	127.2	126.5
3.水产品类	121.7	120.6	109.5	121.2	115.3	121.5	121.2
4.鲜菜	122.7	101.7	125.5	129.2	160.2	108.4	113.7
5.鲜果	103.3	111.7	109.1	110.6	117.0	104.3	126.4
6.饮食业	127.5	127.6	124.6	110.7	135.1	141.7	158.4
二、衣着类	**118.9**	**125.1**	**119.0**	**118.2**	**116.1**	**109.4**	**109.6**
三、家庭设备及用品	**112.9**	**109.5**	**114.8**	**114.0**	**110.7**	**115.1**	**108.0**
四、医疗保健	**112.5**	**115.9**	**110.9**	**112.1**	**110.8**	**109.9**	**116.0**
五、交通和通讯工具	**108.0**	**110.4**	**94.1**	**110.1**	**111.2**	**130.6**	**99.4**
六、娱乐教育文化用品	**104.8**	**110.9**	**106.1**	**114.0**	**118.7**	**108.6**	**105.3**
七、居住	**117.0**	**118.9**	**121.4**	**119.8**	**120.9**	**114.4**	**122.7**
八、服务项目	**104.3**	**118.1**	**136.2**	**129.3**	**131.4**	**141.2**	**124.1**
1.电讯费	105.3	100.7	100.3	100.0	107.5	125.0	101.9
2.邮费	100.0	100.0	100.0	100.0	100.0	115.0	100.0
3.交通费	104.8	107.7	107.9	118.5	108.2	169.3	110.5
4.洗理美容费	135.1	113.7	123.6	175.4	118.8	146.0	132.8
5.文娱费	124.3	114.3	152.0	125.6	132.5	156.0	128.0
6.学杂保育费	95.6	133.5	143.7	152.1	148.9	135.1	118.8
7.修理及其他服务费	103.6	114.5	157.8	116.7	118.7	141.8	150.9
8.医疗保健服务	101.7	169.8	109.5	134.3	106.2	114.1	141.3

城市居民住户调查资料

17

表17-1 历年城市居民家庭人均指标

单位：元

指标	1986	1987	1988	1989	1990	1991
一、人均月实际收入	**123.70**	**147.71**	**210.13**	**259.63**	**284.78**	**348.13**
其中:生活费收入	110.32	127.18	188.75	235.33	254.03	305.94
二、人均月实际支出	**114.97**	**138.28**	**189.51**	**272.30**	**262.36**	**327.80**
1.生活费支出	106.12	129.13	175.02	210.02	241.59	295.65
(1).购买商品支出	94.90	116.93	157.50	189.26	214.05	266.39
1).食品类	64.83	74.54	97.76	115.74	129.05	147.93
2).衣着类	7.09	8.56	14.01	14.41	19.14	26.17
3).日用品类	12.84	16.36	26.20	26.07	26.32	44.71
4).文娱用品类	3.17	6.91	6.42	8.90	15.89	17.75
5).书报杂志类	0.65	0.88	1.37	1.24	2.06	2.01
6).药及医疗用品	1.18	1.12	2.41	2.09	2.64	4.09
7).建筑材料类	0.13	0.23	0.48	10.89	5.49	10.36
8).燃料类	2.66	3.76	5.30	6.46	8.17	9.61
9).其它商品	2.35	4.56	3.55	3.46	5.29	3.76
(2).非商品支出	11.22	12.20	17.52	20.76	27.54	29.26
1).房租	0.81	0.97	1.05	0.89	0.35	0.37
2).水电费	3.17	3.84	5.57	7.05	7.75	7.98
3).交通费	1.77	2.11	2.14	2.22	3.86	4.73
4).邮电费	0.10	0.19	0.71	0.92	1.87	2.35
5).医疗保健费	0.29	0.17	0.32	0.23	0.48	0.63
6).学杂费	1.72	1.33	2.35	3.97	5.89	4.34
7).保育费	0.63	0.79	1.91	1.47	4.07	1.74
8).文娱费	0.72	0.46	0.62	0.65	1.37	1.40
9).修理服务费	0.81	0.96	1.79	2.57	3.77	4.53
10).其它支出	1.19	1.38	1.06	0.81	1.13	1.18
2.赡养支出	4.28	3.82	4.65	8.05	7.56	13.24
3.赠送支出	4.51	5.34	8.65	8.22	13.05	18.65
4.其它支出	0.06	—	1.19	46.01	0.16	0.26
三、年末人均手存现金	**95.01**	**145.82**	**128.35**	**178.68**	**279.04**	**146.08**

表17-2 历年城市居民家庭基本情况

(50户抽样调查)

指　　标	单位	1986	1987	1988	1989	1990	1991	1992	1993	1994
一、调查户数	户	**50**	**50**	**50**	**50**	**50**	**50**	**50**	**50**	**50**
二、家庭人口	人	**208.75**	**206.50**	**195.72**	**195.92**	**187.33**	**187**	**184.59**	**185.01**	**183.08**
三、就业人口	人	**110.42**	**112.75**	**108.73**	**107.83**	**105.00**	**106.58**	**105.84**	**108.09**	**103.92**
其中:国有经济职工	人	83.42	85.50	85.74	85.42	88.75	91.17	87.50	85.00	80.33
集体经济职工	人	24.42	23.42	19.16	21.42	15.25	15.00	5.00	6.00	4.41
四、离退休人口	人	**5.67**	**4.17**	**9.25**	**11.25**	**9.00**	**6.00**	**8.67**	**9.92**	**6.83**
五、平均每户家庭人口	人	**4.18**	**1.13**	**3.91**	**3.92**	**3.75**	**3.74**	**3.69**	**3.70**	**3.66**
六、平均每户就业人口	人	**2.21**	**2.26**	**2.17**	**2.16**	**2.10**	**2.13**	**2.12**	**2.16**	**2.08**
七、平均每一就业者负担人数(含就业者)	人	**1.89**	**1.83**	**1.80**	**1.82**	**1.78**	**1.75**	**1.74**	**1.71**	**1.76**
其中:不包含退休人口	人	1.84	1.79	1.71	1.71	1.70	1.70	1.66	1.62	1.70
八、平均每人每月实际收入	元	**123.70**	**141.71**	**210.13**	**259.63**	**284.78**	**348.13**	**417.44**	**636.88**	**868.94**
其中:生活费收入	元	110.32	127.18	188.75	235.33	254.03	305.94	372.63	571.41	767.36
九、平均每一就业者收入	元	**213.32**	**247.44**	**325.04**	**398.64**	**461.85**	**539.99**	**629.03**	**925.41**	**1298.0**
十、平均每人每月实际支出	元	**114.97**	**138.28**	**189.51**	**272.30**	**262.36**	**327.80**	**502.96**	**562.58**	**762.07**
1.消费性支出	元	106.12	129.13	175.03	210.02	241.59	295.65	346.95	498.74	667.86
2.赡养支出	元	4.28	3.82	4.65	8.05	7.56	13.24	14.62	18.63	42.86
3.赠送支出	元	4.51	5.33	8.65	8.22	13.05	18.65	17.43	28.57	42.94
4.其它支出	元	0.06	—	1.18	46.01	0.16	0.26	123.96	16.64	8.41
十一、年末人均手存现金	元	**95.01**	**145.82**	**128.35**	**178.68**	**279.04**	**146.08**	**311.56**	**315.76**	**469.59**

表 1 7 - 3　城市居民家庭主要指标

单位: 元

指　　标	1993年	1994年
一、人均月实际收入	**636.88**	**868.94**
其中:生活费收入	571.41	767.36
二、人均月实际支出	**562.58**	**762.07**
(一)消费性支出	498.74	667.86
1.食品	228.40	294.09
2.衣着	45.15	55.78
3.家庭设备用品及服务	75.79	53.79
4.医疗保健	10.48	13.71
5.交通与通讯	18.99	31.28
6.娱乐教育文化服务	41.06	73.70
7.居住	50.68	101.64
8.杂项商品与服务	28.19	43.88
(二)非消费性支出	63.84	94.22
1.赡养支出	18.63	42.86
2.赠送支出	28.57	42.94
3.其它支出	16.64	8.42
三、年末人均手存现金	**315.76**	**469.59**

表17-6 城市居民家庭平均每人每月主要食品购买量

（不含在单位食堂及饮食业购买）

（1994年50户抽样调查）

指标	单位	总平均	按人均生活费收入						
			最低收入户	低收入户	中等偏下收入户	中等收入户	中等偏上收入户	高收入户	最高收入户
粮食	公斤	6.06	6.66	7.17	6.43	4.61	5.79	5.34	6.97
食用植物油	公斤	0.52	0.68	0.78	0.61	0.38	0.32	0.40	0.52
鲜菜	公斤	7.94	6.87	7.77	8.55	8.08	8.71	6.69	7.71
猪肉	公斤	1.87	2.03	1.74	2.09	1.91	1.63	1.80	1.75
牛羊肉	公斤	0.10	0.04	0.25	0.10	0.06	0.11	0.09	0.09
家禽	公斤	1.27	0.82	1.14	1.27	1.35	1.36	1.20	1.80
鲜蛋	公斤	0.57	0.44	0.47	0.52	0.75	0.58	0.44	0.76
鱼	公斤	2.28	1.74	2.24	2.00	2.07	3.03	2.44	2.44
食糖	公斤	0.14	0.20	0.10	0.14	0.14	0.17	0.08	0.12
卷烟	盒	1.27	2.45	0.84	2.15	0.22	0.53	0.53	2.43
白酒	公斤	0.04	0.03	0.10	0.04	0.03	0.05	0.03	0.05
啤酒	公斤	0.10	0.03	0.22	0.11	0.04	0.09	0.10	0.09
茶叶	公斤	0.01	0.00	0.01	0.02	0.00	0.00	0.00	0.03
鲜瓜	公斤	0.36	0.16	0.32	0.47	0.38	0.55	0.10	0.29
鲜果	公斤	2.76	1.45	1.82	3.46	2.07	3.26	2.74	3.37
糖果	公斤	0.07	0.06	0.04	0.06	0.09	0.04	0.13	0.10
糕点	公斤	0.28	0.09	0.11	0.22	0.38	0.31	0.65	0.23
鲜奶	公斤	0.08	0.00	0.31	0.10	0.06	0.02	0.06	0.01

表17-7 城市居民家庭平均每百户耐用消费品年末拥有量

(1994年50户抽样调查)

指标	单位	总平均	按人均生活费收入分组						
			最低收入户	低收入户	中等偏下收入户	中等收入户	中等偏上收入户	高收入户	最高收入户
大衣柜	个	190	60	240	170	190	260	180	180
沙发	个	122	80	220	30	90	190	40	260
自行车	辆	204	120	320	220	230	110	280	200
缝纫机	台	82	80	100	90	100	70	80	40
电风扇	台	322	280	380	320	290	310	400	320
洗衣机	台	100	100	100	100	100	100	100	100
电冰箱	台	100	100	100	100	100	100	100	100
摩托车	辆	6	0	0	0	30	0	0	0
彩色电视机	台	146	120	140	120	150	170	140	180
黑白电视机	台	10	0	40	10	0	20	0	0
立体声收音机	台	38	0	40	20	50	70	0	60
普通收音机	台	62	60	120	30	40	50	120	80
照相机	部	56	40	40	20	60	90	80	60
中高档乐器	件	16	0	0	10	30	30	0	20
电炊具	个	92	40	80	50	100	120	160	100
录相机	台	64	60	20	50	90	80	40	80
高级音响	部	46	20	60	20	70	50	40	60
家用冷风机	台	0	0	0	0	0	0	0	0
电话	台	90	60	80	80	100	100	100	100
空调器	台	118	60	60	50	150	190	140	140

表17-8 城市居民家庭全年购买主要耐用消费品日用品量

(1994年50户抽样调查)

指 标	单 位	购买总量	平均百户购买量	指 标	单 位	购买总量	平均百户购买量
大衣柜	个	3	6	棉布	米	40.6	81.2
写字台	个	4	8	棉纤混纺布	米	34	68
自行车	辆	5	10	化纤布	米	70.4	140.8
缝纫机	架	0	0	呢绒	米	9.2	18.4
手表	块	13	26	绸缎	米	31.2	62.4
钟	个	8	16	西服	件	35	70
电风扇	台	2	4	茄克衫	件	11	22
洗衣机	台	1	2	衬衫	件	152	304
电冰箱	台	2	4	裤子	件	204	408
彩色电视机	台	4	8	裙子	件	53	106
收录机	台	1	2	布鞋	双	20	40
照相机	部	2	4	皮鞋	双	121	242
录相机	部	0	0	肥皂	块	106	212
组合音响	套	2	4	洗衣粉	公斤	227.2	454.4
				煤炭	公斤	646.5	1293
				液化石油气	公斤	8435	16870

表17-9 城市居民家庭居住情况

(1994年50户抽样调查)

指　　标	调查户数	家庭常住人口
总　　计	**50**	**199**
一、按居住面积分	**50**	**199**
1.无房户	0	0
2.平均每人6-8平方米	4	20
3.平均每人8-12平方米	17	80
4.平均每人12平方米以上	29	99
二、按房屋产权分	**50**	**199**
1.公房户	9	39
2.自有房户	41	160
3.租房户	0	0
三、按自来水使用情况分	**50**	**199**
# 独用自来水	49	195
四、按卫生设备拥有情况	**50**	**199**
#有浴室厕所	48	192
五、按取暖设备拥有情况	**50**	**199**
1.无取暖设备	22	97
2.空调设备	28	102
六、按厨房使用情况分	**50**	**199**
# 独用厨房	50	199
七、按燃料使用情况分	**50**	**199**
# 液化石油气	50	199
八、按电话拥有情况分	**50**	**199**
1.无电话	2	9
2.公费电话	12	45
3.自费电话	36	145

表17-10 1994年广东省主要城市居民家庭基本情况

（抽样调查资料）

指　标	单位	珠海	广州	深圳	佛山	汕头	湛江	东莞
调查户数	户	50	300	100	100	100	100	50
家庭人口	人	183	987	361	332	356	341	193
就业人口	人	104	567	210	203	207	200	106
平均每户家庭人口	人	3.66	3.29	3.61	3.32	3.56	3.41	3.86
平均每户就业人口	人	2.08	1.89	2.10	2.03	2.07	2.00	2.12
平均每一就业者负担人数	人	1.76	1.74	1.72	1.64	1.72	1.70	1.82
平均每人每月实际收入	元	868.94	634.33	914.71	751.83	463.12	530.53	760.95
其中：生活费收入	元	767.36	598.99	838.42	711.15	419.14	461.29	689.14
平均每一就业者每月收入	元	1297.99	861.87	1311.24	897.04	552.60	643.59	782.37
平均每人每月实际支出	元	762.07	557.99	926.01	688.29	395.54	513.79	703.35
其中：消费性支出	元	667.86	517.73	826.26	618.82	368.73	449.51	605.95
平均每人居住面积	M	13.15	10.68	12.03	14.28	11.01	12.89	23.40

主要统计指标解释

一、平衡统计

社会总产值 也称社会总产品，是反映一个国家（或地区）在一定时期内物质生产总成果的重要指标。它是以货币表现的农业、工业、建筑业、运输业、商业（包括饮食业和物资供销业）五个物质生产部门的总产值之和。在社会生产活动中，农业、工业、建筑业、直接生产物质产品，运输业和商业担负着产品生产过程继续的职能，也创造和追加一部分价值。

社会总产值，在实物形态上可分为生产资料和消费资料两大部类。在价值形态上可分为：（1）生产过程中消耗掉的生产资料转移的价值；（2）劳动者新创造的价值，其中包括相当于劳动报酬的那部分必要产品的价值和为社会创造的剩余产品的价值。

国民收入 反映经济发展水平、经济效益和分配关系的重要指标。它是从事物质资料生产的劳动者在一定时期内新创造的价值，也就是从社会总产值中扣除生产过程中消耗掉的生产资料价值后的净产值，农业、工业、建筑业、运输业和商业净产值之和就是国民收入。我国计算国民收入的方法有二：（1）生产法，用各物质生产部门的总产值减去生产中的物质消耗价值（如用于生产的原材料、种籽、肥料、燃料、动力等的消耗，生产用固定资产折旧等）后的净产值相加。（2）分配法，从国民收入初次分配的角度出发，等于生产部门中劳动者的劳动报酬加利润、税金、利息等的总和。

国民生产总值 一个国家（或地区）在一定时期所生产的最终产品和提供的劳务总量的货币表现。从生产角度来说，它是国民经济各部门的增加值之和；从分配角度来说，是这些部门的劳动者个人收入、税金、利润、利息和固定资产折旧等项目之和；从使用的角度来说，它是最终使用于消费、固定资产投资、增加库存及净出口的产品劳务。

国民生产总值同社会总产值、国民收入的区别，从核算范围看，社会总产值和国民收入都是只计算五大物质生产部门的劳动成果之外，还计算各种服务业、公用事业、文化教育卫生、科学研究以及金融保险等非物质生产部门的劳动成果。从这三个产值指标的价值构成来看，社会总产值计算了社会产品的全部价值，而国民生产总值则只计算在生产产品和提供劳务过程中增加的价值即增加值，不计算消耗的原材料、燃料、动力等中间产品和支付其他部门的劳务费用等所谓中间投入的价值。国民收入除了不计算原材料、燃料、动力等中间产品之外，还要扣除固定资产折旧费，即只计算净产值。

当年价格 指报告期的实际价格，如工厂的出厂价格，农产品的收购价格，商业的零售价格等。按当年价格计算，是指一些以货币表现的物量指标，如社会总产值、工农业总产值、国民收入、国民生产总值等，按照当年的实际价格来计算总量。使用当年价格计算的数字，是为了使国民经济各项指标互相衔接，便于考察当年社会经济效益，便于对生产和流通、生产和分配、生产和消费进行经济核算和综合平衡。

按当年价格计算的价值指标，在不同年份之间进行对比时，因为包含有各年间价格变动的因素，不能确切地反映实物量的增减变动．必须消除价格变动因素后，才能真实反映经济发展动态。因此，在计算增长速度时都使用按可比价格计算的数字。

不变价格 用某一时期的同类产品的平均价格作为固定价格，来计算各个时期的产品价值。新中国成立后，随着工农业产品价格水平的变化，国家统计局先后五次制定了全国统一的工业产品不变价格，从1949年到1957年使用1952年工（农）业产品不变价格，从1957年到1971年使用1957年不变价格，从1971年到1981年使用1970年不变价格，从1981年到1990年使用1980年不变价格，1990年开始使用1990年不变价。

平均每年增长速度 在我国计算平均增长速度有两种方法，一种是习惯上经常使用的“水平法”，又称几何平均法，是以间隔期最后一年的水平同基期水平对比来计算平均每年增长（或下降）速度。另一种是“累计法”，又称代数平均法或方程式法，是以间隔期内各年增长的总和同基期水平对比来计算平均每年增长（或下降）速度。（具体计算方法，可参阅中国财政经济出版社出版的《平均增长速度查对表》。）

在一般正常情况下，两种方法计算的平均每年增长速度比较接近，但在经济发展不平衡，出现大起大落时，两种方法计算的结果差别较大。

本《年鉴》内所列的平均每年增长速度，都是用“水平法”计算的．从某年到某年平均增长速度的年份，均不包括基期年在内．如建国三十六年的平均增长速度是以1949年为基期计算的，则写为1950-1985年平均增长速度，余类推。

各个计划时期 表内所用各个“时期”代表的年份如下：恢复时期为1950年到1952年：第一个五年计划时期（简称一五时期）为1953年到1957年：第二个五年计划时期（简称二五时期）为1958年到1962年；第三个五年计划时期（简称三五时期）为1966年到1970年；第四个五年计划时期（简称四五时期）为1971年到1975年；第五个计划时期（简称五时期）为1976年到1980年；第六个五年计划时期（简称六五时期）为1981年到1985年；第七个五年计划时期（简称七五时期）为1986年到1990年。

二、人口、社会劳动力

人口数 指一定时点、一定地区范围内的有生命的个人的总和。

年度统计的年末人口数是指每年12月31日24时的人口数。

出生率 （又称粗出生率）指在一定时期内（通常为一年内）平均每千人所出生的人数的比率，一般用千分率表示．计算公式：

$$出生率=\frac{年出生人数}{年平均人数}\times 1000‰$$

出生人数是指活产婴儿，即胎儿脱离母体时（不管怀孕月数），有过呼吸或其他生命现象。

年平均人数是年初、年末人口数的平均数，也可用年中人口数代替。

死亡率 指在一定时期内（通常为一年内）一定地区的死亡人数与同期平均人数（或期中数）之比，一般用千分率表示。计算公式：

$$死亡率=\frac{年死亡人数}{年平均人数}\times 1000‰$$

人口自然增长率 在一定时期内（通常为一年内）人口自然增长数（出生人数减死亡人数）与平均人数（或期中人数）之比，一般用千分率表示。计算公式：

$$人口自然增长率=\frac{本年出生人口数-本年死亡人口数}{年平均人数}\times 1000‰$$

人口自然增长率=人口出生率-人口死亡率

社会劳动者 指从事一定社会劳动并取得劳动报酬或经营收入的全部劳动力。它包括全民所有制单位、各种合营单位、城镇集体所有制单位的全部职工，城镇个体劳动者，农村集体和个体劳动者。从事家庭副业，其收入相当于当地一个社会劳动者最低收入水平或参加社会劳动累计在三个月以上的乡村劳动者以及保留"三招权"（即招工、参军、入学）临时安排工作，工资收入达到当地一级工工资水平的城镇青年，包括在社会劳动者人数中。

三、工　业

工业 工业是从事物质产品生产活动的部门。工业生产活动主要包括以下几个方面：⑴对自然资源的开采，如采矿、晒盐、森林采伐等(但不包括禽兽捕猎和水产捕捞)；⑵对农副产品的加工、再加工，如粮油加工、食品加工、轧花、缫丝、纺织、制革等；⑶对采掘品的加工、再加工，如冶金加工、石油加工、化学加工、机械加工、木材加工等，以及电力、煤气及水的生产和供应等；⑷对工业品的修理、翻新，如机器设备的修理、交通运输工具（包括小卧车）的修理等。

1984年以前农村的村及村以下办工业归属农业，1984年及以后划归工业。

工业统计调查单位 分为独立核算法人工业企业和工业活动单位两类。

⑴独立核算法人工业企业是指从事工业生产经营活动的单位。它应同时具备以下条件：①依法成立，有自己的名称、组织机构和场所，能够承担民事责任；②独立拥有和使用资产，承担负债，有权与其他单位签订合同；③独立核算盈亏，并能够编制资产负债表。

⑵工业活动单位是指在一个场所从事一种或主要从事一种工业生产活动的经济单位。它包括独立核算工业企业按主营业务活动（即工业生产活动）划分的主营业务活动单位和非工业企业所属的工业生产活动单位（即原非独立核算工业生产单位）。工业活动单位，一般应同时具备以下三个条件：①具有一个场所，从事一种或主要从事一种工业活动；②单独组织工业生产、经营或业务活动；③单独核算收入和支出。

国有经济 指生产资料归国家所有的一种经济类型。包括中央和地方各级国家机关、事业单位和社会团体使用国有资产投资举办的企业，也包括实行企业化经营，国家不再核拨经费或核拨部分经费的事业单位和从事经营性活动的社会团体，以及上述企业、事业单位和社会团体使用自有资金投资举办的企业。

集体经济 指生产资料归公民集体所有的一种经济类型。包括城乡所有使用集体投资举办的企业，以及部分个人通过集资自愿放弃所有权并依法经工商行政管理机关认定为集体所有制的企业。

其他类型经济 指除国有经济和集体经济以外的其他经济类型工业企业。包括私营经济、个体经济、联营经济、股份制经济、外商投资经济、港、澳、台投资经济和其他经济等。

轻工业 指提供生活消费品和制作手工工具的工业，是为满足人们吃、穿、用需要的工业。按其所使用的原料不同，可分为两大类：（1）以农产品为原料的轻工业，是指直接或间接以农产品为基本原料的轻工业。主要包括食品制造、饮料制造、烟草加工、纺织、缝纫、皮革和毛皮制作、造纸以及印刷等工业；（2）以非农产品为原料的轻工业，是指以工业品为原料的轻工业。主要包括文教体育用品、化学药品制造、合成纤维制造、日用化学制品、日用玻璃制品、日用金属制品、手工工具制造、医疗器械制造、文化和办公用机械制造等工业。

重工业 指生产生产资料的工业，是为国民经济各部门提供物质技术基础的工业。按其生产和产品用途，可以分为下列三类：（1）采掘（伐）工业，是指对自然资源的开采，包括石油开采、煤炭开采、金属矿开采、非金属矿开采和木材采伐等工业；（2）原材料工业，是指提供国民经济各部门使用的原料、动力和燃料的工业。包括金属冶炼及加工、炼焦及焦炭化学、化工原料、水泥、人造板以及电力、石油和煤炭加工等工业；（3）加工工业，是指对原材料进行加工制造的工业。包括装备国民经济各部门的机械设备制造工业、金属结构、水泥制品等工业，以及为农业提供的生产资料和化肥、农药等工业。

根据上述划分原则，修理业中修理作业对象是重工业的划为重工业，否则划为轻工业。

大、中、小型企业 大、中、小型企业的划分标准有下列两类:

（1）按企业产品的年生产能力划分。凡产品比较单一的行业，如电力、原煤、石油、钢铁、有色金属、硫酸、烧碱、纯碱、合成氨、汽车、拖拉机、水泥、平板玻璃、纺织、造纸、制糖、手表、缝纫机、自行车等均以产品生产能力作为划分大、中、小型的标准（生产多种产品的企业，以其主要产品的生产能力来划分）。

（2）按企业拥有的固定资产原值划分。凡产品种类繁多，难以按生产能力划分的，则以企业的固定资产原值作为划分大、中、小型的标准。

工业总产值 是以货币表现的工业企业在一定时期内生产的工业产品总量，它反映工业生产的总规模和总水平。它包括：在本企业内不再进行加工，经检验、包装入库的成品价值，工业性作业价值，自制半成品、在制品期末期初差额价值（生产周期较长的企业计算）。工业总产值采用“工厂法”计算，即以工业企业作为一个整体，按企业工业生产活动的最终成果来计算，企业内部不允许重复计算，不能把企业内部各个车间（分厂）生产的成果相加。但在企业之间、行业之间、地区之间存在着重复计算。

轻重工业总产值的划分也是按“工厂法”计算的，即一个工业企业在正常情况下生产的主要产品的性质属于轻工业，则该企业的全部总产值作为轻工业总产值；一个工业企业生产的主要产品的性质属于重工业，则该企业的全部总产值作为重工业总产值。

工业增加值 指工业企业在报告期内以货币表现的工业生产活动的最终成果。工业增加值有两种计算方法：一是生产法，即工业总产出减去工业中间投入；二是收入法，即从收入的角度出发，根据生产要素在生产过程中应得到的收入份额计算，具体构成项目有固定资产折旧、劳动者报酬、生产税净额、营业盈余，这种方法也称要素分配法。

工业销售产值 是以货币表现的工业企业在一定时期内销售的本企业生产的工业产品总量。包括已销售的成品、半成品价值，对外提供的工业性作业价值和对本企业基本建设部门、生活福利部门等提供的产品和工业性作业及自制设备的价值。

工业销售产值的计算范围、计算价格和计算方法与工业总产值一致，但两者计算的基础不同：工业销售产值计算的基础是产品销售总量，工业总产值计算的基础是工业产品生产总量。

工业企业主要财务指标

1. **资本金** 指企业在工商行政管理部门登记的注册资金。企业筹集的资本金主要分为国家资本金、法人资本金、个人资本金以及外商资本金等。

2. **流动资产** 指可以在一年或者超过一年的一个营业周期内变现或者耗用的资产，包括现金及各种存款、短期投资、应收及预付货款、存货等。

3. **固定资产原价** 指企业在建造、购置、安装、改建、扩建、技术改造某项固定资产时所支出的全部货币总额。它一般包括买价、包装费、运杂费和安装费等。

4. **固定资产净值** 指固定资产原价减去历年所提折旧后的净额。

5. **固定资产合计** 指企业固定资产净值、固定资产清理、在建工程、待处理固定资产净损失所占用的资金。

6. **流动负债** 指将在一年或者超过一年的一个营业周期内偿还的债务。

工业全员劳动生产率 指报告期工业企业平均每个职工创造的工业增加值，是反映工业活劳动投入的经济效益指标。计算公式为：

工业全员劳动生产率（元／人）

$$= \frac{\text{报告期累计工业增加值}}{\text{报告期全部职工平均人数}}$$

四、农 业

农村社会总产值 指在一定时期内，农村各物质生产部门生产的以货币表现的全部产品价值总量。根据我国目前的农村经济现状，农村社会总产值包括：乡、村及村以下各级合作经济组织和农户从事农业、工业、建筑业、运输业、商业、饮食业活动所生产的总产值和国营农场生产的农业总产值两部分。凡是在农村的国营工业、建筑业、运输业、商业、饮食业所生产总产值均不包括在内。国营农场及县镇的工业、建筑业、运输业、商业和饮食业的总产值，也不包括在内。农村集体和国营联营的企业产值，凡场址在农村，并以农村集体合作经济组织的劳力、土地或生产用房为主的企业，其产值包括在农村社会总产值中。

农业总产值 以货币表现的农、林、牧、副、渔五业全部产品的总量，它反映一定时期内农业生产的总规模和总成果。

农、林、牧、副、渔五业的统计范围是：

(1) **农作物种植业** 包括粮、棉、油料、糖料、麻类、烟叶、蔬菜、药材、瓜类和其他农作物的种植，以及茶园、桑园、果园的生产经营。

(2) **林业** 包括林木的栽培（不包括茶园、桑园和果园的栽培、管理和收获等活动）、林产品的采集和村及村以下合作经济组织和农户的竹木采伐。

(3) **牧业** 包括除渔业养殖以外的一切动物饲养和放牧。

(4) **副业** 包括采集野生植物、捕猎野兽，野禽及农民家庭兼营的工业。

(5) **渔业** 包括水生动物和海藻类植物的养殖和捕捞。

从所有制看，包括全民所有制的各种专业农（林、牧、渔）场和农业试验场、所以及国家各级机关团体、学校、科研机构部队经营的农业；集体所有制的乡镇村各级办农场和农村各种经济组织经营的农林牧渔业以及工矿企业家属集体经营的农业；农民家庭自营的农林牧渔业及兼营工业等。

农业总产值的计算方法通常是按农林牧渔业产品及其副产品的产量，分别乘以各自单位产品价格求得，少数生产周期较长，当年没有产品或产品产量不易统计的则采用间接方法匡算其产值。然后将五业产品产值相加即为农业总产值。

1957年以前的农业总产值中包括了厩肥和农民自给性手工业（如农民自制衣服、鞋、袜，自己从事粮食初步加工等）。1958年及以后的农业总产值，林业中增加了村及村以下竹木采伐产值；牧业中取消了厩肥产值；副业中取消了农民自给性手工业产值，增加了村及村以下办的工业产值；渔业中增加了海洋捕捞水产品产值。1980年及以后的农业总产值，在副业中增加了农民商品性家庭手工业的产值。从1984年起村及村以下办工业产值划归工业。

农村工业总产值 以货币表现的乡办工业、村办工业和村以下办工业（即组办工业、农民联办工业和个体办工业）企业生产的产品总量。包括成品价值和对外承做的工业性作业价值两部分。出售的半成品的价值也计入总产值。

农村工业总产值按“工厂法”计算，即按每个企业工业生产活动的最终成果计算，在企业内部不允许重复，即不能将企业内部各个车间生产的成果相加。计算工业总产值的工业产品必须符合国务院和各省、自治区、直辖市主管部门规定的质量标准或订货合同规定的技术条件。凡不符合产品质量标准的不合格品，一律不准计算产量、产值。工业性作业只恢复或提高原来产品使用价值或只完成成品生产中的个别工序，只按加工费计算总产值，不包括原材料的价值。

农村建筑业总产值 以货币表现的农村各种合作经济组织的建筑队（组）和个体的专业人员从事建筑生产活动的总成果。建筑生产活动包括各种建筑物的建筑工程、各种机械设备的安装工程（不包括被安装的机械设备本身的价值）、建筑物和房屋修理产值以及与工程项目有关的勘察设计和地质勘探活动。

农村建筑业总产值主要包括兴建房屋、农田水利建设（包括安装工程和地质勘探）及开垦荒地等内容。其产值按兴工动料的全部投资额（但不包括被安装设备本身的价值）计算。

农村运输业总产值 指农村各级合作经济组织和农户从事货物运输活动的产值，包括水运（装卸驳运和堆存活动）、汽车运输、拖拉机运输、兽力车运输、人力车运输和装卸搬运等货物运输活动。其产值按这些农村运输单位的全部货运收入计算。

农村邮电业总产值，数量很少，暂时没有计算。

农村商业总产值 指农村供销合作社及其他各种合作经济组织和农户从事商业活动的产值。其产值按这些农村商业单位的商品附加费（已销售产品购销差价减托运费和装卸搬运费）计算。在搜集资料比较困难的情况下，也可根据这些农村商业单位的零售额乘以毛利率（购销差价率）再减去托运费和装卸搬运费进行估算。

农村饮食业总产值 指农村各种合作经济组织和农户从事饮食业活动的产值。其计算方法按饮食业的营业额计算。

农业净产值 指在一定时期内农业劳动者从事农业（包括农作物种植业、

林业、牧业副业、渔业）生产劳动中新创造的价值。

农业净产值是采用生产法计算的，即先根据农业生产中消耗的各种物质数量，分别乘以各自消耗物质的平均价格，然后加总计算出农业物质消耗，再从农业总产值中扣除农业物质消耗后求得农业净产值。

农业物质消耗的计算范围包括三大部分:

(1) 农业生产过程中实际消耗的劳动对象（如种籽、饲料、肥料、燃料、农药、用电量、畜禽育种防疫费、小农具购置费、副业生产原材料消耗等）。

(2) 农业生产过程中使用固定资产的磨损（如各种农机具、设备、役畜和生产用房屋、仓库、畜圈等生产性固定资产，受到磨损而提取的折旧费）。

(3) 农业生产过程中劳务费用支出（如农业生产过程中，修理农机具和设备的修理费、生产管理费和外雇运输费、邮电费及其他生产性劳动服务支出）。

农村经济总收入 指农村集体经济组织和农民家庭当年经营生产性和服务性活动所得到的可以用于抵偿本年开支，并在国家，集体和农民个人之间进行分配的全部收入。包括农林牧副渔业、农村工业、建筑业、运输业、商业、饮食业、服务业、劳务等各项经营收入和利息、租金等收入。但不包括那些不能用来分配，属于借贷性质或暂收性质的收入，如贷款收入、预购定金、国家投资、农民投资等。

农村经济总收入和农业总产值是两个不同的概念：第一，两者包括的范围不同。总收入除了包括农林牧副渔五业的收入以外，还包括其他生产性和非生产性事业活动所得到的可以直接支配的全部收入；而农业总产值则不包括后面这些。第二，就农林牧副渔五业而言，总产值要计算当年的全部成果，而总收入只计算当年可用于开支和分配的部分。例如，总产值要计算人造林木的生长量、大小家畜的繁殖、增长和增重的产值，总收入则不包括。第三，计算的价格不同。计算总产值，全部产品都按统一的不变价格或当年价格计算。而计算总收入一般只按当年价格计算（出售部分按实际出售价格计算，自用部分按当地收购的价格计算）。

粮食产量 指全社会的产量。包括全民所有制经营的、集体统一经营的和农民家庭经营的粮食产量，还包括工矿企业家属办的农场和其他生产单位的产量。粮食除包括稻谷、小麦、玉米、高粱、谷子及其他杂粮外，还包括薯类和大豆。其产量计算方法，豆类按去豆荚后的干豆计算；薯类（包括甘薯和马铃薯，不包括芋头和木薯）1963年以前按每4公斤鲜薯折1公斤粮食计算，从1964年开始及以后改为按5公斤鲜薯折1公斤粮食计算。其他粮食一律按脱粒后的原粮计算。

油料产量 指全部油料作物的生产量。包括花生、油菜籽、芝麻、向日葵籽、胡麻籽（亚麻籽）和其他油料。不包括大豆，也不包括木本油料和野生油料。花生以带壳干花生计算。

水产品产量 指人工养殖的水产品和天然生长的水产品的捕捞量。包括海水的鱼类、虾蟹类和贝类，不包括淡水水生植物。

猪、牛、羊肉产量 指当年出栏并已屠宰的猪、牛、羊的肉产量。即屠宰后除去头蹄下水后带骨肉（即胴体重）的重量。

耕地面积 指可以用来种植农作物、经常进行耕锄的田地。除包括熟地、当年新开荒地、连续撂荒未满三年的耕地和当年的休闲地（轮歇地）外，还包括以种植农作物为主并附带种植桑树、茶树、果树和其他林木的土地，以及沿海、沿湖地区已围垦利用"海涂"、"湖田"等面积。但不包括属于专业性的桑园、茶园、果园、果木苗圃、林地、芦苇地、天然或人工草地面积。

农作物播种面积 指实际播种或移植有农作物的面积。凡是实际种植有农作物的面积，不论种植在耕地上还是种植在非耕地上，均包括在农作物播种面积中，同时还包括因遭灾而重新改种和补种的农作物面积，种一亩算一亩。

灌溉面积 指有效灌溉面积，即具有一定的水源，地块比较平整，灌溉工程或设备已经配套，在一般年景下当年能够进行正常灌溉的耕地面积。

农用化肥施用量 指实际用于农业生产的化肥数量。包括氮肥、磷肥、钾肥和复合肥。化肥施用量分别按实物量和折纯量两种方法计算。折纯法化肥施用量是把氮肥、磷肥和钾肥分别按含氮、含五氧化二磷、含氧化钾的百分之一百成份折算后的数量。复合肥按其所含主要成分折算。

农业机械总动力　指主要用于农、林、牧、副、渔业的各种动力机械的动力总和。包括耕作机械、排灌机械、收获机械、农产品加工机械、运输机械、植物保护机械、牧业机械、林业机械、渔业机械和其他农业机械（内燃机按引擎马力折成瓦（特）计算，电动机按功率折成瓦（特）计算）。不包括专门用于乡、镇、村、组办工业、基本建设、非农业运输、科学试验和教学等非农业生产方面用的动力机械与作业机械。

乡镇企业　原来仅指农村人民公社和生产大队两级集体经济举办的社队企业。在农村政社组织管理体制分设以后，除了包括乡、村合作经济组织办企业外，还包括组办、联户办和个体办的企业。1984年3月确定将这类企业统称"乡镇企业"。

乡镇企业单位一般应拥有固定的组织、生产场所、生产设备和人员；有核算制度，承担经济责任和纳税义务；是一个比较稳定的经济实体。

农林牧副渔业劳动力　指直接参加农林牧渔业生产劳动的劳动力和直接从事采集、捕猎、农户家庭兼营（即以农业为主，利用农闲时间进行的）工业生产等副业劳动的劳动力。

役畜年底头数　指专门从事农田生产活动，如耕翻、播种、中耕、浇水、施肥、送粪、拉运农作物等农事劳役的牲畜，到年底实际存活的头数。包括有时或附带参加碾米、磨面、运输等副业劳役，但主要或经常参加农田劳役的牲畜头数。不包括由于年岁太小或已经衰老不能经常参加农事劳役的牲畜，也不包括专门用于副业生产和专业性运输的牲畜头数。

农民总收入　指农民年内从各种来源得到的全部实际收入。它包括从集体统一经营中得到的收入，从经济联合体得到的收入，家庭经营收入（包括承包集体生产和家庭副业收入，未扣除物耗、税收部分）和其他非生产性收入。不包括储蓄借贷收入。

农民纯收入　指农民全年总收入扣除费用性支出后可以直接用于进行生产和非生产性建设投资、改善生活的那部分收入，是反映农民实际收入水平和经济效益的主要指标。全年纯收入的计算公式是：

全年纯收入 = 全年总收入 - 家庭经营费用支出 - 缴纳税款 - 生产性固定资产折旧 - 上交集体承包任务 - 调查捕贴

农业增加值 1. 农业增加值是指各种经济类型的农业生产单位和农户从事农业生产经营活动所提供的社会最终产品的货币表现。增加值的计算方法有两种，一是生产法：农林牧渔业增加值 = 农林牧渔业总产出 - 农林牧渔业中间消耗；二是分配法：农林牧渔业增加值 = 固定资产折旧 + 劳动者报酬 + 生产税净额（生产税 - 生产补贴）+ 营业盈余。

2. 农业中间消耗是指各种经济类型的农业生产单位和农户在农业生产经营过程中投入（或消耗）的各种物质产品和劳务价值的总和。包括中间物质消耗和中间劳务消耗两个部分。计入中间消耗必须具备以下两个条件：一是与总产出相对应的生产过程中消耗的物质产品和劳务活动；二是本期投入并一次性消耗的不属于固定资产的非耐用品。

①**农业中间消耗**：指当年经营农业生产过程中所消耗（或投入）的各种物质产品的价值，以及支付给物质生产的生产性劳务费用。包括外购和自产并使用于当年农业生产过程中的各种物质产品。如种籽、饲料、肥料、燃料、农药、用电和购置小农具、办公用品等物质消耗，以及支付给物质生产部门的修理费、运输费、邮电费等。其计算方法和资料来源，和现行计算农业物质消耗相同。

②**农业中间劳务消耗**：指当年经营农业生产过程中，支付给非物质生产部门的各种劳务费用。包括农业生产借贷款利息净支出、保险费净支出、广告费、农民职工教育费、农业技术咨询费、外费机耕、外雇排灌费、畜禽配种费、畜禽防疫费、上交管理费、公出差旅费、会议费及其他。关于资料来源，可直接对国营、集体、农业生产单位和农户分别通过全面报表或抽样（典型）调查取得资料或推算；还可通过向有关非物质生产部门和单位调查了解并收集有关资料进行加工估算。在有条件的地区同时可采用以上两种方法进行计算，然后进行对比核定，以提高计算数字的准确性。

五、交通运输、邮电

货（客）运量 指运输业实际运送的货物（旅客）数量。是反映运输业为国民经济和人民生活的数量指标，也是制定和检查运输生产计划，研究运输发展规模和速度的重要指标。货运按吨计算，客运按人计算。货物不论运输距离长短，货物类别，均按实际重量统计：旅客不论行程远近或票价多少，均按一人一次作为客运量统计。半价票、小孩票也按一人统计。

货物（旅客）周转量 指运输业运送的货物（旅客）数量与其相应运输距离的乘积之总和。是反映运输业生产总成果的重要指标，也是编制和检查运输生产计划、计算运输效率、劳动生产率以及核算运输单位成本的主要基础资料。通常以吨公里和人公里为计算单位．计算货物周转量通常按发出站与到达站之间的最短距离，也就计算费距离计算。

沿海主要港口货物吞吐量 指由水运进出沿海主要港区范围，并经过装卸的货物数量。货物吞吐量的货种分类及其主要流向流量，反映了港口在国内外物资交流和对外贸易运输中的地位和作用。吞吐量可以分为进口、出口、又可以分为国内贸易和对外贸易。

邮电业务量 指以货币表现的邮电部门用于传递信息和供其他邮电服务的总量。它综合反映了一定时期邮电工作的总成果，是研究邮电业务分类业务量，如函件件数、电报份数、长话张数、市内电话和农村电话的年均户数、订销报刊累计份数等，分别乘以相应的平均单价（不变价），加总后再加上出租电路和设备的收入、代用户维护电话交换机和线路等设备的收入、其他业务收入求得。

六、商　业

社会商业法人机构 指独立核算法人批发零售贸易业、餐饮业企业。独立核算法人批发零售贸易企业、餐饮企业应同时具备以下条件：

(1) 依法成立，有自己的名称、组织机构和场所，能够承担民事责任；

(2) 独立拥有和使用资产，承担负责，有权与其他单位签订合同；

(3) 独立核算盈亏，并能编制资产负债表。

批发贸易网点数 指本批发零售贸易企业（单位）设立的从事批发贸易业务的自然单位［包括本企业（单位）自身］，凡具有独立固定的营业场所，配备一定的业务人员，不论单位大小、不论是否单独核算，均按自然网点计算，即有一个点就算一个网点。

零售贸易网点数　指本批发零售贸易企业（单位）设立的从事零售贸易业务的自然单位[包括本企业（单位）自身]，凡具有独立固定的营业场所，配备一定的业务人员，不论单位大小、不论是否单独核算，均按自然网点计算，即有一个点就算一个网点。不包括同一营业场所内各柜组以及派出的流动推销小组、流动售货车等，不论临时性还是经常性的均不作为自然网点统计（但固定的售货亭应作为网点统计）。

餐饮业网点数　指本餐饮企业（单位）设立的从事餐饮业务的营业单位[包括本企业（单位）自身]，凡具有固定的营业场所，配备一定的业务人员，不论单位大小、不论是否单独核算，均按自然网点计算，即有一个营业点就算一个网点。不包括派出的流动饭挡、流动饮食货车等，不论临时性还是经常性的均不作为网点统计（固定的饮食售货亭应作为网点统计）。

社会商品购买力　指零售商品购买力，即在一定时期内城乡居民和机关、团体、部队、企业、事业单位在零售市场购买商品的货币支付能力。它包括居民消费品购买力、社会集团消费品购买力、农民的农业生产资料购买力三部分。社会商品购买力分为已实现的社会商品购买力和未实现的购买力（又称结余购买力）。已实现的社会商品购买力是指一定时期居民和社会集团在零售市场实际购买消费品和农业生产资料的货币支出，即社会商品零售总额，未实现的购买力表现为城乡居民期末储蓄存款和手存现金比期初的增加额。

社会消费品零售总额　指各种经济类型的批发零售贸易业、餐饮业、制造业和其他行业对城乡居民和社会集团的消费品零售额和农民对非农业居民零售额的总和。对居民的消费品零售额：指售给城乡居民用于生活消费的商品。对社会集团的消费品零售额：指售给机关、团体、部队、学校、企业、事业单位和城市街道居民委员会、农村村民委员会用公款购买的用作非生产、非经营上使用的公用消费品。

商品购进总额　指从本企业以外的单位和个人购进（包括从国外直接进口）作为转卖或加工后转卖的商品。本指标由从生产者购进额、从批发零售贸易业购进额、进口额和其他项目组成。

这个指标反映批发零售贸易企业从国内、国外市场上购进商品的总量。

商品销售总额 指对企业以外的单位和个人出售（包括对国（境）外直接出口）的商品（包括售给本单位消费用的商品）。本指标由对生产经营单位批发额、对批发零售贸易批发额、出口额和对居民和社会集团商品零售额项目组成。这个指标反映批发零售贸易企业在国内市场上销售商品以及出口商品的总量。

城乡集市贸易成交额 指在农集市和城市集市上买卖双方（包括农民、非农业居民、机关、团体、工商企业、个体商贩）成交的全部商品金额。目前农民的集市外对非农业居民的零售额也统计在内。不包括城市工业品市场的成交额。

对居民和社会集团的商品销售（即零售） 指售给城乡居民直接用于生活消费的商品和社会集团直接用于公用消费的商品。包括：

⑴ 售给城乡居民生活用的消费品；

⑵ 售给机关、团体、学校、部队、企业、事业单位的职工食堂和旅店（招待所）附设的专供店旅客食用，不对外营业的食堂的各种食品、燃料；

⑶ 售给部队干部、战士生活用的粮食、副食品、衣着品、日用品、燃料；

⑷ 售给来华外国人、华侨、港澳台同胞的消费品；

⑸ 售给社会集团的办公用品、纸张、帐册、文印用品等。

七、外经、外贸、旅游

进出口总额 海关进出口总额是指实际进出我国国境的货物总金额。包括对外贸易实际进出口货物，来料加工装配进出口货物、中外合资企业、合作企业和外商独资企业进出货物和公用物品，以及国家间、联合国及国际组织无偿援助的物资和赠送品，华侨、港澳同胞、外籍华人的捐赠品的金额。

进口按到岸价计算，出口按离岸价计算。

利用外资 是指我国各级政府、部门、企业、中国银行和其他单位通过对外借款、吸收客商直接投资和外商其他投资方式，从国外和港澳地区筹措的资金。

对外借款 是我国利用外资的主要部份，包括我国通过外国政府贷款、国际金融组织贷款、外国银行商业贷款、出口信贷以及对外发行证券等方式，从国外和港澳地区借用的资金。

外商直接投资 是指外国企业和经济组织或个人（包括华侨、港澳同胞以及我国在境外注册的企业）按我国有关政策、法规，在我国境内开办外商独资企业、与我国境内的企业或经济组织共同举办中外合资企业、合作经营企业或合作开发资源的投资以及外商从企业得到收益的再投资。

旅游人数 指来我国参观、访问、旅行、探亲、访友、休养、考察、参加会议和从事经济、科技、文化、教育、体育、宗教等活动的外国人、华侨、港澳和台湾同胞的人数。不包括外国在我国的常驻机构，如领使馆、通讯社、企业办事处的工作人员和来我国常住的外国专家、留学生等。

旅游外汇收入 指国内各部门为来我国旅游的外国人、华侨、港澳和台湾同胞提供商品和劳务而得到的外汇收入。包括供应商品、饮食和提供住宿、交通、邮电、文化娱乐、导游等各项服务所得的全部外汇收入。

八、财政、金融

财政收入

（1）企业收入，包括各部门所属全民所有制企业、事业单位上交国家的利润和事业收入。

（2）各项税收，包括产品税、增值税、资源税、企业所得税、盐税、关税、农牧业税、屠宰税、牧畜交易税、集市交易税以及有关罚款补税收入等。

财政支出

（1）基本建设拨款，是指国家预算内的基本建设拨款，不包括国家预算外自筹的各种基本建设资金。为加强基本建设投资规模的控制，提高资金使用效益，国家从一九八五年起，对预算内基本建设拨款实行拨款改贷的新的管理办法。即由原来直接无偿的拨给建设单位，改为拨给建设银行视同信贷基金管理，建设银行根据国家预算安排的基建项止，给予有偿贷款，用投资后新增利润还本付息。因改革之中情况不一，目前仍有一些基建项未实行拨改贷办法。

（2）增拨企业流动资金，是指国家预算增拨各部门所属全民所有制企业的流动资金和增拨银行的信贷资金。

（3）文教科学卫生事业费，包括科学、文化、教育、卫生、公费医疗、体育、通讯和广播、地震、海洋、文物、计划生育等方面的事业费。

存款 企业、机关、团体或居民根据可以收回的原则，把货币资金存入银行或其他信用机构保管并取得一定利息的一种信用活动形式．根据存款对象的不同可划分：企业存款、财政存款、机关团体存款、对外贸易存款，城镇居民储蓄存款、农村存款等项目。

贷款 银行或其他信用机构根据必须归还的原则，按一定利率，为企业、个人等提供资金的一种信用活动形式。我国银行贷款，分流动资金贷款、中短期设备贷款以及农户贷款等科目。

城乡居民储蓄年末余额 包括城镇居民储蓄和农民个人储蓄两部份的年末余额．不包括工矿企业、部队、机关团体等集团存款。

城镇居民储蓄年末额是指工商银行的城市居民储蓄、农业银行的镇的居民储蓄和中国银行的华侨储蓄之和。农民个人储蓄是指信用社社员储蓄。

九、固定资产投资

全社会固定资产投资 固定资产投资是社会固定资产再生产的主要手段。通过建造和购置固定资产的活动，国民经济不断采用先进技术装备，建立新兴部门，进一步调整经济结构和生产力的地区分布，增强经济实力，为改善人民物质文化生活创造物质条件，这对实现我国社会主义现代化建设具有重要意义。

固定资产投资额是以货币表现的建造和购置固定资产活动的工作量，它是反映固定资产投资规模、速度、比例关系和使用方向的综合性指标。全社会固定资产投资包括全民所有制单位投资、城乡集体所有制单位投资和城乡居民个人投资。按照我国计划管理体制，全民所有制单位固定资产投资总额分为基本建设、更新改造和其他固定资产投资三个部分；城乡集体所有制单位投资包括城镇集体所有制单位投资和农村集体所有制单位投资；城乡居民个人投资包括城市、县城、镇、工矿区所辖范围内的个人建房和农村个人建房及购买生产性固定资产（使用年限在二年以上，单位价值在30元以上的生产资料）的投资。

基本建设投资 基本建设是指国民经济各部门以扩大生产能力或工程效益为主要目的的新建、扩建工程及有关工作。包括工厂、矿山、铁路、桥梁、港口、农田水利、商店、住宅、学校、医院等工程的建造和机器设备、车辆、船舶、飞机等的购置。

基本建设投资额是以货币表现的基本建设完成的工作量，是反映一定时期内基本建设规模和建设进度的综合性指标。它是根据工程的实际进度按预算价格（预算价格是编制施工图预算时所用的价格）计算的工作量。没有形成工程实体的建筑材料和没有开始安装的设备，都不计算投资完成额。

基本建设投资完成额与基本建设财务拨款贷款额和财务支出是含义完全不同的指标，“基本建设投资完成额”是按预算价格计算的工作量；财务拨款贷款额是银行根据国家计划拨给贷给建设单位用于基本建设的资金；财务支出额是建设单位用于基本建设的资金；财务支出额是建设单位实际支出的金额。使用时应加以区别。

更新改造投资　更新改造是指全民所有制企业、事业单位对原有设施进行固定资产更新和技术改造，以及相应配套的工程和有关工作（不包括大修理和维护工程）。更新改造投资是以货币表现的更新改造完成的工作量。根据我国现行统计制度，基本建设和更新改造的划分是：(1)列入基本建设计划的项目作为更新改造投资，列入更新改造计划的项目作为基本建设投资；(2)更新改造计划与基本建设计划结合安排的项目和未列入计划的项目，根据工程性质分别作为基本建设投资或更新改造投资。属于对企业、事业单位原有设施进行技术改造或更新的项目和增建主要生产车间、分厂等，其新增生产能力或效益尚未达到大中型标准的项目，以及由于城市环境保护和安全生产的需要而进行的迁建工程，作为更新改造投资。

其他固定资产投资　其他固定资产投资是指按照国家规定不纳入基本建设和更新改造计划管理的全民所有制单位的其他固定资产投资，具体包括：用油田维护费和石油开发基金进行的油田维护和开发工程；矿山，森林等采掘采伐工业用维简费进行的开拓延伸工程；交通部门用公路养路费对原有公路、桥梁进行改建的工程；商、贸、粮、供销部门用简易建筑费建造的仓库；企业、事业、行政单位计划总投资在二万到五万元的零星固定资产建造和购置。

固定资产投资的资金来源 根据固定资产投资的资金来源不同，分为国家预算内投资、国内贷款、利用外资，自筹和其他投资四种:

(1) **国家预算内投资** 指列入国家固定资产投资计划并由国家财政预算拨款（包括拨改贷）完成的投资。基本建设国家预算内投资包括国家预算内拨款（中央财政中的基本建设拨款和地方财政中由国家统筹安排的基本建设拨款）和由拨款改为银行贷款形式完成的投资，中央财政中的其他专项建设拨款。更新改造国家预算内投资包括中央财政和地方财政预算内更新改造拨款完成的投资。

(2) **国内贷款** 指利用建设银行、工商银行及其他国内贷款进行的建设工程实际完成的投资。

(3) **利用外资** 指利用国外资金（包括设备、材料、技术在内）在本国进行的固定资产投资。包括由国家财政统借统还的国外贷款完成的投资，利用中国银行、中国国际信托投资公司筹集的外国资金在国内进行的投资，但不包括用我国自有外汇购置的国外设备、材料，也不包括由东欧国家记帐进口的国外设备。

(4) **自筹和其他投资** 指由国务院各部，各省，自治区，直辖市及地市）、县和企（事）业及行政单位自己筹集的资金（包括各级地方财政贷款）和上述各项以外的资金完成的投资。

固定资产投资按国民经济行业分 建设项目归哪个行业按它建成投产后的主要产品种类或主要用途及社会经济活动种类来确定。基本建设按建设项目划分国民经济行业，更新改造、全民所有制单位其他固定资产投资及城镇集体投资根据整个企业、事业单位所属的行业来划分。一般情况下，一个建设项目或一个企业、事业单位只能属于一种国民经济行业。为了更准确地反映国民经济各行业之间的比例关系，联合企业（总厂）所属分厂属于不同行业的，原则上按分厂划分行业。

固定资产投资按建设性质分 建设项目的性质一般分为新建、扩建、改建、迁建、恢复。基本建设按建设项目划分建设性质，更新改造、全民所有制单位其他固定资产投资及城镇集体投资按整个企业、事业单位的建设情况确定建设性质。目前基本建设和更新改造是根据我国现行的计划管理体制区分的，所以基本建设和更新改造都可以分别按新建、扩建和改建等划分。

(1) **新建** 一般是指从无到有，“平地起家”新开始建设的单位。有的单位原有的基础很小，经过建设后其新增加的固定资产价值超过企业、事业和行政单位原有固定资产价值（原值）三倍以上的也算新建。

(2) **扩建** 一般是指为扩大原有产品的生产能力。在厂内或其他地点增建主要生产车间（或主要工程）、独立的生产线或总厂之下的分厂的企业；事业单位和行政单位在原单位增建业务用房（如学校增建教学用房、医院增建门诊部或病床用房，行政机关增建办公楼等）也作为扩建。

(3) **改建** 一般是指现有企业、事业单位为了技术进步，提高产品质量，增加花色品种，促进产品升级换代，降低消耗和成本，加强资源综合利用和三废治理，以及劳保安全等，采用新技术、新工艺、新设备、新材料等对现有设施、工艺条件进行技术改造或更新（包括相应配套的辅助性生产、生活福利设施）。有的企业为充分发挥现有生产能力，进行填平补齐而增建不增加本单位主要产品能力的车间等，也属于改建。

固定资产投资额按工程用途分 指固定资产建成投产、交付使用后的经济用途。基本建设其他固定资产投资及房地产开发投资的用途按单项工程确定，更新改造投资的用途按更改项目确定。在按单项工程（或更改项目）划分用途时，应将与工程有关的设备、工具、器具的购置和其他费用也一并计入。与工程有关的单纯设备、工具、器具购置，按设备、工具、器具的直接用途划分。

固定资产投资额按工程用途分为：农林牧渔业用，工业、建筑业用，商业、运输邮电业用，住宅和其他。

(1) **农林牧渔业用** 指用于农业工程的固定资产投资，包括种植业、林业、牧业、渔业等（不包括农林牧渔服务业）。

(2) **工业、建筑业用** 指用于工业（包括采掘业、制造业、电力、煤气及水的生产和供应业）和建筑业工程的固定资产投资。

(3) **商业、运输邮电业用** 指用于商业、运输邮电业工程的固定资产投资。商业包括：食品、饮料、烟草、家庭用品、能源、材料和机械电子设备等的批发和零售业及餐饮业。运输邮电业包括：铁路、公路、管道、水运、航空、交通运输业、仓储业及邮电通信业。

(4) **住宅** 指专供居住使用的房屋，包括职工家属宿舍和集体宿舍（包括职工单身宿舍、学生宿舍）等。房地产开发单位建设的商品住宅按用途划分时也作为“住宅”。基本建设、更新改造和其他投资单位填自己建造的住宅，不包括购置的商品住宅。房地产开发单位填其开发建造的商品住宅。

(5) **其他** 指用于除上述四项用途以外其他工程的固定资产投资。具体包括:

①为生产和生活服务的工程，包括地质勘查业、水利业、农林牧渔服务业、房地产业、社会服务业、综合技术服务业、金融业、保险业;

②为提高科学文化水平和居民素质服务的工程，包括卫生事业、体育事业、社会福利事业、教育事业、文化艺术事业、广播电影电视事业、科学研究事业;

③为管理国家、管理社会服务的工程，包括国家机关（包括军队和武装警察部队）、政党机关、社会团体、基层群众自治组织。

固定资产投资按构成分 固定资产投资活动按其工作内容和实现方式分为建筑安装工程，设备、工具、器具购置，其他费用三个部分。

（一）建筑安装工程（建安工作量）包括建筑工程和安装工程，这两部分投资必须兴工动料，通过施工活动实现。

1. **建筑工程（建筑工作量）**包括:

(1) 各种房屋建造工程如厂房、仓库、办公室、住宅、商店、学校、医院、俱乐部、食堂、车库、招待所的建设，包括列入房屋工程预算内的暖气、卫生、通风、照明、煤气等设备的价值及其装设油饰工程，列入建筑工程预算内的各种管道（如蒸汽、压缩空气、石油、给排水等管道）、电力、电讯电缆导线的敷设等工程。

(2) 设备基础、支柱、操作平台、梯子、烟囱、凉水塔、水池、灰塔等建筑工程、炼焦炉、裂解炉、蒸汽炉等各种窑炉的砌筑工程及金属结构工程。

(3) 为施工而进行的建筑场地的布置，工程地质勘探，原有建筑物和障碍物的拆除，平整土地，施工临时用水、电、汽、道路工程，以及完工后建筑场地的清理、环境绿化美化工作等。

(4) 矿井的开凿，井巷掘进延伸，露天矿的剥离，石油、天然气钻井工程和铁路、公路、港口、桥梁等工程。

(5) 水利工程，如水库、堤坝、灌渠以及河道整治等工程。

(6) 防空、地下建筑等特殊工程。

2. **安装工程（安装工程量）**指各种设备、装置的安装工程。

(1) 生产、动力、起重、运输、传动和医疗、实验等各种需要安装设备的装配,与设备相连的工作台、梯子、栏杆等装设工程,附属于被安装设备的管线敷设工程,被安装设备的绝缘、防腐、保温、油柒等工作。

(2)为测定安装工作质量,对单个设备,系统设备进行单机试运、系统联动无负荷试运工作(投料试运工作不包括在内)在安装工程中,不包括被安装设备本身价值。

（二）**设备、工具、器具购置** 指购置或自制达到固定资产标准的设备、工具、器具的价值。固定资产的标准按财务部门规定。新建单位、扩建单位的新建车间、按照设计和计划要求购置或自制的全部设备、工具、器具,不论是否达到固定资产标准均计入“设备、工具、器具购置”中。

（三）**其他费用** 指除建筑安装工程和设备、工具、器具购置以外的投资完成额。它包括两种性质的费用,一种是属于增加固定资产的费用,主要有:建设单位管理费、土地、青苗等补偿费和安置补助费、勘察设计费、研究实验费、农林单位牧畜购置费、各种经济林木的营造费、办公和生活家具、器具购置费、引进技术和进口设备项目的其他费用、联合试运费等;一种是属于不增加固定资产的费用,主要有:施工机构转移费、生产职工培训费、农业开荒费用及报废工程损失费等。

基本建设项目按大中小型划分 基本建设划分大中小型项目原则上应按照上级批准的设计任务书或初步设计所确定的总规模或总投资划分,没有正式批准设计任务书或初步设计的,按国家或省、自治区、直辖市年度基本建设投资计划中所列的总规模或总投资划分。上述两条均不具备的,按本年计划施工工程的建设总规模或总投资划分。生产单一产品的工业项目,按产品的设计能力划分;生产多种产品的工业项目,按其主要产品的设计能力划分;品种繁多,难以按生产能力划分的,按全部计划投资额划分。划分标准以国家颁发的《大中小型建设项目划分标准》为依据。国家曾在1958年、1962年、1972年、1977年和1979年先后五次修订《大中小型建设项目划分标准》。因此各历史时期的大中型项目数不完全可比。

施工项目 指报告期内曾进行建筑或安装施工活动的建设项目。包括报告期内新开工项目,报告期以前开工跨入报告期继续施工的项目,报告期施过工并在报告期内全部建成投产或停缓建的项目。

全部建成投产项目 工业项目是指设计文件规定形成生产能力的主体工程及其相应配套的辅助设施全部建成,经负荷试运转,证明具备生产设计规定合格产品的条件,并经过验收鉴定合格或达到竣工验收标准,与生产性工程配套的生活福利设施可以满足近期正常生产的需要,正式移交生产的建设项目;非工业项目是指设计文件规定的主体工程和相应的配套工程全部建成,能够发挥设计规定的全部效益,经验收鉴定合格或达到竣工验收标准,正式移交使用的建设项目。

新增生产能力 指通过固定资产投资活动而增加的设计能力或工程效益,它是用实物形态表示的固定资产投资的成果。新增生产能力的计算,是以能独立发挥生产能力或效益的单项工程(或项目)为对象。当单项工程(或项目)建成,经有关部门鉴定合格,正式移交投入生产,即可计算新增生产能力。

新增生产能力或工程效益有以下几种表现形式:

(1)以建设项目或单项工程建成后的年产能力表示。如煤炭开采、石油开采等。

(2)以建设项目或单项工程建成后处理原料的能力表示。如选矿工程的年处理矿石能力,洗煤厂年洗原煤能力等。

(3)以新增的主要设备数量或容量表示。如发电机组容量、棉纺锭枚数等。

(4)以建筑物容积、容量、面积或长度表示。如铁路公路里程、水库容量等。

新增生产能力的数量一般按设计能力计算。设计能力是指设计文件中规定的在正常情况下能够达到的生产能力,而不论投产后的实际产量如何。以设备数量、建筑物容积、面积、长度等表示的新增生产能力(或效益),则按建成的实际数量计算。

施工和竣工房屋建筑面积 房屋建筑面积是从房屋的外墙线算起,包括房屋结构(如柱、墙)占用的面积和地下室面积。多层建筑按各自然层面积总和计算,包括房屋内的楼隔层,突出墙面的眺望间、门斗、有柱雨罩的面积。不包括空出墙面结构的构件、艺术装饰等所占的面积,如台阶等。凹阳台、挑阳台按其水平投影面积一半计算建筑面积。

施工面积 指报告期内施工的全部房屋建筑面积。包括本期新开工的面积和上期开工跨入本期继续施工的房屋面积,以及上期已停建在本期继续施工的房屋建筑面积。

竣工面积 指在报告期内房屋建筑按照设计要求已全部完工,达到住入和使用条件,经验收鉴定合格,正式移交使用单位的建筑面积。

新增固定资产 指已经建成投入生产或交付使用的工程价值和达到固定资产标准的设备、工具、器具的投资及有关应摊入的费用。它是以价值形式表示的固定资产投资成果的综合性指标，可以综合反映不同时期、不同部门、不同地区的固定资产投资成果。

十、劳动工资

（1）**职工** 指在国有经济，城镇的集体经济、联营经济、股份制经济、外商和港、澳、台投资经济及其他经济单位（及其附属机构）工作，并由其支付工资的各类人员。

其中：**合同制职工** 指单位根据国务院国发(1986)77号文件和国务院令第99号的规定，通过签订有固定期限劳动合同、无固定期限劳动合同和以完成一项工作为期限的劳动合同所使用的职工。包括实行全员劳动合同制单位的全部职工。

其中：正式职工 指在机关和事业单位中，经国家有关部门分配、安排，或批准招收录用的职工。包括原固定职工和使用期限在一年以上的合同制职工。

长期职工 指用工期限在一年以上（含一年）的职工。包括原固定职工、合同制职工、长期临时工以及国有企业使用的城镇集体所有制单位的人员和其他使用期限在一年以上的原计划外用工。

临时职工 指用工期限不超过一年的职工。包括各单位根据国家有关规定招用的，签订一年以内的劳动合同或使用期不超过一年的临时性、季节性用工。

（2）**其他从业人员** 指劳动统计制度规定不作职工统计但实际参加各单位生产或工作并取得劳动报酬的人员。

工业、建筑业企业的人员分类

按工作岗位，将工业企业和建筑业企业的职工划分为：

1.**工人** 工业企业的“工人”指在基本车间和辅助车间（或附属辅助生产单位）中直接从事工业性生产的工人及厂外运输与厂房建筑物大修理的工人。

建筑业的工人，指从事建筑安装及其附属辅助生产、多种经营与运输工作的工人。

2. **学徒**　指在熟练工人指导下，在生产劳动中学习生产技术、领取学徒工待遇的人员。

3. **工程技术人员**　指担负工程技术工作并具有工程技术能力的人员。不包括已取得工程技术职称或大学中专理工科系毕业，未担负任何工程技术工作的人员。

4. **管理人员**　指在企业各职能机构及在各基本车间与辅助车间（或附属辅助生产单位）从事行政、生产、经济管理和政治工作的人员。包括长期（六个月以上）脱离生产岗位，从事管理工作的工人在内。

5. **服务人员**　指服务于职工生活或间接服务于生产的人员。包括食堂工作人员；哺乳室、托儿所（幼儿园）工作人员；文化教育工作（如职工文化技术教育、图书馆、俱乐部）人员；卫生保健「如医务所、保健部（室）」工作人员；警卫消防人员；住宅管理与维修人员；勤杂人员（与生产有关的车间的勤杂工算工人，不算服务人员）以及其他生活福利工作的人员。

6. **其他人员**　指由企业支付工资，但所从事工作与企业生产基本无关的人员。包括农副业生产人员；出国援外人员；长期（六个月以上）学习人员；长期（六个月以上）病伤假人员；派出外单位工作人员等。

从业人员劳动报酬　指各单位在一定时期内直接支付给本单位全部从业人员的劳动报酬总额。包括职工工资总额和本单位其他从业人员劳动报酬两部分。

1. **职工工资总额**　指各单位在一定时期内直接支付给本单位全部职工的劳动报酬总额。包括：计时工资、计件工资、奖金、津贴和补贴、加班加点工资和其他工资。其中：

计时工资　指按计时工资标准和工作时间支付给个人的劳动报酬。

计件标准工资　指实行计件工资制的单位，按照批准的计件单价和规定的劳动定额或工作量支付给计件工人的劳动报酬。

奖金　指支付给职工的超额劳动报酬和增收节支的劳动报酬。包括：生产（业务）奖、节约奖、劳动竞赛奖、年终一次性奖、其他奖金等。

计件超额工资　指计件工人超额完成定额任务后所得的工资。即计件工人实得的全部计件工资减去应得的计件标准工资后的数额。

津贴和补贴 指为了补偿职工特殊或额外的劳动消耗和因其他特殊原因支付给职工的津贴，以及为了保证职工工资水平不受物价影响支付给职工的物价补贴。

2.**其他从业人员劳动报酬** 指各单位在一定时期内直接支付给本单位其他从业人员的全部劳动报酬。

十一、文化、卫生、体育

文化事业机构 指从事专业文化工作和为专业文化工作服务的单独核算、独立建制的单位。不包括文化主管部门直属单位举办的其他行业和各部门的业余文化组织。

艺术表演团体 指从事戏曲、音乐、舞蹈、杂技等专业艺术表演，有独立帐户，实行单独核算的团体。不包括半工半艺，半农半艺的业余剧团。

电影放映单位 指具有放映机器设备、固定或不固定的放映场所与兼职的放映技术人员，经文化行政部门登记批准，经常为一定观众对象映出电影的机构。包括经批准对外开放进行营业，并与电影发行放映管理机构分帐的专用放映单位或军委系统租片单位在内。

电影观众人数 指各类型放映单位及军委系统租片单位映出的观众人数。一个观众连续看了一部长片和短片专场规定的短片，为二人次。

艺术表演观众人数 指售票、包场演出或民族地区免费演出的艺术表演观众人次数。不包括彩排审查和内部观摩演出的观看人次数。

等级运动员人数 指经考核正式批准授予等级运动员称号的人数。运动员等级分为国际级国际运动健将、运动健将、一级运动员、二级运动员、三级运动员、少年级运动员。

等级裁判员人数 指经考核正式批准授予等级裁判员称号的人数。裁判员等级分为国际裁判、国家级裁判、一级裁判、二级裁判、三级裁判。

体育场 指有400米跑道（中心含足球场），有固定道牙，跑道6条以上，并有固定看台的田径场。以看台容纳观众人数分：甲级25000人以上，乙级15000-25000人，丙级5000-15000，丁级5000人以下。

体育馆 指有固定看台可供篮球、排球、羽毛球、乒乓球、体操等项目训练比赛活动用的室内场地。以看台容纳观众人数分甲级6000人发上，乙级4000-6000人，丙级2000-4000人，丁级2000人以下。

医院 指名称为医院，设有固定床位能收容病人住院并能为病人提供医疗、护理服务的医疗机构。包括县及县以上医院、农村乡村卫生院、其他医院三部分。按所属性质分为卫生部门、工业中其他部门、集体所有制三类。其中县及县以上医院按性质分为综合医院和专科医院。

卫生技术人员 指卫生事业机构支付工资的全部固定职工和合同制职工中现任职务为卫生技术工作人员。包括中医师、西医师、中西医结合高级医师、护师、中药师、西药师、检验师、其他技师、中医士、西医士、护士、助产士、中药剂士、西药剂士、检验士、其他技士、其他中医、护理员、中药剂员、西药剂员、检验员、其他初级卫生技术人员。

医生 指经卫生部门审查合格，从事医疗工作的专业人员。分为中医医生和西医医生. 包括卫生技术人员中的中医师、西医师、中西结合高级医师、中医士、西医士和其他中医。

十二、市政建设、环境保护

年末自来水生产能力 指年末城建部门管理的自来水厂和社会单位自备水源的取水、净化、送水、出厂输水干管等环节的实际生产能力。

年末供水管道长度 指从送水泵至用户水表之间所有管道的长度。

全年供水总量 指公用自来水厂和社会单位自备水源全年的供水总量，包括有效供水量及损失水量。

生活用水量 指居民日常生活与公店旅利设施的用水量。包括饮食店、旅馆、医院、理发店、浴池、洗衣店、游泳池、商店、学校、机关、部队等单位。

人工煤气生产能力 指城市煤气厂制气、净化、输送等环节的综合实际生产能力。

输气管道长度 指由压缩机、鼓风机、储气缸的出口到用户立管之间的全部管道长度。

煤气供气总量 指售给各类用户的全部煤气量。包括工业用量、家庭用量和其他用量。

城市供热能力 指热电厂和热力公司每小时向城市输送的蒸汽、热水能力。

供热总量 指热电厂和热力公司全年向城市输送的全部蒸汽、热水量。

供热管道长度 指热电厂和热力公司管理的集中供热热源到用户之间的全部供气、供热水的管道长度。

年末实有铺装道路长度 指除土路外，路面经过铺装宽度在3.5米以上的道路, 包括高级、次高级道路和普通道路。

城市桥梁 指市区范围内，修建在河道上桥梁和道路与道路立交、道路跨越铁路的立交桥。包括永久性桥和半永久性桥，不包括临时性桥、铁路桥、涵洞。

城市下水道总长度 指所有排水总管、干管支管及暗渠、检查井、连接井进出水口等长度之和。

城市污水日处理能力 指污水处理厂昼夜处理污水量的设计能力。

年末实有公共汽（电）车辆 指年底可参加营运的全部车辆数、包括年底营运车辆数和库存查封未参加营运的车辆，不包括非营运车辆，如架线车、油缸车、工程车、货车及其专用车辆和借入的客运车辆。

营运线路长度 指设置的固定营运线路长度，包括郊区营运线路长度。不包括临时行驾的路线长度。

城市园林绿地面积 指城市公共绿地、专用绿地、生产绿地、防护绿地、郊区风景名胜区的全部面积。

公共绿地 指供游览休息的各种公园、动物园、植物园、陵园以及花园、游园和供游览休息用的林荫道的面积。

城市人口用水普及率、用气普及率 指城市人口中的非农业人口用自来水、用煤气（包括人工煤气、液化石油气、天然气用气人口）的普及情况。

废水排放总量 包括生产废水和生活污水。生产废水指企、事业单位在生产、科研过程中向外环境排放的所有排放口的废水量总和．生活污水指城镇居民区和企、事业单位职工集中居住区排放的污水量。

工业废水排放量 指经过企业所有排放口排放到企业外的生产废水总量，包括外排的直接冷却水和矿区超标排放的有毒有害矿井地下水，但不包括外排的间接冷却水（清污不分流的应计算在内）。

符合排放标准的工业废水量 指全面达到国家排放标准的外排工业废水量（包括经过处理和未经处理的），但不包括经处理仍未达到国家排放标准的工业废水。国家尚未正式颁布标准的，以地方制订的标准为准。

工业废水处理量 指经过各种水处理装置净化处理后的外排工业废水量（包括虽经处理仍未达到国家或地方标准的外排工业废水量）。

废气排放总量 指燃料燃烧和生产工艺过程中排放的各种废气总量，以标准状态下每年万标立方米表示。

工业粉尘排放量 指生产工艺过程中排放的固体微粒重量。

工业粉尘回收量 指经过各种回收处理装置回收的工业粉和尘泥量（包括干法和湿法）。

工业固体废物产生量 指工矿企业、事业单位在生产（试验）过程中产生的工业固定废弃物总量，不包括矿山开采的剥离废石和掘进废石（煤石除外）。

十三、物价指数

零售物价指数 是反映城乡商品零售价格变动趋势的一种经济指数．零售物价的调整变动直接影响到城乡居民的生活支出和国家的财政收入，影响居民购买力和市场供需平衡，影响消费与积累的比例。因此，计算零售物价指数，可以从一个侧面对上述经济活动进行观察的分析。

零售物价指数采用加权算术平均公式计算。每年根据住户调查调整一次权数。1989年全国有146个市、80个县城作为基层填报单位。城市指数所选商品有352种左右，县城指数所选商品404种左右。每种商品的指数采用代表规格品的平均价格计算。

居民消费价格指数 是反映城镇居民生活消费品和服务项目价格变动趋势及期程度的相对数。编制居民消费价格指数，可以观察居民生活消费品及服务项目价格的变动对居民生活的影响，为各级领导掌握居民消费价格、研究和制定居民消费价格政策、工资政策以及新国民经济核算体系中消除价格变动因素的不变价格核算提供科学依据。居民消费价格指数还是反映通货膨涨的重要指标。

生活费收入 指家庭实际收入中能用于安排日常生活的收入。即用实际收入减掉“赡养支出”和“赠送支出”及非家庭人口所交的搭伙费以及家庭副业生产支出。

消费性支出 指城镇居民用于日常生活的全部支出。包括食品、衣着、家庭设备用品及服务等八大类支出。按各月的实际发生额计算，无论是自用的或赠送亲友的都包括在内。

集市贸易价格指数 是反映城乡集市贸易商品价格变动趋势和程度的相对数。通过集市贸易价格指数，可以观察集市贸易商品的价格变化情况，研究集市价格和国营商业价格的比例关系，以及集市价格变化对农业生产和城镇居民生活的影响程度。

集市贸易价格指数是综合了城市集市贸易价格指数和农村集市贸易价格指数计算取得。农村集市贸易价格指数包括消费品和农业生产资料两大类，城市集市贸易价格指数只包括消费品，不包括农业生产资料。

集市贸易价格指数，根据集市贸易主要商品的平均价格；以成交额为权数计算。

十四、城镇居民住户调查

城镇居民家庭就业人口 指城镇居民从事社会劳动并取得劳动报酬或经营收入的人口。就业人口包括通过国家统筹规划和指导由劳动部门介绍就业，自愿组织起来就业和自谋职业等方式，在全民所有制、集体所有制、中外合资、中外合作、外资在华独资的企事业单位和私营企业单位工作或从事个体劳动的有固定性职业或临时性职业的人口。被聘用和留用的离退休人员也计入就业人口。本指标可以反映城镇居民的就业情况，是计算就业面、负担系数的重要资料。

城镇居民家庭全部收入 指被调查城镇居民家庭全部的实际现金收入，包括经常或固定得到的收入和一次性收入。不包括周转性收入，如提取银行存款、向亲友借入款、收回借出款以及其他各种暂收款。

城镇居民家庭生活费收入 指被调查的城镇居民家庭全部收入中能用于安排家庭日常生活的实际收入。即城镇居民家庭的全部实际收入扣除“赡养支出”“赠送支出”和缴纳的各种税款以及被调查户非本家庭人口的经常用饭人口所交的“搭伙费”。

城镇居民家庭生活费支出 指被调查的城镇居民家庭用于日常生活的全部支出，包括购买商品支出和文化生活、服务等非商品性支出。不包括罚款、丢失款和缴纳的各种税款（如个人所得税、牌照税、房产税等），也不包括个体劳动者生产过程中发生的各项费用。

城镇居民家庭购买商品支出 指被调查的城镇居民家庭购买商品的全部支出，包括从商店、工厂、饮食业、工作单位食堂、集市以及直接从农民购买各种商品的开支。共分九类：食品、衣着品、日用品、文化娱乐用品、书报杂志、药及医疗用品、房屋及建筑材料、燃料、其他商品。不论自用的或赠送亲友的都包括在内。